부흥 정치
부흥 경제
부흥 사회

부흥 정치
부흥 경제
부흥 사회

ⓒ 이현은, 2022

초판 1쇄 발행 2022년 9월 15일

지은이 　 이현은
펴낸이 　 이기봉
편집 　 　 좋은땅 편집팀
펴낸곳 　 도서출판 좋은땅
주소 　 　 서울특별시 마포구 양화로12길 26 지월드빌딩 (서교동 395-7)
전화 　 　 02)374-8616~7
팩스 　 　 02)374-8614
이메일 　 gworldbook@naver.com
홈페이지 www.g-world.co.kr

ISBN 　 979-11-388-1251-1 (03230)

부흥 정치
부흥 경제
부흥 사회

이현은 지음

하나님의 말씀과 지나온 하나님의 섭리의 역사를 중심으로
하나님의 대적의 전략들을 살펴보고 분석하여 그들의 전략을 무너뜨리는
하나님의 군사들의 효과적인 전략들을 세우는 내용의 하나님의 군사 전략 지침서이다.

좋은땅

목 차

1

우리의 삶을 향하신 하나님의 뜻

《부흥 정치, 부흥 경제, 부흥 사회》라는 제목의 이 책은, 《탄식하며 우는 자의 이마에 표하라》라는 책의 후편이다. 또한, 《탄식하며 우는 자의 이마에 표하라》는 《내 백성아 거기서 나와라》의 후편이다. 그래서, 이후의 내용 가운데에서 《내 백성아 거기서 나와라》에 대해서 설명을 할 때에는, "첫 번째 책", 《탄식하며 우는 자의 이마에 표하라》에 대해서 설명을 할 때에는 "두 번째 책"이라는 표현을 사용하였다.

이 책은 두 전편들을 통해서 나눈 내용들에 대한 이해 없이는 바른 해석을 할 수 없는 내용이다. 첫 번째 책과 두 번째 책의 바른 이해를 통해서만 이 책의 내용이 정확히 전달될 수 있게 쓰였다. 그래서, 이 책은, 첫 번째 책과, 두 번째 책의 마지막 장의 기도가 자신의 개인적인 기도가 된 자들만을 위해서 쓰여진 책이라는 사실을 강조하고 싶다. 그래서 같은 마음으로 하나 된 관점에서가 아닌, 다른 여러 모양의 주관적 판단과 비평은 사양한다.

두 전편의 책의 주제가 된 성경 말씀은, 요한계시록 18장 4-5절이다.

또 내가 들으니 하늘로부터 다른 음성이 나서 이르되 내 백성아, 거기서 나와 그의 죄에 참여하지 말고 그가 받을 재앙들을 받지 말라. 그의 죄는 하늘에 사무쳤으며 하나님은 그의 불의한 일을 기억하신지라

이 말씀을 통해서 우리를 비추어 보았을 때에 깨달을 수 있었던 것은 우리의 무지함이었다. 우리는 매 순간 우리 배후에서 일하시는 하나님을 인정하고 믿는다. 우리를 위해서 전 역사를 통해서 하나님의 계획을 펼쳐 가시며 크신 뜻을 이루어 가시는 하나님을 믿는다. 그런데, 하나님께서 우리의 배후에서 일하시듯이, 하나님을 대적하는 세력, 예수님께서 오셔서 심판하실 세력, 모든 사람들을 자신에게 경배하게 하려는 세력이, 매 순간 우리의 배후에서 일을 하고 있다는 사실에 대해서 너무나도 무지했다. 믿음으로 사는 삶, 믿음을 지키며 사는 삶은, 하나님의 대적의 편에 서지 않고 하나님의 편에 서는 삶인데, 하나님의 대적에 대한 인식조차 제대로 하지 못하고 있었다는 사실을 깨닫게 된 것이다.

그래서 첫 번째 책에서는 우리가 대항을 해야 하는 대적, 적그리스도의 세력을 드러내고 알리는 내용들을 나누었으며, 두 번째 책에서

는, 적그리스도의 세력에서 우리가 완전히 나와서 하나님의 편에 서게 되는 내용에 대해서 나누었다. 그리고, 이 세 번째 책은, 하나님의 대적의 영향력에서 온전히 나오게 된 우리가 이제는 어떻게 살아야 하는지에 대한 실질적인 내용들을 말씀과 역사를 통해서 찾아가는 내용이다.

온몸과 마음과 뜻을 다해서 하나님만을 사랑하고, 내가 사는 것이 아니라 내 안에 주님께서 사시는 부흥의 삶을 살기로 결단하였는데, 그러한 결단을 한 우리가 매일매일 어떠한 모양으로 살아갈 때에 하나님께서 가장 기뻐하시는 삶이 될 수 있는지를 생각해 보는 것이 너무나도 필요하다는 생각을 하지 않을 수 없었고, 그러한 우리의 삶을 향하신 하나님의 뜻을 말씀 안에서 찾아보기로 했다.

그런데 대적하는 자들의 영향력에서 나오고 나서 어떤 모습으로 살아야 하는지에 대한 하나님의 뜻은, 앞서 나눈 성경 말씀에서 바로 이어지는 말씀을 통해서, 자세히 설명되어 있었다.

요한계시록 18장 4-7절

4. 또 내가 들으니 하늘로부터 다른 음성이 나서 이르되 내 백성아, 거기서 나와 그의 죄에 참여하지 말고 그가 받을 재앙들을 받지 말라

5. 그의 죄는 하늘에 사무쳤으며 하나님은 그의 불의한 일을 기억하신지라

6. 그가 준 그대로 그에게 주고 그의 행위대로 갑절을 갚아 주고 그가 섞은 잔에도 갑절이나 섞어 그에게 주라

7. 그가 얼마나 자기를 영화롭게 하였으며 사치하였든지 그만큼 고통과 애통함으로 갚아 주라 그가 마음에 말하기를 나는 여왕으로 앉은 자요 과부가 아니라 결단코 애통함을 당하지 아니하리라 하니

이 말씀의 내용은, 이제는 나오게 된 하나님을 대적하는 적그리스도의 세력에 대해서, 준 그대로 돌려주고, 갑절을 갚아 주고, 갑절이나 섞어 주고, 고통과 애통함으로 갚아 주라고 하시는 내용이다!

이러한 명령이 하나님 편에 선 자들에게 하시는 하나님의 뜻일 것이라고 상상하지 못했기에 당황스러운 마음이 들었다.

그래서, 다시 한번 말씀을 자세히 살펴보기로 했다.

전편 책들에서 나누었던 요한계시록 18장 4,5절에는 2인칭 복수 명령어가 한 번 나온다. 그것이, "나와라"(Ἐξέλθατε, Come out)라고 하시는 명령어이다. 그리고 이어지는 6, 7절에는 2인칭 복수 명령어가 4

번 나온다. "돌려주라"(ἀπόδοτε, Give back); "갚아 주라"(διπλώσατε, Pay back); "섞어 주라"(κεράσατε, Mix); 그리고, "주라"(δότε, Give). 4번이 다 똑같이 2인칭 복수 명령어이다.

그러므로, 4, 5절에게 명령하시는 대상에게 계속해서 이어서 하신 명령인 것이 맞다. 또한, 이러한 명령을 우리가 행해야 하는 대상이, 우리가 이제는 나오게 된 그 어두움의 세력인 것도 맞다.

하나님께서 우리에게 하신 명령들이 내가 기대했던 것과 너무나도 판이하게 다른 내용이어서 많이 놀랐다.

마지막 때가 되었다는 경각심에 깨어 있어야 한다는 외침이 많이 있다. 그런데, 그러한 외침을 통해서 들었던 메시지는, 마지막 때에 적그리스도의 세력이 강성하여 져서 매매를 못 하게 하며 살기 힘든 때가 오기 때문에, 자급자족할 수 있는 곳에서 살면서 신앙을 이어 가야 한다는 외침이었고, 그런 삶이 마지막 때에 깨어 있는 삶으로 표현이 되곤 했다. 그런데, 성경 말씀에서 선포하시는 마지막 때에 하나님의 자녀들을 향하신 말씀은 그렇지 않았던 것이었다!

"그가 준 그대로 그에게 주고"
"그의 행위대로 갑절을 갚아 주고"

"그가 섞은 잔에도 갑절이나 섞어 그에게 주라"
"그만큼 고통과 애통함으로 갚아 주라"

너무나도 생각과 달라서 놀라는 마음이 있었지만, 한편으로는 기대가 많이 됐다. 그리고 생각했다.

그가 준 것이 무엇인지를 알아야지 그에게 되돌려 줄 수가 있다.
그의 행위를 알아야지 그에게 갑절을 갚아 줄 수 있다.
그가 섞은 것이 무엇인지를 알아야지 우리도 섞어서 줄 수가 있다.
그로 인해 받은 고통과 애통함이 무엇인지를 알아야지 그를 고통하고 애통하게 할 수 있다.
또한, 하나님의 방법으로 하는 싸움만이 승리할 수 있다.

이렇게 엄청난 하나님의 명령에 순종하기 위해서, 적그리스도를 대항해서 어떻게 싸워야 하나님의 원수에게 되갚아 주는 사명을 잘 감당할 수 있을지, 정확한 전략들이 필요하고 생각하였다. 그래서, 앞으로의 글들을 통해서, 적그리스도의 특성을 알아보고, 그들의 전략들을 살펴본 후에 역사 가운데에서 그들이 사용한 전략들을 분석해 볼 것이다. 그 후에는 그들의 전략들에 대항하는 우리의 전략들을 세울 것이다. 그렇기 때문에, 이 책의 앞으로의 내용들은, 하나님의 군사들이 사명을 잘 감당하기 위해서, 하나님의 말씀과 지나온 하나님의 섭리의 역사를 중심으로 우리의 효과적인 전략들을 세우는 내용이라고 할 수 있다.

하나님의 대적, 하나님의 원수에 대항해서,
그들이 한 모든 일들로 인해서 오히려 그들이 고통받게 되고 애통하게 되는,
하나님의 군사들의 보복, 반환, 회수 프로젝트이다.

이 엄청난 과제를 하나님의 군사들을 통해서 분명히 이루게 하실 하나님을 기대한다.

2

예수회에 관한 예언

지난 장에서, 우리가 하나님의 군사 로서의 엄청난 사명을 잘 감당하기 위해서 하나님의 군사들의 전략의 필요성을 이야기하였고, 단계별로 먼저 적그리스도의 특성을 알아본 후에, 그들의 전략을 알아보고, 그들의 전략을 중심으로 해서 역사 가운데에 그들의 행적을 분석한 후, 그러한 내용을 토대로 우리의 전략들을 세우고 선포하기로 하였다. 그래서 이 장은, 그 첫 번째 단계, 적그리스도의 특성에 대해서 살펴보는 내용이다.

적그리스도의 특성을 알고자 할 때에, 성경에서 그들을 표현하고 설명한 내용보다 더 확실한 사실은 없을 것이다. 그래서, "내 백성아 거기서 나와라"라고 하실 때에 "거기"에 해당되는 적그리스도를 설명하는 성경 말씀들을 통해서 적그리스도의 특성을 분석해 보겠다.

요한계시록 18장에, "내 백성아 거기서 나와라"라고 하는 말씀을 하시기에 앞서서 하나님을 대적하는 짐승에 대해서 자세하게 설명하는 내용이, 요한계시록 13장에 나온다. 요한계시록 13장은 전체 내용이 적그리스도에 대해서 자세히 설명해 주는 내용이다.

요한계시록 13장 1-10절

1. 내가 보니 바다에서 한 짐승이 나오는데 뿔이 열이요 머리가 일곱이라 그 뿔에는 열 왕관이 있고 그 머리들에는 신성 모독 하는 이름들이 있더라

2. 내가 본 짐승은 표범과 비슷하고 그 발은 곰의 발 같고 그 입은 사자의 입 같은데 용이 자기의 능력과 보좌와 큰 권세를 그에 게 주었더라

3. 그의 머리 하나가 상하여 죽게 된 것 같더니 그 죽게 되었던 상 처가 나으매 온 땅이 놀랍게 여겨 짐승을 따르고

4. 용이 짐승에게 권세를 주므로 용에게 경배하며 짐승에게 경배 하여 이르되 누가 이 짐승과 같으냐 누가 능히 이와 더불어 싸 우리요 하더라

5. 또 짐승이 과장되고 신성 모독을 말하는 입을 받고 또 마흔두 달 동안 일할 권세를 받으니라

6. 짐승이 입을 벌려 하나님을 향하여 비방하되 그의 이름과 그 의 장막 곧 하늘에 사는 자들을 비방하더라

7. 또 권세를 받아 성도들과 싸워 이기게 되고 각 족속과 백성과

방언과 나라를 다스리는 권세를 받으니

8. 죽임을 당한 어린 양의 생명책에 창세 이후로 이름이 기록되
지 못하고 이 땅에 사는 자들은 다 그 짐승에게 경배하리라

9. 누구든지 귀가 있거든 들을지어다

10. 사로잡힐 자는 사로잡혀 갈 것이요 칼에 죽을 자는 마땅히 칼
에 죽을 것이니 성도들의 인내와 믿음이 여기 있느니라

1절에서 10절까지의 내용은, 첫 번째 책에서 많이 설명이 되었다.
1-2절에 네 가지 모양을 한 짐승에 대한 표현이 나온다. 이 표현은, 이
곳에서만이 아니라, 다니엘서에서도 다니엘의 꿈을 통해서 표현된 모
습인데, 천사의 해석을 통해서 짐승들이 역사적인 나라에 대한 계시의
메시지라는 것을 알게 된다. 4개의 나라들은 천사의 해석에 의해서 이
해해 볼 때, 첫 번째 나라는 바벨론, 두 번째 나라는, 메데 바사(페르시
아), 세 번째 나라는 헬라(그리스), 그리고 마지막 나라는 로마인 것을
알 수 있다. 여기에서 알 수 있는 것은, 바빌론은 유다 왕국이 멸망하
면서 지배하기 시작한 첫 왕국이다. 그 이후에 이어지는 지배 왕국이
메데 바사(페르시아)였으며, 그다음은 헬라 곧 그리스였다. 제일 마지
막 예수님께서 오셨을 때에 이스라엘 백성은 로마 왕국의 지배하에 있
었다. 이렇게 볼 때, 다니엘서와 요한계시록을 통해서 계속 이야기하
는 짐승의 메시지는, 하나님의 자녀들을 지배하던 세력들이었음을 알
수 있다.

다시 말해서, 짐승을 통해서 지배국들을 표현하고 있는데, 성경 전체를 통해서 여러 차례 설명된 이 네 개의 지배국들은, 하나님의 백성들을 군림하던 나라들이었고, 네 나라 중 마지막 나라가 로마 제국이다. 이 짐승에서 나온 열 머리 중에서 죽게 되었다가 상처가 나은 머리에 대하여서, 그다음 구절부터는 짐승이라고 표현한다. 여기에서 마지막 지배국이었던 로마 제국이 로마 교회로 이어지면서, 로마 교회가 힘을 빼앗겼던 것 같았지만 전 세계를 지배하게 되는 역사에 대한 설명을 한 것이다. 이 내용에 대해서는 첫 번째 책에서 여러 장을 통해서 나누었다. 4짐승까지만 설명이 된 것은, 로마 제국으로 이후로는 제국의 모양으로 이어진 것이 아니라, 로마 교회로 이어지면서 하나님의 백성들을 군림하는 모양이었기 때문이다.

11절부터는 로마 교회를 돕기 위해 세워진 예수회에 대한 말씀인 것을 누구도 부인할 수 없을 정도로 예수회의 행적에 대해 정확히 설명한다. 이렇게까지 예수회를 섬세하게 성경이 표현하고 있다는 것에 놀라지 않을 수 없을 정도다.

요한계시록 13장 11-18절

11. 내가 보매 또 다른 짐승이 땅에서 올라오니 어린 양 같이 두 뿔이 있고 용처럼 말을 하더라
12. 그가 먼저 나온 짐승의 모든 권세를 그 앞에서 행하고 땅과

땅에 사는 자들을 처음 짐승에게 경배하게 하니 곧 죽게 되었
던 상처가 나은 자니라

13. 큰 이적을 행하되 심지어 사람들 앞에서 불이 하늘로부터 땅
에 내려오게 하고

14. 짐승 앞에서 받은 바 이적을 행함으로 땅에 거하는 자들을 미
혹하며 땅에 거하는 자들에게 이르기를 칼에 상하였다가 살
아난 짐승을 위하여 우상을 만들라 하더라

15. 그가 권세를 받아 그 짐승의 우상에게 생기를 주어 그 짐승의
우상으로 말하게 하고 또 짐승의 우상에게 경배하지 아니하
는 자는 몇이든지 다 죽이게 하더라

16. 그가 모든 자 곧 작은 자나 큰 자나 부자나 가난한 자나 자유
인이나 종들에게 그 오른손에나 이마에 표를 받게 하고

17. 누구든지 이 표를 가진 자 외에는 매매를 못하게 하니 이 표
는 곧 짐승의 이름이나 그 이름의 수라

18. 지혜가 여기 있으니 총명한 자는 그 짐승의 수를 세어 보라
그것은 사람의 수니 그의 수는 육백육십육이니라

11절에, "내가 보매 또 다른 짐승이 땅에서 올라오니 어린 양 같이 두
뿔이 있고 용처럼 말하더라"라고 한 말씀에서 "또 다른 짐승"이라는 표
현이 나온다. 10절까지 짐승에 대해서 자세한 설명을 하였는데, 11절
에서 "또 다른 짐승"이라는 표현에 많이 의아했다. 짐승에 대해서 역사

적으로 하나님의 백성들을 지배하고 군림하던 세력으로 설명되었고, 그러한 세력이 로마 제국을 잇는 로마 교회라는 사실까지도 알게 되었는데, 이제 와서 "또 다른 짐승"이라는 말씀이 나와서 의아했지만, 자세하게 설명이 된 말씀과 예수회의 특성이 완전히 일치하기 때문에, "또 다른 짐승"이라는 것은 예수회를 표현하는 것임을 쉽게 알 수 있었다.

그 세력은, "처음 짐승에게 경배하게 하니"라는 말씀처럼, 사람들이 로마 교회에 경배하게 하는 세력이다. 종교 재판을 통해서 사람들을 처형할 당시에도 로마 교회의 뜻을 따르지 않은 것으로 인해서 예수회가 그리스도인들을 처형하였다. 예수회의 설립 목적도 교황청이 로마 교회의 뜻을 실행하도록 하기 위해서였다. 예수회는 자신의 집단의 이름을 나타나게 하려고 내세우는 자들이 아니라, 로마 교회를 세워서 로마 교회를 사용하여 자신들의 이루는 바를 이루고자 하는 자들이다.

또한, 11절에 "어린 양 같이 두 뿔이 있고 용처럼 말하더라"라는 말씀이 있다. 어린 양의 모습과 용의 모습을 둘 다 가지고 있다는 것이다. 그런데, 이러한 특성에 대해서 첫 번째 책 35장 "단 물과 쓴 물"에서 자세하게 다뤘었다. 첫 번째 책에서, 예수회는 "가장 선한 모습의 선행으로 구제 사업을 하는것과 동시에, 가장 잔인한 모습으로 자신들에게 순종하지 않는 자들을 무자비하게 처형하였던, 악마와 성인의 모습을 겸하고 있는 것이 역사가 이야기하는 예수회의 모습이다."라는 내용을 나눴다. 예수회의 역사적으로 나타나는 특성은 너무나도 악한 일들을 벌이면서도, 선행과 구제의 선한 사역을 병행함으로써 너무 다른 모습들을 통해서 도저히 그들을 제대로 이해할 수 없게 하였다. 이런 이중적인 모습이 항상 일관적으로 역사에서 나타나는데, 그러한 예수회의 모습이 결국은 요한계시록 13장의 양의 모습과 용의 모습을 함께 가지고 있다고 하는 예언의 말씀이 이루어진 모습이었던 것이다.

12절에서는, "저가 먼저 나온 짐승의 모든 권세를 그 앞에서 행하고"라는 말씀이 있다. 예수회가 결국 로마 교회의 모든 권세를 다 행하게 된다는 말씀이다. 이 말씀은 지금 세대에서만 이해할 수 있는 내용이다. 왜냐하면, 예수회는 로마 교회를 돕고 세우는 역할을 하였지, 로마 교회의 권세를 다 갖지는 못했기 때문이다. 그들이 교황들을 이용하여서 악한 목적들을 이룰 수는 있었지만, 그것은 로마 교회의 권세를 자신들에게 유익이 되게 사용을 한다는 것이지 그들이 그 권세를 가지고 행사한다는 것은 아니었다. 그런데, 역사적인 사건을 통해서 이 말씀이 이루어져서, 예수회가 로마 교회의 모든 권세를 갖게 된 때가 있었다. 그것이, 첫 번째 책에서 자세하게 다루었던, 예수회의 회원이 교황이 되게 된 사건이다. 2013년에 예수회 회원이 첫 교황이 되었는데, 그가 바로 교황 프란시스코이다. 첫 번째 책에서 이야기한 대로, 교황의 자리는 베드로의 계통을 이어 가는 자리로, 그 정통을 이어 감으로써 교황의 권위가 인정되어 왔다. 그런데, 예수회는 1540년에 교황청을 돕기 위해 만들어졌던 단체이고, 그 단체는 교황으로 이어 오던 베드로의 계통과는 어떤 연결점도 없기 때문에, 500년 가까이 예수회의 역사 가운데, 교황을 움직이는 권력을 다 갖는다고 할지라도, 그 자리를 갖게 될 것은 어느 누구도 상상할 수 없었던 일이었다. 첫 번째 책에서 예수회가 교황의 자리에 앉게 된 이야기를 나누면서, 너무나도 논리적으로나 합리적으로 말이 되지 않는 상황이라는 생각을 많이 했다. 어떠한 타당성도 없이 예수회가 교황 자리를 차지하게 되었는데, 세상 모든 사람들이 그것을 그대로 받아들이고 있다는 사실도 너무 의아했다. 그런데 이제 이해가 되는 것은, 그것은 결국 예언의 말씀이 이루어진 모습이었던 것이다.

13-14절에는, "큰 이적을 행하되 심지어 사람들 앞에서 불이 하늘로부터 땅에 내려오게 하고 짐승 앞에서 받은 바 이적을 행함으로 땅에 거하는 자들을 미혹하며"라는 말씀이 있다. 첫 번째 책 31장에서 예수회의 창시자 이냐시오 데 로욜라의 "영적 훈련"에 대해서 이야기를 했었다. 예수회의 가장 큰 특징은 영성 훈련, 신비주의 집회, 신비주의 의식에 있다. 이러한 예수회의 신비주의 의식들 관련하여서 교황청과의 계속되는 마찰과 문제들이 있었다. 그래서, 1773년에 교황 Clement 14세가 예수회를 탄압하는 성명을 발표하였을 때에, 그들이 교황청에서 인정할 수 없는 유해한 신비주의적 의식들을 행해 왔던 문제를 예수회가 탄압받게 되는 이유 중 하나로 설명하였다. (1) 예수회가 관련되어 있

는 모든 비밀 집회에 신비주의 의식이 항상 포함되어 있어서 너무나도 의아하게 생각하였는데, 그것도 결국은 예언의 말씀이 이루어진 모습이었다는 것이다.

14-15절에, "칼에 상하였다가 살아난 짐승을 위하여 우상을 만들라 하더라. 그가 권세를 받아 그 짐승의 우상에게 생기를 주어 그 짐승의 우상으로 말하게 하고 또 짐승의 우상에게 경배하지 아니하는 자는 몇이든지 다 죽이게 하더라"라는 말씀이 있다. 그런데 우상이라는 단어는 헬라어로 εἰκών; an image, statue, representation, 이미지, 형상, 대표라는 뜻을 가지고 있다. 하나님이 아니면서 하나님의 모양, 형상을 나타내려고 하는 것으로 이해할 수 있을 것이다. 그런데, 말씀을 보면, 자신들을 위한 우상이 아니라, 먼저 나온 짐승을 위한 우상을 만들라고 하는 것을 볼 수 있다. 그러니까, 예수회는 자신들의 단체인 예수회를 신성화하려는 것이 아니라, 교황을 중심으로 한 로마 교회를 신성화하려고 한다는 것이다. 그런데, 두 번째 책 11장에서 우리는 제1차 바티칸 공의회에서, 교황의 무오성이 인정되었던 내용을 나눴다. 교황의 무오성이라는 것은, 교황이 오류의 가능성으로부터 보호되기 때문에 교황은 오류가 있을 수 없다는 내용으로, 교황의 무오성이 교회의 신념이라는 것으로 인정되고 선언되었다. 죄 많은 인간을 무오하신 하나님의 이미지로 만든 것이다. 우상을 만들게 한 것이었다. 그리고 역사가 증명하는 것은, 교황의 무오성을 강경하게 추진한 것은 예수회였

다는 것이다.(2) 교황의 무오성을 교리화하는 과정의 예수회의 행동이 이해가 가지를 않았었다. 교황의 무오성을 주장하는 것 자체가 너무나도 억지스럽기도 했고, 자신들이 아닌 교황 자리를 그렇게 세우려는 그들의 노력이 의아했다. 그런데, 그것도 결국은 예언의 말씀이 이루어지는 모습이었던 것이다.

15절에서 17절에, "짐승의 우상에게 경배하지 아니하는 자는 몇이든지 다 죽이게 하더라. 그가 모든 자 곧 작은 자나 큰 자나 부자나 가난한 자나 자유인이나 종들에게 그 오른손에나 이마에 표를 받게 하고, 누구든지 이 표를 가진 자 외에는 매매를 못하게 하니 이 표는 곧 짐승의 이름이나 그 이름의 수라"라고 말씀하신다. 결국 예상대로다. 종교재판을 통해서 그리스도인들을 처형하고 죽인 것이 예수회였던 것처럼, 마지막 때에 로마 교회에 순종하고 따르지 않는 자들을 모두 다 제재하고 핍박할 세력이 예수회라는 것이 예언의 말씀인 것이다. 자신들이 로마 교회를 우상으로 세워 놓고, 그들의 뜻에 순종하고 하나 되어따를 것을 명령하는데, 그들이 세운 우상의 영향력에 속하지 않는 자들에 대해서는 매매하지 못하게 하고 핍박하는 세력이 예수회라는 것, 결국 예상했던 대로다.

하나님의 예언의 말씀이 이렇게까지 선명할 수 있구나 하는 생각에 놀랐다.

이렇게까지 선명하고 확실하게 말씀을 통해서 우리에게 나타내 보여 주시며 알려 주고자 하시는 하나님의 뜻이 무엇일까?

이렇게까지 자세히 우리에게 알려 주시는 이 내용들은, 지금 이 세대가 아니었다면 이만큼 확실하고 선명하게 깨달을 수 있는 내용이 아니었다.

그렇기 때문에, 이 말씀이 이 세대에 우리를 향한 말씀이고 메시지인 것을 부인할 수 없다.

"그가 준 그대로 그에게 주고"
"그의 행위대로 갑절을 갚아 주고"
"그가 섞은 잔에도 갑절이나 섞어 그에게 주라"
"그만큼 고통과 애통함으로 갚아 주라"

우리의 사명을 하나님의 방법으로 감당해야 할 대상이 너무나도 선명해졌다.

하나님의 군사로서 하나님께서 기뻐하시는 전략들로 어두운 세력을 대적하여 승리하는 우리가 될 것을 확실히 믿는다.

3

멸망에 이르게 하는 가증한 것

지난 장에서 요한계시록 13장을 통해서 예수회에 대한 하나님의 예언의 말씀을 살펴보았다. 확실하고 정확한 예언의 말씀의 성취로 인해서, 하나님의 군사들이 대적할 대상이 아주 선명해졌다. 예수회가 로마 교회를 사용하여서 전 세계에 미치고 있는 영향력들이 절대로 우연이 아니고, 마지막 때에 하나님께서 계획하신 일이며, 하나님의 예언의 말씀들이 이루어지는 역사라는 사실을 알게 되었다.

이번 장에서는, 다니엘서에서 설명이 된 적그리스도의 특성에 대해서 살펴보겠다. 다니엘서는 요한계시록과 연결되어서, 두 책의 예언의 내용들이 합쳐져서 더 확실한 깨달음의 축복을 누릴 수 있게 해 준다. 지난 장을 통해서 본, 짐승과 나라들에 대한 말씀들은 특별히 두 책의 아주 깊은 연관성을 나타낸다. 다니엘서와 요한계시록에서 설명된 짐승에 대한 표현을 통해서 짐승의 역사의 시작이 로마가 아니라, 로마 전에는 헬라가 있었고, 헬라 전에는 메데 바사가 있었고, 그전에는 바빌론이 있었다는 것을 알 수 있었다. 그러니까, 유다가 바빌론에게 멸망당한 때부터 계속해서 하나님의 백성들을 군림하고 핍박해 왔던 권력을 짐승으로 표현한 사실을 예언서를 통해서 확인할 수 있었다. 그래서, 결국 "짐승"이, 하나님의 백성들을 핍박한 것으로 인해서 예수님께서 재림하셨을 때 예수님의 보복 대상이 되는 것이다.

다니엘서의 마지막 때에 대한 설명 중에 같은 내용을 여러 번 언급한 경우가 있었다. 그중 하나가, 멸망에 이르게 하는 가증한 것에 대한 말씀이다. 하나님의 자녀들을 넘어지게 하고 심판받게 하려는 세력이, 곧 적그리스도의 세력이며, 멸망하게 하는 가증한 것을 세우는 세력이라는 말씀이 여러 번 나온다. 다음 3개의 구절들은 모두 같은 원어들이 사용이 되었는데, שִׁקּוּץ 는 가증한 것(detested thing), שָׁמֵם 는 황폐, 패망, 경악(desolate, appalled) 등을 의미한다.

다니엘 9장 27절

그가 장차 많은 사람들과 더불어 한 이레 동안의 언약을 굳게 맺고 그가 그 이레의 절반에 제사와 예물을 금지할 것이며 또 **포악하여 가증한 것**이 날개를 의지하여 설 것이며 또 이미 정한 종말까지 진노가 황폐하게 하는 자에게 쏟아지리라 하였느니라 하니라

다니엘 11장 31절

군대는 그의 편에 서서 성소 곧 견고한 곳을 더럽히며 매일 드리는 제사를 폐하며 **멸망하게 하는 가증한 것**을 세울 것이며

다니엘 12장 11절

매일 드리는 제사를 폐하며 **멸망하게 할 가증한 것**을 세울 때부터 천이백구십 일을 지낼 것이요

다니엘서에서 이야기한 멸망하게 할 가증한 것은 예수님께서도 마지막 때 관련 설명하실 때 인용하신 내용이다.

앞에서 설명을 한 원어의 내용과 번역된 글들을 통해 알 수 있는 것은, "가증한 것"이 원인이 되어서 "멸망"에 이르게 된다는 것이다. 그래서 "멸망하게 하는 가증한 것"이라는 표현이 사용되었다. 여기에서 이야기하는 것은, 가증한 것인데, 그 가증한 것의 정도가 멸망까지 이르게 할 만큼 극도의 가증한 것임을 설명한다. 에스겔 8장 13절에 "또 내게 이르시되 너는 다시 그들이 행하는 바 다른 **큰 가증한 일**을 보리라 하시리라"라는 말씀이 있다. "큰"이라는 형용사를 사용한 것으로 알 수 있는 것은, 크고 작은 정도의 차이가 가증함에 있을 수 있다는 것이다. 결국, 가증함에도 정도가 있는데, 가증함의 정도가 아주 클 때 패망, 멸망에 이르게 된다는 것을 말씀하시는 것이다.

다니엘서에서 표현하는 악의 세력의 특징은, 큰 가증한 일을 저지르게 하여서 결국 멸망에 이르게 만드는 자라는 것이다. 그런데, 사단의 특성 자체가 우리를 죄짓게 하고 넘어지게 하는 것이라서, "멸망하게 하는 가증한 것"이 결국 우리를 죄짓게 하는 것이라는 정도로 생각을 하다 보니 그 심각성에 대해 중요하게 생각하지 못했었다.

그러다가 두 번째 책의 주제가 되는 성경 구절이 생각났다.

에스겔 9장 4절
이르시되 너는 예루살렘 성읍 중에 순행하여 그 가운데서 행하**는 모든 가증한 일로 인하여 탄식하며 우는 자의 이마에 표하라**
하시고

에스겔 9장의 전체 내용은, 예루살렘이 가증한 일들로 인해서 결국 멸망하게 되는 상황에 대한 설명이다. 그들의 가증함이 멸망당할 만큼 커져서, 결국은 멸망을 당하게 되는데, 모든 사람들이 멸망당할 때에, 가증한 일들에 동참하지 않은, 오히려 가증한 일들이 행해지는 것으로 탄식하며 우는 자들은 이마에 표를 받게 되고, 멸망을 당하지 않도록 보호된다는 내용이다.

계속해서 이어지는 구절들을 살펴보면서, 가증한 일들로 인해서 얼마나 무서운 결과를 얻게 되는지에 대해서 알게 되었고, 가증한 죄의 결과에 소스라치게 놀라며 떨지 않을 수 없었다.

에스겔 9장 4-11절

이르시되 너는 예루살렘 성읍 중에 순행하여 그 가운데서 행하는 모든 가증한 일로 인하여 탄식하며 우는 자의 이마에 표하라 하시고, 나의 듣는데 또 그 남은 자에게 이르시되 너희는 그 뒤를 좇아 성읍 중에 순행하며 아껴 보지도 말며 긍휼을 베풀지도 말고 쳐서 늙은 자와 젊은 자와 처녀와 어린 아이와 부녀를 다 죽이되 이마에 표 있는 자에게는 가까이 말라 내 성소에서 시작할찌니라 하시매 그들이 성전 앞에 있는 늙은 자들로부터 시작하더라. 그가 또 그들에게 이르시되 너희는 성전을 더럽혀 시체로 모든 뜰에 채우라 너희는 나가라 하시매 그들이 나가서 성읍 중에서 치더라. 그들이 칠 때에 내가 홀로 있는지라 엎드리어 부르짖어 가로되 오호라 주 여호와여 예루살렘을 향하여 분노를 쏟으시오니 이스라엘 남은 자를 모두 멸하려 하시나이까. 그가 내게 이르시되 이스라엘과 유다 족속의 죄악이 심히 중하여 그 땅에 피가 가득하며 그 성읍에 불법이 찼나니 이는 그들이 이르기를 여호와께서 이 땅을 버리셨으며 보지 아니하신다 함이라 그러므로 내가 그들을 아껴 보지 아니하며 긍휼을 베풀지 아니하고 그 행위대로 그 머리에 갚으리라 하시더라. 가는 베옷을 입고 허리에 먹 그릇을 찬 사람이 복명하여 가로되 주께서 내게 명하신대로 내가 준행하였나이다 하더라.

이 말씀은 어떠한 추가 설명 없이도, 가증함으로 인해서 멸망에 이르게 되는 것이 얼마나 두려운 일인지를 너무나도 선명하게 표현해 주고 있다. 이토록 두려운 멸망에 이르게 하는 가증한 죄가 어떤 것인지를 자세히 알아야겠다는 생각을 했다.

그런데, 지금 살펴본 에스겔 9장의 바로 전장, 8장의 전체 내용에는, 가증한 죄로 인해서 멸망받을 수밖에 없는 것에 대한 상황 설명이 자세하게 나온다.

에스겔 8장

1. 제 육년 유월 오일에 나는 집에 앉았고 유다 장로들은 내 앞에 앉았는데 주 여호와의 권능이 거기서 내게 임하기로
2. 내가 보니 불 같은 형상이 있어 그 허리 이하 모양은 불 같고 허리 이상은 광채가 나서 단 쇠 같은데
3. 그가 손 같은 것을 펴서 내 머리털 한 모숨을 잡으며 주의 신이 나를 들어 천지 사이로 올리시고 하나님의 이상 가운데 나를 이끌어 예루살렘으로 가서 안뜰로 들어가는 북향한 문에 이르시니 거기는 투기의 우상 곧 투기를 격발케 하는 우상의

자리가 있는 곳이라

4. 이스라엘 하나님의 영광이 거기 있는데 내가 들에서 보던 이
   상과 같더라

5. 그가 내게 이르시되 인자야 이제 너는 눈을 들어 북편을 바라
   보라 하시기로 내가 눈을 들어 북편을 바라보니 제단 문 어귀
   북편에 그 투기의 우상이 있더라

6. 그가 또 내게 이르시되 인자야 이스라엘 족속의 행하는 일을
   보느냐 그들이 여기서 크게 **가증한 일을 행하여 나로 내 성소
   를 멀리 떠나게 하느니라** 너는 **다시 다른 큰 가증한 일**을 보
   리라 하시더라

7. 그가 나를 이끌고 뜰 문에 이르시기로 내가 본즉 담에 구멍이
   있더라

8. 그가 내게 이르시되 인자야 너는 이 담을 헐라 하시기로 내가
   그 담을 허니 한 문이 있더라

9. 또 내게 이르시되 들어가서 그들이 거기서 행하는 **가증하고
   악한 일을 보라** 하시기로

10. 내가 들어가보니 각양 곤충과 가증한 짐승과 이스라엘 족속
    의 모든 우상을 그 사면 벽에 그렸고

11. 이스라엘 족속의 장로 중 칠십인이 그 앞에 섰으며 사반의
    아들 야아사냐도 그 가운데 섰고 각기 손에 향로를 들었는
    데 향연이 구름 같이 오르더라

12. 또 내게 이르시되 인자야 이스라엘 족속의 장로들이 각각 그 우상의 방안 어두운 가운데서 행하는 것을 네가 보았느냐 그들이 이르기를 여호와께서 우리를 보지 아니하시며 이 땅을 버리셨다 하느니라

13. 또 내게 이르시되 너는 다시 그들의 행하는바 **다른 큰 가중한 일을 보리라** 하시더라

14. 그가 또 나를 데리고 여호와의 전으로 들어가는 북문에 이르시기로 보니 거기 여인들이 앉아 담무스를 위하여 애곡하더라

15. 그가 또 내게 이르시되 인자야 네가 그것을 보았느냐 너는 **또 이보다 더 큰 가중한 일을 보리라** 하시더라

16. 그가 또 나를 데리고 여호와의 전 안뜰에 들어가시기로 보니 여호와의 전문 앞 현관과 제단 사이에서 약 이십 오인이 여호와의 전을 등지고 낯을 동으로 향하여 동방 태양에 경배하더라

17. 또 내게 이르시되 인자야 네가 보았느냐 유다 족속이 **여기서 행한 가중한 일을 적다 하겠느냐** 그들이 강포로 이 땅에 채우고 또 다시 내 노를 격동하고 심지어 나무가지를 그 코에 두었느니라

18. 그러므로 나도 분노로 갚아 아껴 보지 아니하고 긍휼을 베풀지도 아니하리니 그들이 큰 소리로 내 귀에 부르짖을찌라도 내가 듣지 아니하리라

에스겔 8장의 내용은 주 여호와의 권능이 직접 에스겔에게 임하여서 하신 말씀이다. 에스겔 선지자에게, 예루살렘이 가증한 죄로 인해서 멸망받지 않을 수 없음을 말씀하시면서, 그들의 죄를 하나하나 에스겔에게 보여 주시며 설명하시는 내용이다.

5-6절에서, "그가 내게 이르시되 인자야 이제 너는 눈을 들어 북편을 바라보라 하시기로 내가 눈을 들어 북편을 바라보니 제단 문 어귀 북편에 그 투기의 우상이 있더라. 그가 또 내게 이르시되 인자야 이스라엘 족속의 행하는 일을 보느냐 그들이 여기서 크게 **가증한 일을 행하여 나로 내 성소를 멀리 떠나게 하느니라**'라고 말씀하신다. 그런데 여기에서 말씀하시는 가증한 일은 투기의 우상으로 인함이다. 결국, 우상을 세움으로써, 하나님만을 사랑해야 하는 십계명의 제1계명과, 어떤 형상도 만들지 말라고 하시는 제2계명을 범한 것을 가증한 죄라고 하신다.

9-11절에는 "또 내게 이르시되 들어가서 그들이 거기서 행하는 **가증하고 악한 일을 보라** 하시기로, 내가 들어가보니 각양 곤충과 가증한 짐승과 이스라엘 족속의 모든 우상을 그 사면 벽에 그렸고, 이스라엘 족속의 장로 중 칠십인이 그 앞에 섰으며 사반의 아들 야아사냐도 그 가운데 섰고 각기 손에 향로를 들었는데 향연이 구름 같이 오르더라"라고 말씀하신다. 여기서 말씀하시는 가증한 일은, 우상을 벽에 그려놓고 거기에서 향을 피우면서, 하나님만을 경배해야 하는 십계명의 제

1계명과, 어떤 형상도 만들지 말아야 하는 제2계명을 범한 것이었다.

13-14절에는, "또 내게 이르시되 너는 다시 그들의 행하는바 **다른 큰 가증한 일을 보리라** 하시더라. 그가 또 나를 데리고 여호와의 전으로 들어가는 북문에 이르시기로 보니 거기 여인들이 앉아 담무스를 위하여 애곡하더라"라고 말씀하신다. 여기에서 말씀하시는 가증한 일은 담무스라는 다른 신을 섬김으로 인해서, 십계명의 제1계명을 범한 것이었다.

15-16절에는, "그가 또 내게 이르시되 인자야 네가 그것을 보았느냐 너는 **또 이보다 더 큰 가증한 일을 보리라** 하시더라. 그가 또 나를 데리고 여호와의 전 안뜰에 들어가시기로 보니 여호와의 전문 앞 현관과 제단 사이에서 약 이십 오인이 여호와의 전을 등지고 낯을 동으로 향하여 동방 태양에 경배하더라"라는 말씀이 있다. 여기에서 말씀하시는 가증한 일은, 하나님이 아닌 동방 태양에 경배하면서, 십계명의 제1계명을 범한 것이었다.

그리고, 이 모든 가증한 죄는, 예루살렘 성소에서 하나님을 섬긴다고 하면서 행한 일들이기 때문에, 하나님의 이름을 망령되이 사용하는 십계명의 제3계명을 범한 것이었다.

가증한 죄로 인하여서 멸망한 예루살렘을 향한 말씀을 읽으면서 깨어 있는 것이 얼마나 중요한지 다시 한번 깨달았다.

첫 번째 책 2장 "그들이 배제하는 하나님 진리"에서 보면, 프리메이슨은, 사람들에게 열심히 하나님을 섬길 것을 권유하고, 성경 공부도 많이 하며, 또한 선행을 도모하는 일들을 권장한다. 그들은 예수님의 이름으로 기도하며, 그들의 가르침에서 어떠한 기독교의 교리도 배제된 것을 찾을 수가 없었다. 그러면서 깨닫게 되었던 그들이 배제하는 하나님의 진리는, 십계명의 제1, 2, 3계명을 범하도록 하는 것이었다. 하나님을 열심히 믿지만 다른 신도 인정을 하고, 여러 모양들의 형상들을 가지고 예식을 하면서, 하나님의 이름을 사용을 하여서 자신들의 단체를 세워 나간다.

또한, 첫 번째 책 30장 "사단의 속임수"에서는, 예수회의 교리가 십계명의 제1, 2, 3계명을 범할 수밖에 없도록 되어 있는 것에 대해서 이야기했다. 하나님 중심적인 삶을 살며, 헌신을 하여 남을 돕는 삶을 권장하지만, 성인과 마리아를 경배하도록 하고 그들의 형상을 지니도록 하며, 예수님의 이름으로 면죄부를 사용하라고 명령한다. 아무리 하나님 중심적인 삶을 산다고 하여도, 그들의 교리를 지킬 때에는, 십계명의 1, 2, 3계명을 범하지 않을 수 없는 모양이다.

적그리스도는 십계명의 엄청난 진리에 대해서 알고 있었던 것이다.

하나님께서 뭐를 원하시는지도 알고 있었고, 그렇기 때문에, 우리를 어떻게 넘어뜨려야 할지도 알고 있었다.

부모를 공경하고, 살인하지 않고, 도둑질하지 않고, 거짓 증언하지 않고…. 이런 계명들은, 어느 종교에서도 찾아볼 수 있는 계명이다.

그러나, 십계명의 1, 2, 3계명은, 어느 종교에서도 찾아볼 수 없는 계명이다. 왜냐하면, 하나님과 우리의 사랑과 믿음의 관계를 통해서 영원한 생명을 얻는 이 엄청난 진리는 종교적인 것이 아니고 관계적인 것이기 때문이다.

내가 누군가를 진정으로 사랑하면, 다른 사람에게 마음을 돌리지 않는다.
내가 누군가를 진정으로 사랑하면, 그 사람의 형상을 만들어서 섬기는 모습으로 진정한 관계를 대신하려고 하지 않는다.
내가 누군가를 진정으로 사랑하면, 그 사람의 이름과 명예와 권세를 사용하여서 이득 보려고 하지 않는다.

에스겔 8장의 이스라엘의 가증한 죄에 대해서 에스겔 선지자를 향하여서 한탄하시는 하나님의 말씀을 대하며, 그들의 죄의 모습과 너무나도 닮은 우리의 죄의 모습에 두렵고 떨리는 마음을 갖지 않을 수 없었다.

4

매일 드리는 제사

전장에서 우리는 적그리스도의 특성 중에 하나인, 우리를 가증한 죄를 짓게 하여서 결국 멸망에 이르게 하는 것에 대해서 알아보았다. 엄청난 하나님의 노여움을 사게 되는, 너무나도 두려운 하나님의 심판의 이유가 가증함이라는 죄로 인한 것인데, 그것은 십계명의 1, 2, 3계명, 온몸과 마음과 뜻과 힘을 다해서 하나님을 사랑하지 않으면 범할 수밖에 없는 죄인 것을 알 수 있었다. 또한, 그러한 비밀을 오히려 적그리스도는 알고 우리를 멸망하게 하기 위해서 가증한 죄를 짓게 한다는 것도 알 수 있었다.

그런데, 멸망에 이르게 하는 가증한 죄와 매번 같이 설명되는 죄에 대한 말씀이 있었다. 마지막 때에 짐승의 특성을 나타내는 구절마다 이 구절이 같이 나오는 것으로 인해서 그 뜻을 자세히 알아봐야겠다는 생각을 했다.

다니엘 8장 13절

내가 들은즉 한 거룩한 이가 말하더니 다른 거룩한 이가 그 말하
는 이에게 묻되 환상에 나타난 바 **매일 드리는 제사와 망하게 하
는 죄악**에 대한 일과 성소와 백성이 내준 바 되며 짓밟힐 일이 어
느 때까지 이를꼬 하매

다니엘 11장 31절

군대는 그의 편에 서서 성소 곧 견고한 곳을 더럽히며 **매일 드리
는 제사를 폐하며 멸망하게 하는 가증한 것**을 세울 것이며

다니엘 12장 11절

매일 드리는 제사를 폐하며 멸망하게 할 가증한 것을 세울 때부
터 천이백구십 일을 지낼 것이요

이 말씀을 통해서 확실히 알 수 있는 사실은, 적그리스도의 특성이
매일 드리는 제사를 폐하는 자라는 것이고, 또한 매일 드리는 제사가
폐하는 것이 적그리스도의 입장에서는 자신의 목적을 이루는 방법이
라는 것이며, 매일 드리는 제사가 없어지게 되면 우리에게 치명적인
결과를 가져다준다는 것이다.

매일 드리는 제사가 없는 것이 우리에게는 엄청나게 유해한 일이라

고 하는 것이기에, 매일 드리는 제사가 무엇인지를 알고 그것을 회복하는 일이 아주 중요하겠다는 생각을 했다.

두 번째 책 22장 "언약의 성취"에서는, 죄로 인해서 죽으리라라는 저주에 묶여 있었던 우리에게, 영원한 생명의 길을 열어 주시기 위해서, 죄의 문제를 해결하는 방법에 대해서 이야기하면서 제사에 대해서 이야기를 하였다. 히브리서 9장 22절, "율법을 따라 거의 모든 물건이 피로써 정결하게 되나니 피흘림이 없은즉 사함이 없느니라"라는 말씀처럼 피 흘림으로만 사함이 있을 수 있기에, 제사를 통해서 희생 제물인 동물의 피로 우리의 죄의 문제를 예수님께서 오실 때까지 해결하고 있었다는 내용이었다.

그래서, 나의 죄의 문제로 동물의 피가 사용되기 위해서 동물이 죽는 것이고, 예수님께서 오셔서 나의 죄의 문제를 해결해 주시기 위해서 예수님께서 돌아가시게 되신 것이다.

여기에서 "매일 드리는 제사"의 원어는 תָּמִיד, continuity라는 연속성, 지속성을 설명하는 단어이다. 연속적으로, 지속적으로 이어 가는 것을 의미한다. 그런데, 다니엘서에서 매일 드리는 제사를 폐하였다고 하는 것은, 연속적이고 지속적으로 이어 가는 것이 끊어졌다는 것이다.

자세히 생각해 보면 제사에는, 제사를 드리는 사람이 있고, 제사를 받으시는 하나님이 계시고, 제사를 돕는 제사장이 있고, 또한 제사에 사용되는 동물이 있었다. 동물의 피를 뿌리는 일이 제사장이 하는 일이었다. 그런데, 우리의 대제사장이신 예수님께서 단번에 동물 대신 희생양이 되어 주셨다. 그러니까 이제, 동물의 피 없이, 제사장의 도움이 없이, 하나님께 나아가는 길이 열린 것이다. 다시 말해서, 예수님께서 하신 일로 인해서, 내가 하나님께 매일 나아가는 제사가 필요 없어진 것이 아니라, 동물의 피로 도움을 받아야지만 나아갈 수 있었던 길이, 이제는 직접 나아갈 수 있는 길로 바뀌었다는 것이다. 매일 드리는 제사의 의무는 그대로 있지만, 그 의무를 지키기 위해서 필요했던 동물의 희생 없이 그 의무를 지킬 수 있게 되었다는 것이다.

그 상황에 대해서, 히브리서 10장 19-22절에서 자세하게 설명해 준다.

"그러므로 형제들아 우리가 **예수의 피를 힘입어 성소에 들어갈 담력을 얻었나니**, 그 길은 우리를 위하여 휘장 가운데로 열어 놓으신 **새로운 살 길이요** 휘장은 곧 그의 육체니라, 또 하나님의 집 다스리는 큰 제사장이 계시매, 우리가 마음에 뿌림을 받아 악한 양심으로부터 벗어나고 몸은 맑은 물로 씻음을 받았으니 **참 마음과 온전한 믿음으로 하나님께 나아가자**"

매일매일 계속해서 하나님께 나아가는 데 있어서, 전에는 제사장과 희생 동물의 피가 필요했지만, 이제는 예수님의 희생으로 인해서, 어떠한 도움 없이 담대하게 하나님께 나아가는 새로운 살길이 생긴 것이므로, 참 마음과 온전한 믿음으로 하나님께 나아가라는 것을 권고하는 말씀이다.

"매일 드리는 제사"의 원어가 "매일"과 "제사" 이렇게 두 단어가 아니라, תָּמִיד, 연속성 지속성의 의미를 지닌 단어 하나인 것이 의아하다고 생각 하였는데, 결국 그것은, "계속해서, 지속적으로, 매일매일, 하나님께 나아가야 하는 것을 이야기하는 것"이었다.

계속해서 매일매일 지속적으로 하나님께 나아가야 하는 것을 폐하였다고 하는 것은, 하나님을 만나 볼 때까지, 나의 죄인됨을 인정하고 나를 십자가에 내려놓고 하나님께 계속 가까이 나아가야 할 필요성을 없앴다는 것을 의미한다

히브리서 10장 전체는 매일 드리는 제사의 삶을 살아야 하는 중요성을 아주 잘 설명해 주는 말씀이다. 그런데, 앞에서 본 하나님께 나아가라는 권면의 말씀 이후로 이어지는 26-28절 말씀은, 매일 하나님께 나아가야 하는 명령을 지키지 않는 삶에 대한 경고이다. "우리가 진리를 아는 지식을 받은 후 짐짓 죄를 범한즉 다시 속죄하는 제사가 없고, 오직 무서운 마음으로 심판을 기다리는 것과 대적하는 자를 태울 맹렬한

불만 있으리라. 모세의 법을 폐한 자도 두세 증인으로 말미암아 불쌍히 여김을 받지 못하고 죽었거든" 히브리서 10장의 말씀은 지금 기독교에서 가르치는 구원의 교리와는 너무나도 다른 모양으로 우리의 믿음의 삶에 대해서 설명한다. 기독교에서 이야기하는 구원을 이루었다고 하는 사람들, 한 번 주님을 영접하고 나서 영원한 생명 벌써 얻게 되었으므로 절대 빼앗길 수가 없다고 하는 사람들이 이해하기 힘든 말씀이다. 이러한 경각심에 대한 메시지는 히브리서 10장만이 아니라, 히브리서 전체의 메시지라고 할 수 있다. 지금 기독교인들을 통해서 나타나 보이는 하나님의 모습과는 너무나도 다른 하나님의 참위엄과 권위가 부흥을 통해서 회복되지 않는다면, 하나님은 심판을 통해서 하나님의 위엄과 권위를 회복하실 것이라는 내용이 히브리서의 내용이다.

적그리스도의 특징은, 매일 드리는 제사를 폐하고, 멸망의 이르는 가증한 것을 서도록 하는 자라고 다니엘서를 통해서 경고하셨다. 그런데, 기독교의 가르침은, 매일매일 하나님께 나아가는 것이 없어도 영원한 생명이 완전히 보장된 것으로 가르치고, 온몸과 마음과 뜻을 다해서 하나님을 사랑하지 않으면 도저히 지킬 수 없는 십계명의 1, 2, 3계명에 대해서도 그 중요성을 알리지 않는다.

얼마나 우리가 적그리스도의 영향 가운데 있었는지, 두려움과 떨림으로 우리를 돌아보지 않을 수가 없다.

5

적그리스도의 전략

하나님의 군사로서의 사명을 잘 감당하기 위해서 하나님의 군사들의 전략들을 세우기 위해서 그 첫 번째 단계로 지난 여러 장들을 통해서 적그리스도의 특성을 알아보는 시간을 가졌다. 이 장을 통해서는, 첫 번째 책과 두 번째 책, 그리고 이 책의 앞에 4장을 통해서 설명된 적그리스도의 특성을 가지고 이들이 사용하는 전략들을 분석해 볼 것이다. 그 후, 이들의 전략을 토대로 역사 가운데에서의 그들의 행적을 분석할 것이며, 그것은, 이들의 전략으로 인해서 우리가 당한 것을 배로 그들에게 돌려주기 위한 전략을 세우는 데 사용될 것이다.

적그리스도의 전략 #1

요한계시록 13장 8절
죽임을 당한 어린 양의 생명책에 창세 이후로 이름이 기록되지 못하고 **이 땅에 사는 자들은 다** 그 짐승에게 경배하리라 적그리스도의 궁극적인 목표는 무엇인가를 생각해 본다. 그것은, 바로 요한계시록 13장 8절에, "이 땅에 사는 자들은 다 그 짐승에게 경배하리라"는 말씀이 이루어지도록 하는 것이 그들이 추구하고 이루고자 하는 바이다. 한 나라에서만 경배를 받는 것이 아니고, 한 대륙에서만 경배를 받는 것이 아니며, 한 지역은 제외하고 모든 나머지 사람으로부터 경배를 받는 것이 아니라, 이 땅에 사는 자들은 다 적그리스도에게 경배하게 되는 것이 그들이 궁극적으로 추구하는 바이다.

그들의 확실한 목표를 알고 나니까, 그들의 행적이 더 이해가 간다. 십자군을 통해서 그렇게 무력을 행사해서라도 포교를 시켜서 사람들을 자기들의 권력 안으로 왜 넣으려고 하였는지, 종교 재판을 통해서 자신들에게 순종을 하지 않는 사람들을 왜 다 처형을 하였는지, 전 세계에 모든 나라 모든 사람들에게 그들의 영향력이 퍼지게 하기 위해서 왜 그렇게도 힘을 써 왔는지, 전 세계가 자신들의 영향력 아래서 하나 되는 것에 왜 그렇게도 적극적이었는지, 이제는 이해가 간다.

그들의 목표는 결국 자신들의 궁극적인 목적인 "이 땅에 사는 자들은 다" 적그리스도에게 경배하도록 하는 것을 이루는 것이다. 빌립보서 2장 13절에, "너희 안에서 행하시는 이는 하나님이시니 자기의 기쁘신 뜻을 위하여 너희에게 소원을 두고 행하게 하시나니"라는 말씀이 있다. 우리 마음 가운데에 소원을 두고 행하는 일을 이루시는 하나님에 대한 말씀이다. 그런데, 적그리스도의 세력의 역사를 볼 때, 같은 모양의 노력이 느껴졌다. 그들의 목표를 따라 목적을 이루는 원동력이, 이 땅에 사는 자들이 다 적그리스도를 경배하게 되는 것에 대한 소원이다. 그것은 곧 이 세상의 모든 다른 사람들보다 가장 높아지고자 하는 마음의 소원을 이야기하는 것이기도 하다. 그래서, 다른 사람들보다 높아지고자 하는 마음을 소원하는 자들이 결국 적그리스도의 편에 속하게 되는 것이고, 적그리스도는 높아지고자 하는 마음을 가진 모든 사람들로 인해서 세계를 군림하며 하나가 된다는 것이다.

누가복음 16장 15절에서는, "사람 중에 높임을 받는 그것은 하나님 앞에 미움을 받는 것이니라"라고 말씀하셨는데, 사람 중에 높임받으려는 그 마음이 곧 적그리스도의 마음인 것이었다. 그래서, 같은 마음을 가진 자들이 한편이 되어서 적그리스도가 목표로 하는 바를 다 같이 이루도록, 전 세계가 적그리스도의 권세 아래서 하나가 되어서 세계정권을 향해 마음을 합하는 것이다. 이들의 목표 대상이 "이 땅에서 사는 자는 다"이기 때문에, 이들의 행적 가운데에서 세계 정치와 세계화에 집착하는 모습이 계속해서 나타나는 것도 결국은 이들의 전략인 것이다.

이후로의 글들을 통해서 역사 가운데 그들의 전략들을 살펴 볼 때에, 이 땅에 모든 사람들이 다 적그리스도에게 경배하도록 만들려는 전략, 높임을 받고자 하는 자들로 전 세계가 하나가 되어서 세계를 지배하고자 하는 전략에 대해서는, 적그리스도의 전략 #1이라고 언급하게 될 것이다.

적그리스도의 전략 #2

요한계시록 13장 11절

내가 보매 또 다른 짐승이 땅에서 올라오니 어린 양 같이 두 뿔이 있고 용처럼 말을 하더라

어린 양의 모습과 용의 모습을 같이 가지고 있는 예수회에 대해서 2장에서 이야기했다. 또한 역사 속에서 그들은 악마와 성인의 모습을 겸한 자들로 인식되어 있는 것에 대해서도 나눴다. 잔인하게 사람들을 처형하는 반면 선행과 구제사업도 하며 항상 이중적인 모습을 보여 왔다. 그런데 이렇게 특별한 그들의 특성을 통해서 자신들을 감추려고 했지만, 오히려 우리는 그렇게 양극화된 그들의 특성을 통해서 그들이 적그리스도의 세력인 것을 말씀을 통해서 깨닫는 계기가 되었다. 다시 말해서 그러한 두드러진 특성을 역사적으로 사용하면서 세상을 속여 온 것이, 그들의 목표를 달성하기 위해서 사용하는 그들의 전략이라는 것이다.

그들이 관련되어 있는 단체들은 어떠한 단체이든지, 많은 계층으로 나누어져 있어서, 상급 계층에서 하는 일들에 대해서 하급 계층에서는 알 수 없으며, 하급 계층의 많은 사람들에게 좋은 의도인 것처럼 하며 헌신을 요구하지만, 상급 계층에서는 자신들의 궁극적인 목표인, 전 세계 모든 사람들이 적그리스도의 세력으로 하나가 되어서 세계를 지배하는 일들을 계획하고 음모한다.

이후로의 글들을 통해서 역사 가운데 그들의 전략들을 살펴볼 때에, 선한 모습과 악한 모습 두 가지의 모습을 나타내고, 이중적인 모습으로 자신의 행적을 감추는 전략에 대해서는 적그리스도의 전략 #2라고 언급하게 될 것이다.

적그리스도의 전략 #3

마태복음 15장 7절
외식하는 자들아 이사야가 너희에 관하여 잘 예언하였도다 일렀
으되

두 번째 책 전체를 통해서 설명한 적그리스도의 특성은 외식하는 자라는 것이다. 외식은 예수님께서 바리새인들과 서기관들, 당시 예수님을 대적하는 무리들을 향해서 정의하셨던 죄명이다. 그래서 예수님께

서 다시 오셨을 때에 심판하실 자들이 외식하는 자들이며, 적그리스도는 사람들을 외식을 통해서 자신의 편에 서게 한다. 외식은 하나님의 눈앞에서 사는 것이 아니라 사람의 눈을 의식하며 사는 것이고, 하나님께 인정받기 원하는 것이 아니라 사람에게 인정받으려고 하는 것이며, 하나님을 두려워하는 것이 아니라 세상을 두려워하는 것임을 말씀을 통해서 확인할 수 있었다. 또한 외식을 하게 되면, 진정으로 중요한 내면적인 것은 다 놓치게 되고, 외면적인 것만을 중요시하는 자들이 되어서, 겉은 깨끗해 보여도 속은 더러운, 겉과 속이 다른 자들이 되고, 모든 중요한 영적인 진리들을 세상적이고 육적인 것들로만 이해하여서 바른 깨달음을 가질 수 없다는 것에 대해서도 나눴다.

그래서, 외식을 하도록 만들어서 사람들이 하나님께로부터 멀어지고 결국은 심판받도록 하는 것은 주로 사용하는 적그리스도의 전략이다. 사람들에게 인정받고 높임받고자 하는 마음을 부추겨서 외식하도록 하고, 하나님이 아닌 세상을 두려워하도록 하여서 외식하도록 하고, 영적인 것이 아닌 육신적인 것에 눈을 돌리도록 함으로 외식하도록 하여서, 가난한 마음을 놓치고 높아진 마음을 갖게 되며, 교만한 마음으로 하나님과 멀어져서 결국은 하나님의 편이 아닌 적그리스도의 편에 서도록 하는 것이 이들이 사용하는 전략이다.

이후로의 글들을 통해서 역사 가운데 그들의 전략들을 살펴볼 때에,

외식하는 자들이 되도록 하는 적그리스도의 전략에 대해서는 적그리스도의 전략 #3이라고 언급하게 될 것이다.

적그리스도의 전략 #4

요한복음 13장 13, 14절a
큰 이적을 행하되 심지어 사람들 앞에서 불이 하늘로부터 땅에 내려오게 하고 짐승 앞에서 받은 바 이적을 행함으로 땅에 거하는 자들을 미혹하며

이들은, 자신들의 궁극적인 목표인 이 땅의 모든 사람들을 적그리스도에게 경배하도록 할 때에 효과적인 방법이 초자연적인 것, 영적인 것, 신비주의적인 것들을 사용하는 것이라는 사실을 너무나도 잘 안다. 다음의 성경 말씀들을 보면, 이적을 행하는 것이 얼마나 사람들을 미혹하여 자신의 편으로 만들기 좋은 수단인지 잘 설명되어 있다.

마가복음 13장 22절
거짓 그리스도들과 거짓 선지자들이 일어나서 이적과 기사를 행하여 할 수만 있으면 택하신 자들을 **미혹**하려 하리라

데살로니가후서 2장 9-10절

악한 자의 나타남은 사탄의 활동을 따라 모든 능력과 표적과 거
짓 기적과
불의의 모든 **속임**으로 멸망하는 자들에게 있으리니 이는 그들이
진리의 사랑을 받지 아니하여 구원함을 받지 못함이라

마태복음 24장 24절

거짓 그리스도들과 거짓 선지자들이 일어나 큰 표적과 기사를 보
여 할 수만 있으면 택하신 자들도 **미혹**하리라

마태복음 24장 11절

거짓 선지자가 많이 일어나 많은 사람을 **미혹**하겠으며

이 성경 말씀은, 이적과 기사를 사용할 때에 많은 사람들이 미혹된
다고 하는 내용이다. 그러므로, 적그리스도에게는 이적과 기사가 사람
들을 미혹하기 좋은 도구라는 사실이다. 이들은 이 땅에 모든 자들을
자신의 편에 서게 하기 위한 목표가 있는데, 그러한 목적을 달성하기
위해서 사람들을 미혹하기 너무나도 유용한 도구인 기적과 이사를 사
용하는 것이 이들의 전략이라는 것이다.

이후로의 글들을 통해서 그들의 역사 가운데 그들의 전략들을 살펴

볼 때에, 이적과 기사, 영적인 것, 신비주의적인 것을 사용하면서 사람들을 미혹하여서 적그리스도의 편에 서게 하려고 하는 그들의 전략에 대해서는 적그리스도의 전략 #4라고 언급하게 될 것이다.

적그리스도의 전략 #5

다니엘 11장 31절
군대는 그의 편에 서서 성소 곧 견고한 곳을 더럽히며 매일 드리는 제사를 폐하며 **멸망하게 하는 가증한 것을 세울 것이며**

가증한 죄를 짓게 하여서 결국 우리가 멸망당하고 심판받게 하는 것이 적그리스도의 특성인 것에 대해서 3장에서 다뤘다. 가증한 죄를 짓게 되는 것은 하나님의 편에 서지 않고 적그리스도의 편에 서게 되는 것이며, 우리가 온 마음과 뜻과 힘을 다해서 하나님을 사랑하고, 어떤 다른 우상도 섬기지 않으며, 다른 형상도 만들지 않고, 하나님의 이름을 나를 위해서 사용하지 않을 때에만 가증한 죄를 짓지 않을 수 있다는 것에 대해서도 나눴다. 우리가 십계명의 1, 2, 3계명을 범하는 때에는, 하나님편에 서지 않게 되는 것이기 때문에, 적그리스도의 편에 서게 된 것이다. 우리가 아무리 하나님 편에 서 있다고 생각을 하여도, 십계명의 1, 2, 3계명을 범하고 있는 순간에는 우리는 하나님의 원수에 편에 서 있는 것이 되고, 그래서 하나님의 분노하심의 대상이 되는 것이다.

우리의 취약점은, 온전하지 않아도 받아 주시겠지 하는 안일한 마음이다. 그렇지만 그런 마음을 도저히 하나님께서 받으실 수 없는 것에 대해서, 두 번째 책에서 아주 여러 번 다뤘다. 영이신 하나님과 믿음과 사랑의 관계를 갖기 위해서 한 알의 밀알이 땅에 떨어져 죽듯이, 우리가 죽고 내 안에 주님께서 사시는 그런 부활의 믿음이 없이는 불가능하다는 것이다. 그래서, 99%가 아닌 100% 하나님을 향한 사랑과 헌신과 믿음이 필요한데, 그것을 놓치게 하여서 하나님 편에 서지 못하고, 결국 하나님의 원수의 편에 서게 하는 전략을 적그리스도가 사용한다는 것이다.

이후로의 글들을 통해서 역사 가운데 그들의 전략들을 살펴볼 때에, 하나님을 온몸과 마음을 다해서 사랑하여야만 지킬 수 있는 십계명의 1, 2, 3계명을 범하도록 하여서, 사람들을 넘어지게 하고 하나님 편이 아닌 적그리스도의 편에 서게 하려고 하는 그들의 전략에 대해서는 적그리스도의 전략 #5라고 언급하게 될 것이다.

적그리스도의 전략 #6

다니엘 11장 31절

군대는 그의 편에 서서 성소 곧 견고한 곳을 더럽히며 **매일 드리는 제사를 폐하며** 멸망하게 하는 가증한 것을 세울 것이며 매일 드리는 제사를 폐하는 것에 대해서는 4장에서 다뤘다. 하나님께서는 우리에게 매일 제사를 드릴 것을 명령하셨다. 그런데, 하나님께 나아갈 때에 죄를 가지고는 하나님께 나아갈 수가 없다. 하나님은 죄와 공존하실 수 없는 분이시기 때문이다. 그래서 하나님께 나아가기 위해 희생 제물과 제사장이 필요하였지만, 예수님께서 그 부분을 감당해 주셨기 때문에, 이제는 예수님의 피를 의지하여서 담대히 하나님께 나아갈 수 있는 새길이 생겼다. 짐승의 피가 없이 하나님께 나아가는 새길이 생겼다고 해서 하나님께 매일매일 나아가야 하는 명령이 없어진 것은 절대로 아니다. 그래서, 우리는 매일매일 우리의 죄를 주님께 내려놓고, 하나님께 나아가는 그런 제사가 필요한 자들이다. 우리의 죄성을 내려놓음으로 인해서 하나님과 온전히 교제할 수 있도록 하여 주신 이 명령은 결국 축복이다. 그래서 매일 드리는 제사는 절대로 폐하면 안 되는 것이다. 예수님께서도 우리에게 자기를 부인하고 날마다 자기의 십자가를 지고 주님을 따르라고 하셨고, 사도 바울도 자신이 매일 죽는다는 것을 선포하면서, 매일 죽는 육의 복종이 없이 오히려 자신이 버림받을 것을 두려워한다고도 하였다.

누가복음 9장 23절

또 무리에게 이르시되 아무든지 나를 따라오려거든 자기를 부인하고 **날마다** 제 십자가를 지고 나를 따를 것이니라

고린도전서 15장 31절

형제들아 내가 그리스도 예수 우리 주 안에서 가진 바 너희에 대한 나의 자랑을 두고 단언하노니 나는 **날마다** 죽노라

고린도전서 9장 27절

내가 내 몸을 쳐 복종하게 함은 내가 남에게 전파한 후에 자신이 도리어 버림을 당할까 두려워함이로다

주님을 만난 날, 우리는 그날의 은혜를 그리워한다. 그런데, 주님을 만난 날의 역사는 결국 우리가 하나님께 드린 제사이다. 내가 죄인임을 깨닫고, 예수님의 희생을 의지하여, 나를 회개하고, 하나님의 은혜로 하나님께 나아간 제사였던 것이다. 그리고, 그러한 제사는 한 번 있고 나서 더 이상 필요 없는 것이 아니라, 지속적으로 연속적으로 매일 드려야 한다.

Born Again Christian, 예수님을 인격적으로 만난 크리스천, 주님을 위해서 인생을 헌신한 크리스천임을 간증하며 은혜를 나누었던 많은 그리스도인들이, 시간이 지나서 지도자 자리에 서게 되었을 때 외식하는 자가 되어 있는 모습을 보면서, 하나님의 은혜를 체험한 것으로 인해서 다 이룬 것처럼 생각하는 구원의 확신을 갖게 되면서 외식을 시작하는 것을 볼 수 있었다. 그러므로, 매일 드리는 제사가 폐한 마음

에는, 결국 외식이 자리 잡게 된다. 매일 드리는 제사가 폐한 마음에는 "선 줄로 생각하는 자는 넘어질까 조심하라"는 말씀처럼, 날마다 나를 부인하고 십자가를 지는 것이 없어도 괜찮을 사람으로 생각하게 되는 것이다. 크리스천들을 속이기 위한 전략이, 선 줄로 생각하는 마음으로 인해서 매일 드리는 제사가 폐하도록 하는 것이다. 매일 드리는 제사가 폐한 마음들로 인해서, 날마다 십자가를 지는 것이 전혀 없이도 영원한 생명을 다 이룬 것 같은 마음을 갖게 하여서 마음이 부자가 되도록 하는 것이 적그리스도의 전략이다.

이후로의 글들을 통해서 그들의 역사 가운데 그들의 전략들을 살펴볼 때에, 매일매일 죄인의 모습인 나를 내려놓고 하나님 앞에 나아가는 제사가 연속적으로 지속되어야 한다는 사실을 배제하도록 하여서 하나님의 심판을 받게 하는 적그리스도의 전략에 대해서는 적그리스도의 전략 #6이라고 하게 될 것이다.

적그리스도의 전략 #7

요한계시록 13장 12절
그가 먼저 나온 짐승의 모든 권세를 그 앞에서 행하고 **땅과 땅에 사는 자들을 처음 짐승에게 경배하게 하니** 곧 죽게 되었던 상처가 나은 자니라

요한계시록 13장에서 표현하는 "또 다른 짐승"의 아주 특별한 특성 중 하나는, 자신들을 높이고 부각하며, 자신들이 드러나도록 하는 것이 아니라, "처음 짐승"을 부각하고 처음 짐승에게 사람들이 경배하도록 하고, 처음 짐승을 높이는 것이다. 예수회는 자신들의 하는 일은 비밀리에 하여서 나타나지 않게 하고, 로마 교회가 부각되고 로마 교회가 경배의 대상이 되도록 하는 아주 특별한 특성을 가지고 있는데, 그것이 성경에 예언된 그들의 특성이다.

자신은 나타내 보이지 않으며 다른 자를 세워 주고 높여 주는 일을 하는 것은 악의 성품과는 너무나도 다른 모습 같아서 의아하였다. 그런데, 결국 교황의 자리를 예수회가 갖게 되면서, 그 자리를 높이고 세운 것이, 자신들을 낮추고 교회를 세우려는 그런 의도가 아니고, 자신들이 그 자리를 높여 놓고 나서 결국 차지를 하려는 목적이었던 것이다.

그런데, 자신들을 나타내지 않고, 로마 교회만 높여지고 부각되도록 한 그들의 전략은 역사적으로 참 많은 경우 적그리스도의 일들을 잘 깨닫지 못하도록 은폐하는 결과를 낳았으며, 그로 인해서 어두움의 역사가 가려지고 진실이 왜곡되는 상황이 되었다. 그러나 이제는 그들의 전략을 알았기 때문에, 오히려 그러한 모습이 나타날 때 이들의 행적임을 분별할 수 있게 되었다.

이후로의 글들을 통해서 역사 가운데 그들의 전략들을 살펴볼 때에, 예수회가 일을 하는 데 있어서, 자신들의 하는 일들을 비밀리에 감추면서 로마 교회는 신성화하며 사람들을 속이고 진실을 감추는 적그리스도의 전략에 대해서는 적그리스도의 전략 #7이라고 언급하게 될 것이다.

적그리스도의 전략 #8

요한계시록 12장 10b절

우리 형제들을 참소하던 자 곧 우리 하나님 앞에서 밤낮 참소하던 자가 쫓겨났고

하나님 앞에서 쫓겨나게 되는 대상은 밤낮 참소하던 자라고 설명하신다. 이 내용은 첫 번째 책 20장 "참소자와 중보자"에서 자세하게 다루었던 내용이다. 참소자의 속성은 사단에게 속한 것이며, 중보자의 속성은 하나님께 속한 것이다. 참소자는 나 자신을 십자가에 내려놓음 없이 다른 사람을 판단하고 손가락질하는 것이다. 우리가 다른 사람의 선하지 않은 모습들을 보면 자연스럽게 비판하는 자리에 서게 된다. 그리고, 그렇게 비판하는 일은, 비판받을 상황을 일으킨 결과이기 때문에 당연한 것이라는 생각을 갖는다. 그러나, 우리가 비판하는 순간 우리는 참소자가 된 것이고, 어두움, 사망 가운데로 떨어지는 것이

라는 것을 깨닫지 못한다.

누가복음 6장 37b절에 "비판하지 말라 그리하면 너희가 비판을 받지 않을 것이요 정죄하지 말라 그리하면 너희가 정죄를 받지 않을 것이요"라고 하셨다. 비판함으로 인해서 참소자가 되게 하는 것은 적그리스도가 많이 사용하는 전략이며, 우리끼리 손가락질하고 다투는 가운데에 우리가 진정 다투어야 하는 대상인 적그리스도는 놓치게 하는 전략이다.

이후로의 글들을 통해서 역사 가운데 그들의 전략들을 살펴볼 때에, 서로가 서로를 비판하고 다투는 참소자들이 되게 하여서 어두움에 빠지게 하고, 그로 인해서 적그리스도를 손가락질하게 하는 것이 아니라 다른 사람들을 손가락질하도록 하는 적그리스도의 전략에 대해서는 적그리스도의 전략 #8이라고 언급하게 될 것이다.

6

예수회의 설립과 방향

앞장들을 통해서 하나님의 군사들의 전략들을 세우기 위해서 말씀에 나타난 적그리스도의 전략들을 분석해 보았다. 이제는, 이들의 전략들을 토대로 역사 가운데에서 행적들을 분석해 보면서, 그들의 행적 가운데에 전략과 목적을 파악해 보겠다. 역사를 통해서 드러나는 이들의 전략과 목적을 알고자 하는 것은, 그들에게 우리가 받은 것을 배로 돌려주는 우리들의 전략을 세우는 것에 사용하기 위함이다.

하나님께서 인간의 역사 전체를 사용하여서 우리에게 영원한 생명을 주시기 위한 하나님의 구원 프로젝트를 이어 오셨는데, 그러한 하나님의 역사를 막기 위해서 하나님을 대적하고 구원의 역사를 방해하였던 것이 사단의 역사이고 곧 적그리스도의 역사이다.

그렇기 때문에, 마틴 루터로 인해서 시작이 된 종교개혁(Reformation)이 영혼 구원의 역사인 데 반해, 예수회로 인해서 시작된 반종교개혁(Counter Reformation)은 결국 구원의 역사를 대적하고 막고 방해하여서 영원한 생명을 얻지 못하도록 하는 역사였다. 그래서 종교개혁의 역사를 통해서는 사람들을 하나님 편에 서게 하고, 하나님의 인치심을 받는 자들이 되게 하였는 데 반해, 반종교개혁의 역사를 통해서 사람들을 적그리스도의 편에 서게 하고 적그리스도의 표를 받는 자들이 되게 하였다.

2장에서, 요한계시록 13장 11절에 "또 다른 짐승"이 결국 첫 번째 짐승인 로마 교회를 신성화하고, 로마 교회에 경배하지 않는 자들에게 무력을 가하게 될 세력이라는 이야기를 나누었다. 그런데 성경 말씀의 예언처럼, 예수회의 설립 이후로 로마 교회를 중심으로 한 움직임이 더욱더 활성화되고 추진적이 된 것을 역사를 통해서 확인할 수 있었다. 예수회의 설립 이전에는 로마 교회를 통한 적그리스도의 전략 #1, 모든 사람들로 로마 교회에 순종하게 하는 전략의 노력은, 사람들을 포교하여서 자신들에게 속한 신자가 되도록 하는 것이었다. 그런데, 예수회가 설립되고부터 세상의 모든 사람들로 적그리스도에게 경배하도록 하는 상황을 만들려는 그들의 노력은 포교를 통한 방법 외에도 세상의 정치 경제 사회 등 모든 분야에 걸쳐 확장된다. 그래서 이 장부터는 예수회의 설립을 시작으로 해서 그들이 해 온 일들을 적그리스도의 전략들을 토대로 분석해 보겠다.

첫 번째 책에서도 이야기를 한 대로, 마틴 루터(1483-1546)와 동시대에 살았던 이냐시오 데 로욜라(1491-1556)는, 고행, 극기, 단식, 기도 등을 통한 명상을 하는 데 전념을 하다가 환시를 경험하게 되는데, 성모 마리아의 환시였다. 환시를 경험한 이후에 그것에 부응하여 자신을 헌신하고, 1540년에 교황 바오로 3세로부터 인가를 받아서 예수회를 창시하고 종교 재판을 통한 대대적인 기독교 탄압을 시작한 것이 예수회의 시작이다.

종교개혁의 역사로 인해서 사람들은 교회를 통해서가 아니라 믿음으로만 구원을 받게 되는 것을 깨닫게 되었고, 온몸과 마음과 뜻을 다해서 하나님만을 사랑하여야 한다는 것을 알게 되었다. 그렇기 때문에 믿음의 소유자들이 마리아상에 절하고 성인들의 상에 절하는 그런 모습의 신앙을 가질 수는 없는 것이었다. 여기에서 알 수 있는 사실은, 종교개혁을 통해서 적그리스도의 전략 #5, 십계명 1, 2, 3계명을 지키지 못하도록 만드는 그들의 전략이 무너진 것이었다. 사람들이 영원한 생명을 얻지 못하고 멸망하도록 가중한 죄를 범하게 하기 위해서, 하나님을 섬기면서도 다른 형상들을 만들어서 절하도록 하였는데, 그러한 그들의 전략이 무너진 것이 종교개혁 때문이었다. 종교개혁의 역사를 대적하고 막기 위해서 시작을 하게 된 것이 반종교개혁이며, 그것을 담당한 것이 예수회였다.(3)

예수회는 종교 재판을 통해서 대대적인 탄압을 하였다. 두 번째 책에서 나눈 내용처럼, 하나님만을 두려워할 때에 하나님께서 명하신 십계명의 1-3계명을 지키는 삶을 살 수 있는데, 핍박과 박해를 통해서 보이지 않으시는 하나님보다 로마 교회를 더 두려워하게 만들어서, 하나님 편에 서지 못하게 하는 전략이다. 그러나 역사를 통해서 알 수 있는 것은, 그러한 박해와 핍박 속에서도, 참복음을 접한 수많은 믿음의 조상들은, 어떠한 무서운 박해보다도 하나님만을 두려워하고 믿고 사랑하는 것을 택하였다.

예수회가 사람들의 헌신을 얻어 낸 또 다른 방법이 Sodality나 Congregation을 통한 방법이었다. 단체와 협회를 만들어서 선행과 예수회를 돕는 일을 하도록 하고 그들에게 면죄부를 주면서 그러한 축복을 받은 것에 대한 대가로 그들의 헌신을 얻는 것이다. 영적 묶임을 사용하여서 헌신을 얻어 내는 모양으로, 서언을 하도록 하고, 서언이라는 약속에 묶여서 "freewill servant of Jesuits for lifetime" "예수회를 위한 평생 자유의지에 인한 종"의 모습으로 사람들의 인생을 헌신하고 희생하도록 하는 것이었다.(4) 이들은 정치와 종교는 나누어질 수 없다는 메시지로, 사람들을 영적인 일들로만이 아닌, 예수회가 세력을 전 세계에 펼치기 위해서 하는 모든 일들 가운데 이들의 헌신을 사용하였다.

그들이 제일 처음 세운 The Prima Primera Sodality는 아직도 활발하게 운영되고 있다. 그래서, The Prima Primera Sodality의 website에서

자신들을 소개하는 내용의 첫 부분을 번역하여 아래에 넣었다. (5)

It is the first Sodality of Our Lady, which was founded at the Collegio Romano of the Society of Jesus in 1563 by Father John Leunis, S. J., for the students at that College. To it were granted various Indulgences and Privileges, beginning in 1577. The foremost privilege was that of aggregating to itself other Sodalities and of communicating to them its own Indulgences and Privileges. It is not surprising that these first favours of the Sovereign Pontiffs would be followed by more and greater signs of favour. Unsurprising, in the first place, because, in honouring the Sodality, the Popes honoured Our Lady, but unsurprising also because nearly half the Popes since then have been members of either the Prima Primaria itself or of Sodalities aggregated to it. Of those who were members of the Prima Primaria itself we may number Popes Clement X, Clement XI, Blessed Pius IX and Leo XIII.

성모 마리아의 첫 번째 Sodality로서, 이 단체는 1563년 John Leunis S. J. 신부에 의해서 예수회의 Collegio Romano에서 그 대학의 학생들을 위해 설립되었습니다. 이 Sodality에서는 1577

년부터 다양한 면죄부와 특권이 부여되었습니다. 가장 큰 특권은 다른 Sodality를 그 자체로 통합하고 그들에게 자신의 면죄부와 특권을 전달하는 것이었습니다. 주권자인 교황으로부터 처음으로 받았던 이러한 특혜는, 그 이후 계속 더 많고 큰 특혜들을 받는 상황으로 이어졌는데, 그것은 예상치 못한 일이 아니었습니다. 먼저는, Sodality를 높임으로 인해서 교황이 성모님을 공경하기 위한 이유에서도 그렇지만, 또 다른 이유는 교황들의 절반 정도가 다 이 Prima Primaria Sodality에 멤버들이었거나 이 Sodality와 연관된 Sodality들의 멤버들이었기 때문에 예상치 못한 놀라운 일이 아니었던 것입니다. Prima Primaria Sodality의 회원이었던 사람들 중에 교황 클레멘스 10세, 클레멘스 11세, 복자비오 9세 및 레오 13세등이 있으며, 실제로, 첫 20년 동안 Prima Primaria Sodality에서만 7명의 추기경이 있었습니다.

이 내용은 1500년도의 자료가 아니라, 현재 website에 있는 내용으로 아직도 활발하게 운영이 되고 있는 Prima Primera Sodality에 관련한 내용이다. 이 내용을 통해서 새롭게 알게 된 내용들이 있다.

- Sodality는 예수회가 설립되기 전에는 없었던 단체이며, 예수회가 설립된 후 예수회에 의해서 설립된 단체이다.
- Sodality에서는 면죄부(Indulgence)와 특권(Privilege)을 부여한다.

- 이 Sodality와 연결된 Sodality들이 있다. 모든 교황의 절반 정도가 이 Sodality와 또한 연결된 Sodality의 멤버들이었다.
- 성모를 공경하기 위해서 Sodality를 세우고 특혜들을 부여한다.

그리고 website에서 "About us"라고 자신들을 소개하는 내용도 번역하여서 아래에 넣었다.(6)

The Sodality of Our Lady, an association formed by the Society of Jesus and approved by the Holy See, is a religious body which aims at fostering in its members an ardent devotion, reverence and filial love towards the Blessed Virgin Mary, and through this devotion and the protection of so good a Mother, it seeks to make the faithful, gathered together under her name, good Catholics sincerely bent on sanctifying themselves, each in his own state of life, and zealous, as far as their condition in life permits, to save and sanctify their neighbor and to defend the Church of Jesus Christ against the attacks of the wicked. (From Article I of the Common Rules for Sodalities of Our Lady)

교황청의 승인을 받아서 예수회에서 세운 협회인 성모 Sodality

는 회원들에게 복되신 동정녀 마리아에 대한 헌신과 경외심과 효심의 사랑을 열정을 다해서 하도록 돕는 것을 목표로 하는 정교 단체입니다. 그토록 선하신 어머니의 헌신과 보호하심으로 인해서, 진정으로 자신의 삶 가운데에서 자신을 성화하는 데에 진지하고 열심인 선량한 카톨릭 신자들을 충실하게 어머니의 이름으로 모이도록 하여서, 생명이 허락하는 한 그들의 이웃을 구원하고 거룩하게 하며 악인의 공격으로부터 예수 그리스도의 교회를 보호하려고 하는 것입니다. (우리 성모님의 Sodality에 대한 공통 규칙 제1조에서)

다음은 Prima Primaria Sodality에 주어지는 면죄부와 특혜에 관한 것이다.(7)

INDULGENCES AND PRIVILEGES OF THE SODALITY

I - PLENARY INDULGENCES GRANTED ONLY TO SODALISTS

II - PLENARY & PARTIAL INDULGENCES GRANTED ONLY TO SODALISTS

III - PARTIAL INDULGENCES GRANTED ONLY TO SODALISTS

IV - PLENARY INDULGENCES WHICH ALL THE FAITHFUL CAN GAIN IN THE PLACE WHERE A SODALITY IS ERECTED.

V - PRIVILEGES

Sodality의 면죄부와 특권

I - Sodality 멤버들에게만 부여되는 전체 면죄부

II - Sodality 멤버들에게만 부여되는 전체 및 부분 면죄부

III - Sodality 멤버들에게만 부여되는 부분적 면죄부

IV - 모든 충실한 사람이 Sodality가 세워진 곳에서 얻을 수 있는

  전체 대사

V - 특권

이 Sodality의 멤버들만이 누리는 면죄부와 특권에 대한 내용이 website에 자세히 설명되어 있는데, 특별한 시간과 특별한 때에 멤버들만이 성사를 받거나 성찬식을 누리게 되면서 면죄부를 얻게 되는 내용이고, 특혜는 면죄부를 전달을 하고 축복을 전달하는 모양의 내용인데 자세한 기준들을 따르게 되어 있다.

이 내용을 통해서 깨달을 수 있는 그들의 전략은, 하나님께서 가장 싫어하시는 가증한 것을 세우도록 하여서 우리가 멸망을 당하도록 하는, 적그리스도의 전략 #5이다. 그러니까, 십계명의 1, 2, 3계명을 지키지 못하도록 하여서 사람들이 멸망당하도록 하는 전략이다. 그들은 아무리 헌신하고 희생하고 봉사하여도, 그러한 그들의 헌신이 마리아로 향하도록 디자인되어 있다. 이 단체의 목적은 "회원들에게 복되신 동

정녀 마리아에 대한 헌신과 경외심과 효심의 사랑을 열정을 다해서 하도록 돕는 것을 목표로 하는" 것이라고 설명한다. 이러한 사랑과 열정이 마리아를 향하지 않고 하나님과 우리 주 예수 그리스도에게만 향하도록 하였더라면 하나님께서 기뻐하시는 믿음과 사랑의 관계를 이루고 영원한 생명을 얻는 길이 되었을 것이다. 그런데, 이들이 십계명의 다른 계명은 다 지키더라도 1, 2, 3계명은 도저히 지킬 수 없는 모양으로 아예 디자인해 놓은 것이다. 하나님 외에 어떤 다른 것도 경배의 대상이 되는 것을 그토록 싫어하시며, 그래서 그것을 가증하다고 하시고 그로 인해서 멸망에 이르게 된다고 경고해 주셨는데, 적그리스도는 교묘하게 다른 계명들을 부각하고 하나님께서 가장 중요하게 생각하시는 계명들을 범하도록 하면서 사람들을 하나님 편이 아닌 자신의 편에 서도록 하였다.

역사를 통해서 확인을 할 수 있는 또 다른 전략은, 적그리스도의 전략 #6, 매일 드리는 제사를 폐하는 전략이다. 예수회가 사람들에게 헌신하도록 하면서 그들의 헌신의 대가로 주었던 것이, Indulgence(면죄부)와 Privileges(특혜)라고 설명한다. Indulgence는 가톨릭 백과사전의 정의로, "An indulgence offers the penitent sinner the means of discharging this debt during his life on earth" "면죄부는 회개한 죄인이 지상에서 사는 동안 이 빚을 탕감할 수 있는 수단을 제공한다"라고 한다.[8] 이 세상에서 지은 죄들에 대한 죗값을 지상에서 사는 동안이든지, 아니면 이 세상을 떠난 후이든지 결국은 담당하여야 하는데, 면죄부는 이 세상에서 그 죗값을 탕감하는 기회를 얻게 한다는 것이다. 결국 사람들이 죗값을 이 세상에서 치르게 하는 길을 거짓으로 만들어 놓고 그것으로 인해서 얻는 헌신을 자신들이 누리는 모양이다.

우리는 적그리스도의 전략 #6, 매일 드리는 제사를 폐하는 전략에 대해서 설명하면서, 죄를 가지고 하나님께 나아갈 수가 없는 이유가 하나님은 죄와 공존하실 수 없는 분이시기 때문이며, 그러한 이유로 하나님께 나아가기 위해서 희생 제물이 필요하였는데, 예수님께서 그 부분을 감당해 주셨기 때문에, 이제는 예수님의 피를 의지하여서 담대히 하나님께 나아갈 수 있는 새길이 생겼다는 내용을 나눴다. 그런데, 그러한 예수님의 대속의 은혜를 누리기 위해서 우리는 믿음이 필요하다. 우리는 믿음으로 죄의 문제를 해결한다. 그런데 믿음으로 매일매일 하나님께 나아가는 길을 통해서 영원한 생명을 얻도록 하여 주신 축복을 폐하도록 하는 것이 이들의 전략이다. 면죄부를 통하여서 로마 교회에서 인정함으로 영원한 생명을 얻을 수 있는 것으로 가르치면서, 매일매일 믿음으로 하나님과 사랑의 관계를 이루면서 적그리스도의 편에 서지 않고 하나님 편에 서는 삶을 살아야 하는 진리를 숨기고 있다.

그 외에도 그들은, 자신들의 협회를 통해서만 누릴 수 있는 면죄부와 특혜들, 많은 교황들이 자신들의 협회를 통해서 세워진 것에 대한 우월감 등을 그 협회멤버들이 누리도록 하면서, 다른 사람들에게 인정받고 다른 사람들보다 높아지고자 하는 마음, 외식의 마음을 갖도록 하는 것을 볼 수 있다. 그것은, 적그리스도의 속성인 외식을 통해서 하나님 편이 아닌 적그리스도의 편에 서도록 하는 적그리스도의 전략 #3 이다.

7

예수회의 사역과 제시된 문제점

예수회의 설립을 시작으로 그들이 해 온 일들을 그들의 전략을 토대로 분석하며 그들의 전략 목적에 대해서 알아보는 가운데에 지난 장에서는 Sodality를 사용하는 그들의 전략을 살펴보았고, 이번 장에서는, 설립 이후 200년가량의 그들의 역사를 살펴보기로 한다.

예수회가 설립 때부터 중심을 두었던 것이 선교 사역이었는데, 이냐시오 데 로욜라와 예수회를 같이 설립한 프란치스코 하비에르(Francis Xavier)는 예수회 설립 이후 선교 사업에 주로 전력하였다. 적그리스도 세력의 의도, 방법, 전술을 알고 이해하기 위해서 우리를 그들의 자리에 놓고 생각해 보는 것이 필요하다. 세계에는 너무나도 많은 민족, 종족, 언어가 있다. 그런데, 적그리스도의 전략 #1에 의하면 이들에게는 이 세상에 모든 사람들을 첫 번째 짐승, 로마 교회에게 무릎 꿇도록 해야 하는 목표가 있다. 그들의 영향력을 한 나라에서 아주 성공적으로 나타내었다고 하더라도, 아니면 한 대륙에서 그 영향력이 아주 커져서 그 대륙의 모든 사람들을 얻었다고 하더라도, 그것은 그들이 목표를 달성한 것이 아니다. 그들의 목표는, "이 땅에 사는 자들은 다 그 짐승에게 경배하리라"라고 하는 말씀이 이루어지도록 해야 하는 것이다. 그것은 얼마나 그들에게서 먼 지역에 살고 있는 사람들이든지, 얼마나 외딴 지역에 있는 사람들인지를 막론하고 다 그들을 자신들의 영향력 아래로 넣어야 한다는 것이다.

그러한 그들의 노력은 역사 속에 아주 잘 나타나 있다. 특별히 예수회는 시작부터 목표 지향적이었다. 그들이 하는 모든 일들은, 자신들의 궁극적인 "이 땅에 사는 자들은 다 그 짐승에게 경배하리라"라는 목표를 이루기 위하는 것이었다. 그리고, 1540년도에 생겨난 예수회가 1700년대 중반쯤 되었을 때에는, 수많은 나라에 큰 영향력을 끼치고 있었다.

그런데 그들은 자신들의 목적을 달성하기 위해서, 왕들을 살해하거나, 교활한 음모를 세우는 것도 다 선한 것으로 인정한다. 첫 번째 책의 34장 "통치권"에서 이야기한, 예수회에서 주장하고 가르치는 교훈이, "The end justifies the means" "결과는 수단을 정당화한다"라고 했었다. 그들의 "end" "결과"는 이 땅에 사는 모든 자들이 로마 교회에 경배하도록 하는 것이기 때문에, 그것을 이루기 위한 수단은 무엇이든지, 그것이 왕들을 죽이고 음모를 꾀하는 일일지라도 결과적으로 자신들의 목표를 이루기 위한 수단이기 때문에 정당하고 선한 것으로 인정되는 것이다. 어떠한 세상 나라들의 법도 따르지 않았으며, 자신들의 궁극적인 목적을 위해서는 세상의 어떤 악행을 사용하여서 그것을 이루더라도 그것이 선하게 인정되기 때문에, 그때 당시 예수회가 사역을 하고 있었던 나라들마다 그 나라들의 권력으로 통제할 수 없는 많은 문제들이 생기게 되었다. 그로 인해서 많은 나라들의 왕들로부터 예수회를 해체하지 않으면 문제가 해결되지 않을 것이라며 예수회를 해체하기를 교황청에 요구하는 상황까지 이르게 된 것이었다.

첫 번째 책에서 설명되었듯이, 결국 교황 Clement 14세에 의해서 예수회가 폐지되는데, 예수회를 폐지하면서 발표하였던 교황 Clement 14세의 칙서에 그들의 행적들이 아주 자세히 설명되어 있다. 카톨릭 교회에서 어떤 죄나 실수도 없이 무오하다고 주장하는 교황이 선포한 칙서 내용을 토대로 예수회의 문제점들을 살펴보도록 하겠다.

Clement 14세의 칙서인 "Dominus ac Redemptor"는 수십 장에 달하는 내용이다. 그런데, 이 칙서의 내용을 통해서 예수회의 설립 이후부터 교황청과 또한 주위 나라들과의 200여 년간의 관계와 상황을 잘 파악할 수 있기 때문에, 칙서 내용 전체를 다 번역하여서 넣을 수는 없어도, 상황과 내용을 파악하도록 해 주는 부분들을 인용하면서 전체적인 내용을 설명하였다. 전체 내용을 설명한 것이기에 삽입된 영어 내용은 직역한 것이 아니고, 긴 글을 줄여서 설명한 것이며, 그러한 맥락을 증명할 내용만 영어로 삽입하였다.

> We have omitted nothing and forgotten nothing that could enable us thoroughly to understand everything that concerns the regular order that is called the Society of Jesus. We have attentively observed its progress and its present condition. (9)

첫 번째 책에서 설명을 한 것처럼, 이 칙서를 선포한 교황 Clement 14세의 바로 전 교황이었던 Clement 13세가 예수회 탄압 성명을 할 것을 미리 선포하고 나서, 성명하기로 한 바로 전날 이유 모를 돌연사를 당하게 된다. 그렇기 때문에, Clement 14세가 발표한 이 칙서의 내용은 비밀리에 오랜 기간 동안 상황을 자세히 조사해서 파악한 후에 갑자기 선포한 내용이며, 이 칙서 내용 안에, 오랜 조사와 깊은 고민 끝에 결정하게 된 사실을 밝히는 내용이 여러 번 나온다.

> granted many and very ample privileges to the same Society, among others ⋯ prove that almost from its birth the Society saw dissensions arise; and that the seeds of jealousy sprang up between members of the Society and even with other regular orders. (10)

예수회가 특별한 혜택과 특혜들을 누리며 크게 발전해 온 것을 설명하면서 그로 인해서 예수회 단체의 시작부터 많은 시기 질투로 인한 문제들이 계속해서 커져 왔음을 설명한다.

Finally, serious charges were made to the not trifling disturbances of the peace and tranquility of the Christian republic. Hence arose complaints against the Society, which, supported by the authority of some sovereigns, were addressed to our predecessors, Paul IV., Pius V., and Sixtus V. (11)

그러한 문제들이 계속되어 오다가 문제가 아주 커져서 기독교 나라들의 평화와 안정까지도 위협받을 상황이 되었는데, 그러한 큰 문제들로 인해서 예수회에 대한 불만이 제기된 때가, 교황 Paul 4세, 교황 Pius 5세, 교황 Sixtus 5세 때라고 한다. 교황 Paul 4세는, 1555년에서 1559년에 재위하였으며, 교황 Pius 5세는 1566년에서 1572년에 재위하였고, 교황 Sixtus 5세는 1585년에서 1590년까지 재위하였다. 여기에서 이 칙서를 선포하던 때가 1773년이었으니, 예수회로 인한 기독교 나라들의 평화가 다 깨질 정도의 큰 문제들이 200년도 훨씬 전인 1555년부터 있었던 문제였다는 사실을 설명하는 것이다.

Among the princes who supported such complaints was Philip

II., of illustrious memory, Catholic king of Spain. He explained
the serious reasons which led him to communicate to Sixtus
V. the complaints made by the Spanish inquisitors against the
privileges of the Society, and even heads of accusation that
were approved by members of the Society distinguished for
their learning and piety. Philip then, requested that commissaries
be appointed for an apostolic visitation of the Society. Sixtus
V., attending to the action and request of Philip, chose for
the duties of apostolic visitor & bishop commendable for his
prudence, virtue, and learning, and instituted a congregation of
cardinals of the Roman Church, who were directed to pursue
the affair actively. But our predecessor, Sixtus V., having been
suddenly stricken with death, the salutary project vanished and
had no result. (12)

교황 Sixtus 5세(재위: 1585-1590) 때에, 스페인의 왕 Philip 2세가 예수회의 문제를 교황에게 제시하였고, 그러한 문제에 대해서 조사해 줄 것을 청하였다. 교황 Sixtus 5세는 Philip 2세의 요청에 따라, 신중함, 덕, 학식을 갖춘 방문 사절단을 세우게 되고, 이 사건을 조사하도록 하여 로마 교회 추기경 모임을 설립한다. 그런데, 이때에도 교황 Sixtus 5세가 갑자기 이유 모를 돌연사를 당하게 되면서 추진하던 모든 일들이

성과 없이 중지되었다고 한다.

> Pope Gregory XIV., of happy memory, being raised to the
> pontificate, published, under the leaden seal, bis letters of
> the 28th of June 1591, by which he fully approved anew the
> institute of the Society. ⋯ He enjoined complete silence on
> this question, and forbade all, on pain of excommunication, to
> venture, to attack, either directly or indirectly, the institute rules
> or decrees of the said society, or propose any alterations in its
> constitutions. (13)

그 이후에 교황 Gregory 14세는, 1590-1501년에 1년도 안 된 기간
재위하였던 교황이었는데, 그는 예수회의 지위와 특혜, 특권을 전에
제기되었던 문제점에 대한 어떠한 조사나 형식도 없이 완전히 복원해
주게 된다. 그는, 직접적으로나 간접적으로 어떠한 공격도 예수회에
할 수 없도록 하였고, 그러할 경우 파문당할 것까지도 경고하면서 예
수회의 특혜와 특권을 인정하여 주었다.

> Then louder and louder throughout the world were heard
> clamours against the Society's doctrines ⋯ Thence arose
> disturbances sufficiently known to all, which caused great

grief and embarrassment to the Apostolic See, followed by the projects conceived by the princes against the Society. (14)

그렇게 하였음에도 불구하고, 예수회에 대한 불만과 문제제기는 끊어지지 않았고, 그 이후로도 계속해서 예수회에 대한 불만의 외침은 커져만 갔으며, 그 조직 자체 안에서 대내외적 다툼이 있었고, 이는 점점 더 잦아졌다고 한다. 그러다 보니 예수회의 문제는 교황청의 너무나도 큰 괴로움과 부끄러움이 되었다고 설명한다.

Society wishing to obtain the confirmation of its institute and its privileges from our predecessor, Paul V., of happy memory, was forced to solicit him to ratify by his authority some decrees passed in the fifth general congregation, and textually inserted in his letters given under the leaden seal on the eve of the 4th of September, in the year of our Lord, 1606. (15)

그러한 와중에도 예수회는 단체의 특권에 대한 승인을 얻어 내기 위해서, 교황 Paul 5세(재위: 1605년-1621년)에게 몇 가지 법령을 그의 권위로 승인하도록 강요했으며 총회 전날 자신들이 주장하기 원하는 내용을 그의 편지에 삽입시키는 일까지 하였다고 한다. 그래서 이 칙서의 설명 가운데 "forced to solicit"이라는 내용이 있는데, 그 표현으로 확실히 알 수 있는 것은, 교황 Paul 5세가 자진하여 한 일이 아니고, 예수회에 의해서 강제로 한 일이라는 사실이다.

As our Society … it would itself oppose obstacles to all that is good and expose itself to the greatest dangers should it concern itself with secular things, which belongs to politics and state government. (16)

예수회가 강제로 삽입한 내용도 열거되어 있다. 그 내용은, 예수회에 장애물이 되는 것은 큰 위험에 빠지게 될 것이라고 경고하는 내용이다. 여기에서 교황 Clement 14세는, 1606년에 교황의 편지에 예수회가 자신들에게 방해되는 행동을 하는 세력에 대한 경고 메시지를 강제로 삽입한 예를 설명하면서, 예수회의 문제들이 1773년 당시에만 있었던 문제가 아니라, 오래전부터 그들을 해산시키지 않으면 안 될 만큼 큰 문제들이 계속 있었다는 사실을 열거하며 설명하는 것을 볼 수 있다.

We have remarked with great grief that the above-named remedies and others subsequently applied, had no power to dissipate and destroy them any troubles, accusations, and complaints against the above-mentioned Society, and that our

predecessors, Urban VIII., Clements IX., X., XI., and XII.,
Alexanders VII. and VIII., Innocents X., XI., XII., and Benedict
XIV., in vain labored to that end. (17)

그 후에도 어떠한 노력을 통해서도 예수회를 향한 불만과 항의를 해
결할 방법이 없었다고 설명하며, 예수회의 문제를 해결하기 위해서 힘
을 썼던 교황들을 나열한다.

Urban 8세(재위: 1623-1644), Clement 9세(재위: 1667-1669),
Clement 10세(재위: 1670-1676), Clement 11세(재위: 1624-1627),
Clement 12세(재위: 1730-1740), Alexander 7세(재위: 1655-1667),
Alexander 8세(재위: 1689-1691), Innocent 10세(재위: 1626-1629),
Innocent 11세(재위: 1676-1689), Innocent 12세(재위: 1691-1700),
Benedict 14세(재위: 1740-1758).

이 모든 교황들을 나열하면서 자신보다 먼저 치리하였던 교황들도
계속해서 같은 문제로 고민하였던 것을 설명한 것이다.

Then, with reference to the interpretation and use of pagan
rites, established by degrees in some countries, omitting those
which are justly approved in the universal Church, or with
reference to the interpretation and use that the Apostolic See
has declared scandalous and manifestly prejudicial to good

morals; finally, with reference to things of great importance necessary to the preservation and the maintenance of the essence and purity of the Christian dogmas, things originating not only in our own but also in previous ages; prejudices, embarrassments, disturbances, tumults, in some Catholic countries persecutions of the Church, in provinces of Asia and Europe there has been reason to deplore immense sorrows caused to our predecessors, and especially to Pope Innocent XII. (18)

또한 이 칙서에서 예수회가 해산해야 하는 문제점 중에 하나가 영적 예식 관련이었다는 것을 설명한다. 교황청에서 선량한 도덕에 명백히 해롭다고 선언한 수치스러운 영적 예식들을 행하는 것으로 인해서 교황 Innocent 12세를 근심에 빠뜨린 일에 대한 내용을 설명한 것으로 볼 때, 계속해서 교황들을 근심에 빠뜨렸던 문제가 성경적이지 않은 해로운 영적 예식과 사역에 관한 것이었음을 알 수 있다.

That pontiff was obliged to forbid the members of the Society of Jesus to receive novices, and to give them the habit of the Order, still further, Innocent XIII. was compelled to threaten the Order with the same penalty … Benedict XIV., of happy memory, ordered a visitation of the houses and colleges existing in the states of our dear son in Jesus Christ, the King of Portugal and of the Algarves. [19]

예수회의 계속되는 문제들로 인해서 교황 Innocent 13세(재위: 1721-1724)는 예수회가 수련생 회원을 받는 것을 금지하였다. 또한, 교황 Benedict 14세(재위: 1740-1758)는, 포르투갈과 알가베스 나라의 왕들에게 예수회의 사역지와 대학들을 조사하는 것을 명하였다고 한다.

The danger spread to such an extent that even those who loved the Society with hereditary tenderness, and who had received from their ancestors a love which they unitedly confessed, even our dear sons in Jesus Christ, the Kings of France, Spain, Portugal and the Two Sicilies were obliged to expel the Society from their possessions, provinces, and kingdoms. They believed that there was but that one remedy for so many evils, desiring thus to prevent the Christian peoples from being reduced to attack, provoke, and tear each other. [20]

예수회의 문제점을 해결하기 위해서 무던히도 노력하였지만 어떠한 성과도 얻지 못하였던 선임 교황들에 대한 설명을 하고, 그러한 문제점이 줄어든 것이 아니라 계속 심해지기만 하고 있었던 시기의 교황이자 바로 전 교황이었던 Clement 13세 때의 상황 설명이 이어진다. 교황청과 좋은 관계를 갖는 기독교 국가들조차도, 예수회가 자신들의 나라들을 도발하고 찢어지게 하는 일을 방지하기 위해, 그 나라들 입장에서는 예수회를 추방하는 것 외에는 다른 방법이 없었음을 설명하면서, 예수회를 추방한 나라들의 정책은 잘한 것이며, 추방당할 정도로 예수회가 큰 문제들을 일으키고 있었다는 사실을 인정하고 선포한다.

Even our dear sons in Jesus Christ, the Kings of France, Spain, Portugal and the Two Sicilies were obliged to expel the Society from their possessions, provinces, and kingdoms. They believed that there was but that one remedy for so many evils, desiring thus to prevent the Christian peoples from being reduced to attack, provoke, and tear each other. … "If the Society itself were not entirely extinguished and totally suppressed, made our predecessor Clement XIII. acquainted with their wishes and their will, and solicited it, adding to their request such authority as they might possess, that due forethought and efficacious action should thus provide for the safety of their subjects and the weal of the universal Church."

··· The death of that pontiff which occurred, contrary to the expectation of all, prevented the course and issue of that project. (21)

그러한 문제 가운데에서 교황 Clement 13세가 받은 요청은, 예수회 자체가 완전히 소멸되고 완전히 억압되지 않는 한, 어떠한 해결방법들도 기독교 세계를 화해시키는 데 지속적으로 효과적이지 않을 것이라고 확신하여서 교황 Clement 13세에게 많은 나라들의 왕들이 그들의 소원과 뜻을 알리며 간청하였다. 그러한 그들의 요구에 응답하기로 결정하고 나서 교황 Clement 13세가 너무나도 뜻밖에 의문의 죽음을 당한 것에 대해 설명한다.

When, by the protection of the Divine mercy, we were placed in the Chair of St. Peter, the same wishes, the same requests, the same demands, were presented to us, and certain measures were added thereto. Several bishops and other persons distinguished for their dignity, their knowledge, and their religion, manifested their opinion in the same sense. (22)

Clement 13세에게 요구되었던 것과 같은 요구가 자신인 교황 Clement 14세도 청해졌던 상황을 이야기하며, 그 사항을 위해서 많은 시간 동안 정확한 조사, 성숙한 성찰, 신중한 숙고, 많은 탄식, 그리고 끊임없는 기도로 이 칙서의 내용이 준비되었다고 한다.

> It was almost impossible that the Church could have true and permanent peace … we after mature examination of our own certain knowledge and in the plenitude of the apostolic power suppress and extinguish the said Society. (23)

그리고 나서 교황 Clement 14세가 이 칙서를 통해서 선포한 것은, 예수회가 존재하게 된다면, 교회가 참되고 영구적인 평화를 가지는 것이 불가능하다는 것을 인식하게 되어서, 충분히 검토하고 난 후, 확고한 지식과 이해와 사도적 권한으로 예수회를 폐하고 소멸하도록 한다는 선언을 하였다.

> We take from it and abrogate each and all its ministries, administrations, houses, schools and habitations, in all provinces, kingdoms, and states whatsoever, and under whatsoever title to them belonging, we suppress all its statutes, customs, decrees, and constitutions, even when fortified by oath, apostolic confirmation or otherwise, each and all of its privileges, general or special indults. (24)

이어서, 자세한 억압 내용을 설명해 놓았다. 실질적으로 시행되어 적용되도록 예수회를 모든 분야에서 억압하고 폐하는 내용을 선포하였다.

> We declare therefore that it is **perpetually broken up and dissolved, and absolutely extinguished, alike as to the spiritual and as to the temporal, and as to all authority whatsoever** ⋯ We in perpetuity forbid them to administer the Sacrament of Penance ⋯ We will that these presents be firm and efficacious, and have full and entire effect, and obtain it, and that they may be inviolably observed by each of those whom they now concern or shall hereafter concern. (25)

거기서 끝나는 것이 아니라, 예수회가 영원히 다시 복구될 수 없다는 선포를 거듭한다. 영원히 해체되어야 한다고 하였고, 완전히 소멸되어야 한다고 하였으며, 영적, 세상적 모든 분야에서 어떠한 예외도 없이 다 완전히 폐쇄되어야 한다고 선포되었다. 어떤 틈도 주지 않고 영원히 예수회로 인해서 문제가 생길 수 있는 모든 상황들을 완전히 차단하는 선포를 한 것이다.

> We forbid that after the promulgation and publication of these

present letters, anyone dare to suspend their execution under any colour, title or pretext whatever, of appeal, recourse, declaration or consultation on doubts that may arise or any pretext foreseen or not foreseen, it being our will that from and immediately after this moment such suppression and abolition of the whole order of the said society and of all its offices have full effect inform and manner as by us here in before expressed under pain of major excommunication incurred ipso facto and reserved to us and the Roman Pontiffs, our successors, pro tempore against anyone who ventures to raise any hindrance, obstacle or delay to the execution of the dispositions contained in these letters. (26)

예수회를 복구하려고 하는 세력이 있을 것에 대비하여서, 이후 어떤 예측하지 못하는 구실을 만들어서 이들에게 선포된 억압을 폐하려고 하는 행동에 대해서도 절대로 그렇게 할 수 없도록 금지하는 사항들을 자세히 설명하였다. 그 순간 이후로 예수회에 대한 탄압과 폐지가 완전한 효력을 발휘하며, 그러한 집행을 방해할 경우 엄중한 퇴출의 고통을 받게 된다고 하며 칙령이 선포되었다.

앞서 설명한 내용은 예수회를 나쁘게 보는 세력들이 예수회에 대한 불신을 심기 위해서 만들어 낸 음모적 메시지가 아니다. 예수회를 세우고 특혜를 부여했던 교황청에서 오랜 고심 끝에 역사적인 모든 증거를 바탕으로 해서 선포한 내용이다. 더군다나 가톨릭에서 교황은 어떤 실수나 잘못도 있을 수 없다며 무오하다고 한다. 그런 무오한 교황을 통해서 예수회의 시작부터 억압되기까지의 그들의 행적에 대해서 설명한 내용이다.

칙서의 내용을 통해서 알게 된 사실은, 1540년에 설립되었을 때부터 교황들조차도 해결할 수 없었던 계속되는 문제의 세력이 예수회였다는 것이다. 또한, 다시 복원되면 너무나도 위험하기 때문에 절대로 복원하면 안 된다고 했던 그 단체가 바로 예수회이다. 세상의 모든 왕들조차도 이들이 있는 한 평화가 있을 수 없다고 다 같이 선포하였던 대상이 예수회였다는 것이다.

그런데, 지금 그 예수회에서 교황의 자리까지 차지하고 전 세계에서 추앙받고 있다. 기독교 지도자들도 그를 인정하고 높이면서 동조한다. 얼마나 우리의 눈이 감겨 있는지 돌아보아야 한다.

8

예수회 억압 1773년

교황 Clement 14세의 칙서에서 설명된 예수회의 문제는, 많은 나라 왕들이 요구하기 때문에 왕들의 비유를 맞추기 위해서 예수회를 억압하여야 하는 정도의 문제가 아니라, 너무나도 오랜 기간 동안 알려지지 않았지만 교황청 안에서도 손을 댈 수 없었던 큰 문제였다는 설명이다. 그래서, 진정으로 예수회의 악행을 알리고, 더 이상 예수회로 인해서 계속될 문제들을 자신을 희생을 해서라도 완전히 차단하고자 한 교황 Clement 14세의 의도를 볼 수 있었다.

이 칙서와 또한 교황 Clement 14세에 대해 대중들은 어떤 생각을 가지고 있는지가 궁금했다. 그래서, 1895년도의 백과사전, Encyclopedia Britannica에서 설명하고 있는 예수회를 탄압한 역사를 어떤 견해로 보고 있는지를 살펴보았다. 1895년이면 예수회가 복원되고 난 후이기 때문에 백과사전이 만들어질 당시에 보편적인 대중들의 생각을 알고자 하였다.

Clement 14세와 그의 칙서에 대해서 설명을 하는 구절은 다음과 같다.

Whether from scruple or policy he proceeded with great circumspection in the suppression of the Jesuits, the decree to this effect not being framed until November 1772, and not signed until July in the following year. This memorable measure, which takes rank in history as the most remarkable, perhaps the only really substantial, concession ever made by a Pope to the spirit of his age, has covered. There cannot be any reasonable doubt of the integrity of this conduct, and the only question is whether he acted from a conviction of the pernicious character of the Society of Jesus, or merely from a sense of expediency. In either case his action was abundantly justified, and to allege that though beneficial to the world it was detrimental to the church is merely to insist that the interests of the Papacy are not the interests of mankind. His work was hardly accomplished ere Clement, whose natural constitution was exceedingly vigorous, fell into a languishing sickness, generally and plausibly attributed to poison. (27)

철저하게 또는 정책적으로, 그는 예수회를 진압하는 일을 매우

신중하게 진행했으며, 이러한 취지의 법령은 1772년 11월에서야 작성되었고, 다음 해 7월에서야 서명이 되었습니다. 역사상 가장 놀랄 만한 것으로 기록되는 이 의미 있는 조치는 아마도 교황이 그 시대의 정신에 대해 행하였던 유일한 실질적인 행동이었습니다. 이 일의 진실성에 대한 여부는 합리적 의심의 여지조차 있을 수 없으며, 유일한 질문은 그가 예수회의 해로운 성격에 대한 비난에 의해서 그렇게 하게 된 것인지 아니면 용의함에 의해서 였는지 여부입니다. 어느 경우 든 그의 행동은 충분히 정당화되며, 그것이 세상에는 이롭지만 교회에는 해롭다고 주장하는 데에 있어서는, 교황권의 이익이 인류의 이익이 아니라고 주장하는 것에 불과합니다. 아주 건강한 체질이었는데, 일반적으로나 합리적으로 알고 있는 독으로 인해서 병들어 쇠약하여 졌던 그가 한 일은 Clement 교황 전에는 거의 성취된 적이 없었던 그런 일이었습니다.

대표적인 Britannica 백과사전을 통해서 설명되어 있는 1773년에 있었던 예수회 억압과 교황 Clement 14세에 대한 내용이 많이 의아했다. 현재는 예수회가 교황의 자리까지 차지하였는데, 19세기 말까지만 하더라도, 대중이 예수회를 향해서 가지고 있었던 생각은, 예수회는 해로운 단체이며, 그들을 억압하고 그 단체를 해체하였던 것이 가장 의미 있는 역사로 인정하는 상황이었던 것이다. 예수회가 전 세계에서 억압받고 쫓겨나게 된 것에 대해서, 예수회 측에서는 그 잘못을 자신들이 아닌 많은 나라의 지배자들에게 돌리고자 하였지만, 정작 교황 Clement 14세의 칙서에서도, 또한 백과사전에서도, 그들의 주장과는 다른 모습으로 예수회에 대해서 우리에게 설명해 주고 있다. 그들이 설립되었을 때부터 계속해서 세계를 통치하려는 목적으로 어떤 부정이라도 필요한 수단으로 여기면서 오랜 시간 악행을 한 자들이라는 것을 너무나도 확실하게 선포하여 준 것이다. 그런데, 그렇게 위험한 대상이 현재 교황의 자리까지 차지하였는데, 이 상황에 대한 심각성이 부각되는 것이 아니라, 세계가 환호한다. 우리가 역사에 얼마나 무지하며, 얼마나 단순한지 놀라지 않을 수가 없다.

1773년에 예수회를 억제하고 폐쇄하는 칙서가 선포되고 나서, Clement 14세 교황은 1년 만에, 백과사전에서 설명하듯이, "일반적으로나 합리적으로 알고 있는 독으로 인해" 사망하는 안타까운 상황이 되었다. 그렇지만, 그가 남긴 칙서는 그가 선포한 대로 예수회의 모든 사역 가운데 그 영향력을 미치게 된다. 그래서, 전 세계에 예수회의 대부분의 선교 사역지와 학교들도 문을 닫게 된다.

카톨릭 교회에서 무오하다고 믿는 교황이, 영원히, 어떤 경우에도, 후세에 어떤 상황에서도 예수회는 절대로 다시 복원될 수 없는 것을 아주 강력하게 선포하였기 때문에, 예수회가 결국 자신들의 궁극적인 목적을 이루는 것이 불가능하게 된 것으로 인해서 모든 것을 포기하고 절망을 하고 해체하게 될 수밖에 없었을 것이라고 생각하는 것이 일반적으로 갖는 생각이다. 그런데, 그들의 행동은 항상 일반적인 생각을 뛰어넘는다. 그들이 어떠한 일도 하지 못하도록 제재당하고 억압받게 되었을 때에 자신들의 목적을 모든 다른 방법들을 동원해서 이루었던 것을 볼 수 있다.

그 방법이 바로 프리메이슨과 일루미나티와 같은 비밀 조직들을 사용하여서 자신들의 목적하는 바를 이루는 것이었다. 그들이 드러나게 일을 한 것이 아니라, 18세기 후반부터는 비밀 조직을 통해서 드러나지 않게 비밀리에 일하였기 때문에, 그들의 행적을 자세히 알 수 있는 방법이 없었다. 그러다 보니, 그들의 행적에 대해서 이야기하는 내용들은 음모론으로 취급되어 왔다. 예수회가 억압당하기 전에 전 세계에서 예수회의 이름이 모든 사람들에게 악명 높게 알려져 있었던 것에 반해, 그 이후에는 그들을 악하게 이야기할 때에 오히려 음모론자로 몰려서 부정적으로 보이게 된 것도, 그들의 목적을 이루는 일들을 비밀리에 비밀 조직을 통해서 하는 상황이 되었기 때문이다.

하지만 지금 우리는 그러한 어두움의 역사를 드러낼 수 있는 때에 살고 있다. 그것은, 역사적으로 비밀리에 일해 왔던 프리메이슨이나 일루미나티 같은 단체들이 자신들의 존재들을 오히려 알리고 홍보하는 때가 되었기 때문이며, 또한 인터넷의 발달로 인해서 세계의 문서들을 읽을 수 있는 변화된 상황으로 인해서이다. 그래서 지금은 역사적으로 자신들의 멤버들을 위해서만 출판하였던 프리메이슨의 간행물들까지도 다 읽어 보고 그들의 행적들을 자세히 살펴볼 수 있게 되었다. 그렇기 때문에, 당시의 비밀 단체에 대해서 자세하게 설명하는 글들도, 이제는 음모론자의 글이라고 하며 배척되는 것이 아니라, 당시 상황을 토대로 자세히 연구할 수 있는 상황이 되었다. 그래서, 이 장에서는, 1700년대 후반과 1800년대의 글들만을 살펴보면서, 비밀 조직들을 통해서 일하였던 예수회의 행적들을 자세히 살펴보겠다.

먼저, 예수회가 프리메이슨을 사용하여서 자신들의 사역을 하였다는 것을 증명하는 글들을 살펴보도록 하자.

당시 저명한 영국의 물리학자이자 수학자 John Robison이 1797년에 펴낸 글에서는, 예수회와 프리메이슨의 관계를 이렇게 설명한다.

I saw that the Jesuit had several times interfered in it; and that most of the exceptionable innovations and dissentions had arisen about the time that the order of Loyola was suppressed; so that it should seem, that these intriguing brethren had attempted to maintain their influence by the help of Free

Masonry. (28)

나는 예수회가 여러 번 연루된 것을 보았습니다. 그리고 대부
분의 용납할 수 없는 변화와 불화는 Loyola의 단체(예수회)가
억압되었던 시기에 일어났습니다. 이 자극적인 형제들이 Free
Masonry의 도움으로 영향력을 유지하려고 시도한 것을 볼 수
있습니다.

I have met with many particular facts, which convince me
that this use had been made of the meeting of Masons, and
that at this time the Jesuit interfered considerably, insinuating
themselves into the Lodges, and contributing to increase that
religious mysticism that tis to be observed in all the ceremonies
of the order. (29)

나는 많은 주목할 만한 증거들을 대하게 되었는데, 그것이 메이
슨의 모임에서 사용되었다는 것과, 이 시기에 예수회가 상당히
연루되어 있어서, 롯지(프리메이슨들의 모임과 모임 장소를 말
함)에서 그들을 부각하면서, 그들의 단체의 모든 예식 가운데에,
종교적 신비주의 부분을 확대하는 데에 기여하였다는 것입니다.

1797년 당시 예수회가 전 세계에서 억압을 당하는 때에 프리메이슨
에 연루되어서 비밀 조직을 사용하여서 예수회의 영향을 유지하였다
는 것을 설명하는 내용이며, 또한 예수회가 프리메이슨의 모임의 예식
과 체계에 종교적인 신비주의를 넣으면서 비밀 단체를 자신들이 사용
할 모양으로 만들어 갔었던 역사를 설명해 준다.

Isle of Wight의 교수 Chalie Heckthorn은 1897년의 그의 저서에서
이렇게 설명한다.

> Jesuitical Influence - Catholic ceremonies, unknown in ancient
> Freemasonry, were introduced from 1735 to 1740, in the
> Chapter of Clermont, so called in honour of Louis of Bourbon,
> Prince of Clermont, at the time grand master of the Order in
> France. From that time, the influence of the Jesuits on the
> fraternity made itself more and more felt. The candidate was
> no longer received in a lodge, but in the city of Jerusalem;
> not in the ideal Jerusalem, but a clerical Jerusalem, typifying
> Rome. (30)

> 예수회의 영향 - 고대 프리메이슨에서는 알려지지 않았었던 가
> 톨릭 의식들이 1735년부터 1740년 사이에 프랑스의 협회의
> Grand Master였던 Clermont 공 Louis of Bourbon을 기리기 위

한 클레르몽 지부에서 도입되었습니다. 그때부터 형제회에 대한 예수회의 영향력은 점점 더 강해졌습니다. 후보자들을 더 이상 롯지에서가 아니라 예루살렘에서 받게 되었습니다. 이상적인 예루살렘이 아니라 상징적 의미의 성직적 예루살렘, 로마를 상징하는 것입니다.

프랑스에서 예수회가 억압받던 당시, 프랑스의 프리메이슨 단체에 예수회가 연루되어서 프리메이슨의 예식과 체계에 그들의 영향력이 미치게 되었다는 내용이다. 여기에서 또 알게 된 사실은, 예수회는 적그리스도의 전략 #7에서 이야기한 대로, 자신들을 내세우는 세력이 아니라, 자신들은 감추고 로마 교회를 내세우고 신격화하는 특성이 있다는 것이다. 그러한 특성대로, 로마를 예루살렘이라고 표현하면서 높이는 모습을 볼 수 있다.

현재까지도 저명한 영국 프리메이슨으로 인정이 되고 있는, Rev. George Oliver가 1855년에 쓴 글에는 이렇게 표현되어 있다.

Some of them being connected with Craft masonry, other with Templarism; and sometimes a degree which in one place was managed like ordinary Masonry, became with the Jesuits a powerful engine, and in the hands of the philosophers, a means of inculcating deism. (31)

그들 중 일부는 Craft Masonry(프리메이슨의 한 종류)와 연결되고 다른 일부는 Templars(프리메이슨의 한 종류)과 연결되었습니다. 그리고 때로는 한곳에서 일반 Masonry로 운영되기도 했는데, 예수회로 인해서 이들은 강력한 엔진이 되었으며, 철학자들의 손에서 이신론을 주입하는 수단이 되었습니다.

여기에서 이야기를 하는 내용은, 여러 가지 프리메이슨의 단계로 나누어지는 종파들이 다 결국 연결되어서 예수회가 자신의 목적을 이루는 데 사용하는 강한 엔진이 되었다는 것이다. 이 내용을 이해하려면 프리메이슨의 특성을 알아야 한다. 프리메이슨의 모양이 많은 degree로 인한 많은 단체를 합쳐 놓은 모양이다. 여기에서 이야기하는 Craft Masonry나 Templar도 그런 프리메이슨 안에 속해 있는 단체인데, 이런 단체들이 모여서 예수회가 사용을 하는 강력한 도구가 되었다는 것이다.

다음은 1871년에 Rev. John Levington의 책에 실린 내용이다.

Indeed, this was and still is one of the grand designs of the conspirators. Nor does it require very much penetration of vision to see in Masonry the Jesuitical innovations. (32)

실제로 이것은 음모자들의 엄청난 디자인 중 하나였으며, 또한 많은 어려움 없이도 쉽게 Mason에서의 예수회의 혁신적인 일들을 볼 수 있습니다.

But to this day Jesuits are in all the secret societies, in sufficient numbers to keep Rome posted up with regard to all their movements. (33)

그러나 오늘날까지도 예수회는 모든 비밀 조직들에 속해 있으며, 그들의 모든 움직임에 관해 로마가 계속해서 정보를 제공받을 수 있을 만큼의 충분한 수입니다.

　당시 예수회의 악행은 전 세계에 드러난 상태이고, 교황청 에서조차 그들의 악한 행위를 밝히 드러내 버렸는데, 그럼에도 불구하고 그들이 활발하게 일을 할 수 있었던 것은 비밀 조직을 사용하였기 때문이었다. 그러한 예수회 입장에서 비밀 조직을 통해서 일을 하는 것은 불가피한 일이었음으로, 비밀 조직들이 계속해서 예수회의 도구가 되었다는 것은 너무나도 이해가 간다.

다음은 1864년에 프리메이슨이 직접 발행한 월간 간행물에 실린 내용이다.

> In the year 1766, at Berlin, Sinnendorf Publicly denounced the Strict Observance as a Jesuitical clique and being then master of the Lodge of the Three Globes, he introduced a new protestant system of Freemasonry. Nevertheless, the Jesuit continued to practice their Templar system, with more or less success. (34)

> 1766년 베를린에서 Sinnendorf는 Strict Observance를 예수회 파벌이라며 공개적으로 비난했으며, 당시 The Three Globes의 롯지의 마스터였던 그는, 새로운 개신교 시스템의 Freemasonry를 도입했습니다. 그럼에도 불구하고 예수회는 계속해서 그들의 Templar system을 실천했고 어느 정도 성공했습니다.

1766년에 프리메이슨 안에서 예수회가 퍼져 나가는 영향력에 대해서 반대하는 세력이 있었던 것을 볼 수 있다. 그럼에도 불구하고 예수회는 계속 프리메이슨을 사용하면서 일을 하였다는 것이 역사적인 글들을 통해서 증명되는 내용이다.

다음은 1863년에 프리메이슨이 직접 발행한 월간 간행물에 실린 내용이다.

It was an attempt on the part of the Jesuits, to regain a portion of their influence in England, under the cloak of a Masonic Society. (35)

그것은 예수회 측에서 프리메이슨 Society의 베일 아래에서 영국에서의 영향력의 한 부분을 되찾으려는 시도였습니다.

이 간행물은 영국에서 영국 프리메이슨들을 위해서 발행된 간행물인데, 여기에서 표현하는 것은, 예수회가 프리메이슨을 사용하여서 무너져 있었던 영국에서의 예수회의 영향력을 다시 찾으려고 하였다는 것이다.

다음은 1840년에 Presbyterian 교회에서 여러 목사들을 중심으로 발행한 간행물에 실린 내용이다.

Under the name of a society of freemasons, formed and governed after the model, and by the maxims, of the Jesuits, many of whom were members of their conspiracy they designed to destroy the religion and governments of Europe. (36)

Society of Freemason이라는 이름으로 그 모델을 따라 만들어 운영된 것으로, 예수회의 말에 의하면, 그들 중 많은 사람들이 자신들의 음모의 일원이었으며, 그들은 유럽의 종교와 정부를 파괴하기 위해 고안되었다는 것입니다.

예수회가 프리메이슨의 멤버들을 자신들의 음모를 위해서 사용하였으며, 예수회의 목적인 유럽의 종교와 정부를 파괴하는 일을 비밀 조직에 들어가서 비밀 조직 멤버들을 통해서 하였으며, 그렇게 하여서 그들의 목적을 달성하도록 고안하였다고 설명하는 내용이다.

다음은 1879년에 프리메이슨이 직접 발행한 간행물에 실린 내용이다.

The truth is, and we will say it all at once, and once for all, the divided state of public opinion is due to the perseverance of malignant calumny, originally set on foot by the Jesuit and the Ultramontane party in the Church of Rome. It is more than possible, indeed, we think, and on no light evidence, that the Jesuit, with their worldly acumen, sought at one time to make use of the secret organization of Freemasonry to further their own political or religious views. (37)

우리가 한 번에 모든 것을 다 이야기하는데, 진실은, 여론의 분열 상태는 로마 교회의 예수회와 성직자 정치당의 끈질긴 악의적 중상모략 때문입니다. 예수회가 세속적 통찰력을 가지고 자신의 정치적 또는 종교적 견해를 발전시키기 위해, 예수회가 프리메이슨을 사용하여서 비밀리에 자신들의 목적을 이루어 나갔다는 내용의 글들은 다 나열할 수 없을 만큼 많습니다.

프리메이슨의 간행물을 통해서 선포된, "예수회가 프리메이슨을 사용하여서 비밀리에 자신들의 목적을 이루어 나갔다는 내용의 글들은 다 나열할 수 없을 만큼 많습니다"라고 설명한 것처럼, 예수회가 비밀 조직들을 사용하여서 일을 하였던 사실은 당시에 공공연하게 인정되었던 사실이라는 것을 알 수 있다.

예수회는 적그리스도의 전략 #2에서 이야기한 것처럼, 양의 모습도 가질 수 있고 용의 모습도 가질 수 있는 자들이다. 자신들이 어떠한 악행을 하더라도 양의 모습으로 나타날 수 있는 전략을 세우는 자들이다. 그러한 전략을 위해서 비밀 조직 단체들을 사용하면서 자신들의 목적을 계속해서 이루고자 하는 노력을 버리지 않았던 사실을 역사 가운데 확실히 볼 수 있었다.

이제는, 프리메이슨과 같이 일하였던 일루미나티가 예수회와 어떤 관계인지 알기 원했다. 이 내용에 대해서도, 일루미나티가 설립된 1700년대 후반과 그들이 활발히 일하였던 1800년대의 자료만을 가지고 그들과 예수회의 연관점을 알아보도록 하자.

다음은 1879년에 프리메이슨이 직접 발행한 간행물에 실린 내용이다.

> But it also remembered that the "Illuminati" with whom Freemasonry is confounded, were not Freemasons, but were established by a Roman Catholic professor, who died at Gotha, a Roman Catholic, an exile from his native land. In this sense, to Roman Catholicism as the origin rather than to Freemasonry, (which has ever ignored them), must fairly be attributed the creation of those pernicious secret societies, like the Illuminati with their countless ramifications and developments, which, in former days brought such evil on society and on the world, and which as "Lothair" tells us, are still at work, and potent for evils many and great. (38)

그러나, 프리메이슨과 혼동이 되는 "일루미나티"는 프리메리슨이 아니라는 것을 기억해야 하며, 그들은 로마 카톨릭 교수에 의해서 설립되었으며, 자신의 고향에서 망명을 하여서 Gotha에서 죽은 로마 카톨릭이었습니다. 그래서, 무수한 파급 효과와 발전을 가졌던 일루미나티와 같은 사악한 비밀 단체의 설립의 근원이 프리메이슨이 아니었고, 로마 카톨릭이었다는 것이 정당하게 귀속되어야 합니다. 그들이 예전에 사회에 엄청난 악을 가져왔으며, "Lothair"가 이야기하듯이, 그들은 여전히 아주 많고 큰 악행들을 행하는 데 있어서 담대합니다.

The Illuminati were founded by Weishaupt, a Roman Catholic, and a Jesuit, on the system of Freemasonry, it is true, he being a Freemason, though not when, it is curious to note, he founded his Order, and it is more than doubtful whether in what he did he was not following the "dicta" of countless leading Jesuit teachers, by whom revolution and king killing, and disobedience to rational laws, and anarchical and anti-social principles, have been openly expressed and carefully manipulated. (39)

일루미나티는, 로마 카톨릭이었고 예수회 회원이었던 Weishaupt에 의해서 프리메이슨의 시스템 위에 설립이 되었습니다. 사실 그는 프리메이슨이었습니다. 그런데 흥미로운 것은, 그가 한 일들이, 혁명을 일으키고 왕들을 살해하며, 이성적인 법들에 불복종하고, 무정부주의와 반사회적 원칙을 공공연히 선포하고 세밀히 조작하였던 수많은 예수회 지도자들의 명령을 따르는 일들을 했던 것으로 볼 수밖에 없다는 것입니다.

여기에서 설명한 내용을 통해서 알 수 있는 것은, 프리메이슨들조차도 자신들 안에서 같이 일을 하고 있는 일루미나티에 대해서 정확히 알지 못하는 부분이 많이 있어서 그것에 대해서 설명해 주는 내용이라는 것이다. 그리고, 이들이 가지고 있던 일루미나티에 대한 이미지가 아주 부정적이라는 것이고, 또한 이들이 일루미나티의 근원이 프리메이슨이 아니며 오히려 예수회 회원이며 로마 카톨릭이라는 사실을 부각하려는 것을 볼 수 있다. 그들이 프리메이슨과 연결되어 있다고 하더라도, 결국 일루미나티가 예수회의 일을 하고 있었던 정황을 파악할 수 있다.

다음은 1859년에 프리메이슨이 발행한 발간물에 실린 내용이다.

Bold impostors and pickpockets, religious fanatics and emissaries of the Order of Jesuits gained admittance in lodges. Among the various errors, those most prominent, about the middle of the last century, were the strict Observance, the

Rosicrucians, and the Illuminati. With more or less success, they took possession of Masonry and brought mischief into its pure precincts. (40)

담대한 사기꾼, 소매치기, 종교적인 광신도, 그리고 예수회의 대리자들이 롯지(프리메이슨 모임)에 들어갈 수 있었습니다. 여러 가지 악행 중에서 지난 세기 중반에 가장 두드러진 악행은, Strict Observance(예수회 관련 프리메이슨 종파), Rosicrucian(프리메이슨 종파), 그리고 일루미나티였습니다. 어느 정도의 성공을 거두면서, 그들은 Masonry를 장악을 하고 순수한 영역에 사악함을 가져왔습니다.

이 내용을 통해서 예수회가 자신들의 목적을 달성하기 위해서 비밀 조직을 사용할 때에, 자신들의 행적이 쉽게 나타나지 않도록 하기 위해서 다른 여러 개의 비밀 조직들을 서로 연결되면서도 또한 나누어지는 모양으로 일을 하였는지 볼 수 있다. 프리메이슨 안에도 많은 다른 단체 모양의 종파를 만들었고, 프리메이슨 밖으로는 일루미나티라는 단체를 만들었는데, 결국은 하나로 연결되어서 예수회의 궁극적인 목적을 이루는 데 사용되도록 하였다.

1871년에 Rev. John Levington이 쓴 글을 통해서 당시의 일루미나티에 대한 이해를 살펴보자.

Weishaupt was first a Jesuit, then a Mason, a Strict Observance, and adept Rosycrucian, and finally a atheist; and with these qualifications he prepares from the whole system called Illuminism; and this he offers as a substitute for the gospel! And stranger still, thousands of professed ministers of the gospel accept of the offer, and are his followers to-day, and among them multitudes of Methodist preachers, so called; for the Masonry of to-day has in it every essential principle of Weishaupt's Illuminism; and his Illuminism has in it all the vital principles of the Masonic degrees previously constructed by the French and German atheists, assisted by Jesuit, Rosycrucians, Alchemists, Magicians, and other; and the Masonry of the United States to-day embraces everything vital in the whole! [41]

Weishaupt는 맨 처음 예수회 회원이었으며, 그리고 프리메 이슨이었고, Strict Observance 회원이었으며, 또한 숙련된 Rosicrucian이었고, 마지막으로 무신론자였습니다. 그리고 이 모든 적합성을 가지고 Illuminatism이라는 전체 시스템을 준비 하였고, 이것은 그가 복음 대용으로 제시한 것이었습니다. 그리고 더욱 이상한 것은, 수천 명의 복음을 전하는 목회자라고 하는 자들이 그의 제안을 받아들여서 오늘날 그의 제자가 되었고, 그 무리들 중에는 소위 말하는 감리교 설교자들이 아주 많이 있습니다. 오늘날의 Masonry는 Weishaupt의 Illuminatism의 모든 필수 원칙을 가지고 있습니다. 그리고, 그의 Illuminatism은 Mason의 필수원칙들을 가지고 있는데, 예수회의 도움을 받아서 Rosycrucians, Alchemists, Magicians 등과 같은 프리메이슨의 여러 가지 다른 등급의 종파들을 프랑스와 독일의 무신론자들이 만든 것입니다. 그리고, 오늘날의 Masonry 모든 중요한 것을 다 전체적으로 포용하고 있습니다.

It will be remembered that a fundamental principle of the Jesuit is that "the end sanctifies the deed" This is the principle here adopted; and as to the end, observe, the criminal is to be the sole judge! The reader will observe that the plans, principles, and much of the phraseology of Weishaupt, are from his old masters, the Jesuits. (42)

예수회의 기본 원칙은 "결과가 행위를 거룩하게 한다"는 것임을 기억할 것입니다. 이것이 여기(Illuminati)에서 채택된 원칙입니다. 그리고 결국은 유일한 재판자가 범죄자인 것을 관찰하십시오! 독자는 Weishaupt의 계획, 원칙 및 많은 문구들이 그의 오랜 마스터인 예수회에서 나온 것임을 관찰하게 될 것입니다.

On examining the history of their order, that the greatest part of the evils, which by them are imputed to the pretend machinations of a junto of philosophers and illuminati are affected by the Jesuits and their emissaries. (43)

그들의 조직의 역사를 살펴보면서, 가장 큰 악한 부분이, 철학자 와 일루미나티 군단으로 가장한 음모가, 예수회와 그들의 대리인 들의 영향에 의한 것입니다.

이 내용들을 통해서 어떻게 일루미나티와 프리메이슨, 그리고 예수 회가 서로 연결되고 섞여 있는지를 볼 수 있다. 프리메이슨을 예수회 가 사용할 수 있는 모양의 단체로 만드는 데 일루미나티를 사용하고, 일루미나티는 예수회의 목적을 이루는 것에 그 중점을 두고 일을 하기 때문에 결국 목적이 하나이다.

일루미나티의 창시자인 Weishaupt는 자신들이 예수회원이 아니 라고 이야기하기도 했다. 그런데, Weishaupt를 프리메이슨이 되도록 돕고 일루미나티를 같이 창시하였던 당시 저명한 프리메이슨이었던

Adolph Knigge도, Weishaupt에게 "Masked Jesuit" "가면을 쓴 예수회"라고 하였고, 결국 일루미나티를 창시하는 데 지대한 역할을 한 그는 예수회의 악행을 거부하고 탈퇴한다.(44)

그러므로, 아무리 많은 조직과 단체들을 여러 형태의 모양으로 얽히고 섞이도록 하여서 예수회를 드러나지 않게 일을 하였다고 하더라도, 세계를 자신들의 영향력 아래로 놓고자 하는 그들의 목적이 드러나기 때문에, 그들의 악행을 숨길 수가 없다는 것이다.

프리메이슨과 일루미나티를 사용하여서 일을 하였던 예수회에 대해서 알아보면서, 다시 한번 적그리스도의 전략 #2에 대해서 생각해 보게 되었다. 인간의 당연한 생각은 일관성이 있게 나타나 보이는 것들을 보고 그 단체나 그 사람에 대한 이미지를 갖게 된다. 그런데, 예수회의 경우는 너무나도 상반된 양의 모습과 용의 모습을 연출해 낼 수 있는 자들이다. 이들의 악행이 아직까지도 드러나지 않고 가리워질 수 있었던 이유는 일반적인 생각으로는 짐작할 수 없을 정도로 여러 얼굴이 될 수 있었기 때문이다. 그런데, 이제는 계속 속고 있으면 안 된다. 왜냐하면, 그들의 얼굴이 하나가 아니라는 사실을 하나님께서 성경을 통해서 알려 주셨기 때문이다. 우리는 그들의 전략들을 파악하고 그러한 전략에 의해 넘어지는 자들이 되는 것이 아니라, 오히려 그러한 전략을 무너뜨리는 자들이 되어야 한다.

9

프랑스 혁명 1789년-1799년

앞의 장을 통해서 요한계시록 13장에서 이야기하는 "또 다른 짐승"인 예수회가 결국은 프리메이슨도 사용하여 왔고, 또한 일루미나티도 사용하였던 것을 18세기와 19세기의 글들을 통해서 확인할 수 있었다. 결국 이들이 무오하다고 선언한 교황을 통해서 예수회는 해체되도록 명령되었고, 또한 영원히 다시 세워지지 못하도록 선포되었는데, 그런 선포에도 아랑곳없이 이들은 비밀 조직들을 사용하여서 자신들의 목적을 계속해서 이루어 가는 일들을 했다.

우리가 이들의 행적을 살펴보는 것은, 받은 대로 갚아 주되 배로 갚아 주어야 하는 하나님의 명령을 순종하기 위해서, 그들에게 받은 것이 무엇인지를 살펴보는 것이다. 이 장에서는 역사적으로 비밀 조직을 사용을 하여서 세계 역사 가운데 일으킨 그들의 행적을 적그리스도의 전략들에 비추어서 살펴보도록 하겠다.

이들이 비밀 조직에 많은 사람들을 동원을 하여서 자신들의 목적을 위해 충성하도록 하였는데, 어떠한 전략을 사용하여서 그렇게 조직에 충성하는 사람들을 동원할 수 있었는지 궁금했다. 그러면서, 일루미나티의 표어를 알게 되었는데, 그들의 전략이 너무나도 이해가 갔다. 그들의 표어에 대해서 이렇게 설명을 한다.

Every letter of the world OEUVRE stands for the initial of another word; and accordingly it is to be decyphered thus: Ordo Erit Universi Victor Roman Ecclesia; i.e. the order will be the conqueror of the whole world, by meand of the Romish Church. To promote their object of ruling, they care not what means they employ, for "the end sanctifies the means."[45]

OEUVRE라는 단어의 모든 문자는 다른 단어의 이니셜을 나타냅니다. 따라서 다음과 같이 해석됩니다. Ordo Erit Universi Victor Roman Ecclesia; 즉, "협회는 로마 교회를 통해 전 세계의 정복자가 될 것입니다." 그들은 통치의 목적을 이루기 위해서는 그들이 사용하는 수단에는 관심을 두지 않습니다. "목적이 수단을 거룩하게" 하기 때문입니다.

이 내용은 1818년에 영국에서 발행된 간행지에서 예수회와 일루미나티를 설명한 내용 가운데에 일루미나티의 표어에 대한 설명이다. 이들의 표어를 통해서 알 수 있는 것이, 이들이 사람들을 자신들의 단체에서 헌신하도록 할 때에, 자신들이 세상 모든 사람들을 지배하게 될 것이라는 마음을 갖도록 하여서 그 단체에 멤버가 되어 헌신하도록 하는 전략을 사용한 것을 볼 수 있다. 사람들 위에서 군림하고자 하는 소원을 가진 모든 사람들이 적그리스도의 편에 속하게 되고, 그러한 높아지고자 하는 마음을 가진 모든 사람들을 통해서 세계를 지배하는 목적을 이루고자 한다는 것이다.

일루미나티의 표어는 그리스도 전략 #1을 너무나도 잘 표현을 한다. 여기에서 Latin으로 된 언어는 영어로도 쉽게 이해가 되는 단어들이다.

Ordo: Order이므로 일루미나티 단체를 이야기한다.

Erit: 이것은 영어로 be 동사의 변형이다.

Universi: Universe, 전 세계를 가르킨다.

Victor: Victory를 이야기하는 것이다.

Roman Ecclesia: 로마 교회를 이야기한다.

"일루미나티 단체는 로마 교회를 통하여서 전 세계에 정복자가 된다"는 것이 이들의 표어이다. 전 세계를 정복하는 것은 적그리스도의 전략 #1이며, 로마 교회를 통하여 정복을 한다는 것은 적그리스도의 전략 #7이고, 정복자가 되고자 하는 높아지는 마음을 갖는 것은 적그리스도의 전략 #3 외식이다.

그러한 그들의 전략이 너무나도 성공적이었던 상황에 대해서 1921년 미국에서 발행된 간행물은 일루미나티의 멤버가 되는 것에 대해 이렇게 표현한다.

> Members were convinced that they "must in the end rule the world." All religion, all love of country and loyalty to sovereigns, were to be annihilated, a favorite maxim of the Order being --- "Tous les rois et tous les pretres Sont des fripons et des traitres." This did not prevent the enrolling of kings and priests in their ranks. It rather gave a zest to the process of beguiling, deluded dignitaries into joining a society which was conspiring for their destruction. (46)

> 회원들은 그들이 "결국은 세상을 지배하게 된다"는 데에 대해서 확신을 가졌습니다. 모든 종교, 모든 애국정신, 군주에 대한 충성은 소멸되어야 하는 것이었으며, 그들이 가장 좋아하였던 표어는, "모든 왕들과 모든 사제들은 도둑들이며 배신자들입니다"였

습니다. 그렇다고 해서 왕과 사제들이 단체에 입회하지 않는 것
이 아니었습니다. 오히려 그들은 현혹된 고위 인사들을 그러한
파괴를 모의하는 단체에 합류시키면서 열광하였습니다.

결국 세상을 지배할 자들의 무리에 속하고자 하는 마음을 가진 사람
들이 현혹되고 열광하며 일루미나티의 회원이 되었다는 내용이다.

적그리스도의 전략이 이들의 역사 가운데 두드러지게 나타나는 또
다른 부분이 영적인 예식 관련이었다. 예수회는 그들이 연결된 모든
단체에 영적 예식을 체계적으로 세워서 그것을 따르도록 하였다. 이
것은 적그리스도의 전략 #4, 거짓 기적과 이사를 통해서 사람들을 미
혹하고 control하는 전략이다. 이들은 거짓 이적과 기사를 사용하여
서 사람들을 미혹하는 것이 얼마나 쉽게 사람들을 control하게 되는
전략인지를 잘 안다. 영적이고 신비적인 것들을 사용하여서 사람들을
control하는 것에 대해서 일루미나티의 창시자인 Weishaupt는 이렇게
이야기하였다.

Of all the means I know to lead men, the most effectual is a
concealed mystery. The hankering of the mind is irresistible;
and if once a man has taken it into his head that there is a
mistering in a thing, it is impossible to get it out, either by

argument or experience. And then, we can so change notions by merely changing a word. What more contemptible than fanaticism; but call it enthusiasm; then add the little word noble, and you may lead him over the world. (47)

사람들을 이끄는 모든 수단 가운데 내가 아는 가장 효과적인 수단은 감추어진 미스터리입니다. 마음의 갈망은 저항을 할 수 없는 것입니다. 그리고, 만약 어떤 사람이 한번 신비스러운 것이 있다는 것에 대해서 머리속에서 받아들이게 되면 그것은 논쟁이나 경험으로 거기에서 빠져나오는 것이 불가능해집니다. 그리고 나면 우리는 단지 단어 하나만 바꾸더라도 개념 자체를 변경할 수 있습니다. 광신주의보다 더 경멸적인 것이 어디에 있습니까? 그러나, 열정이라고 불러 보십시오. 그리고 거기에다가 조금 더 고상한 단어를 더하게 되면 당신은 세계를 지배할 수 있습니다.

그러한 미스터리와 영적인 예식으로 단장을 한 비밀 조직들은 사람들이 열광하는 단체들이 되어 갔다. 1798년 John Robison의 책에 당시 사람들의 반응에 대한 글이 있었다.

These Rosycrucian Lodges were soon established, and became numerous, because their mysteries were addressed, both to the

curiosity, the sensuality, and the avarice of men. They became a
very formidable band, adopting the constitution of the Jesuits. (48)

이 Rosycrucian Logde들은 설립된 후 빠르게 그 수가 아주 많아
졌는데, 그것은, 사람들의 호기심, 관능적인 부분, 그리고 인간의
탐욕에 대해서 그들이 신비적인 것들을 다루었기 때문입니다. 그
들은 예수회의 법률을 따르면서 아주 강력한 무리가 되었습니다.

요한계시록 13장에서 적그리스도가 영적으로 신비스러운 것들을 사
용하며 사람들을 미혹하여 결국 멸망하도록 하는 말씀이 이루어지는
모습이며 적그리스도의 전략 #4를 사용하여 사람들을 넘어뜨리는 모
습이다.

적그리스도의 전략이 드러나는 것이 또 있었는데, 그것은 그들의 단
체마다 많은 degree들을 세워서 운영하는 부분에 관한 것이었다. 이들
의 단체마다 많은 degree들이 있어서 계속 위의 단계로 올라가도록 디
자인된 내용에 대해서는 첫 번째 책에서 많이 다룬 내용이다. 그러한
그들의 특별한 체계에 대해서 당시의 글들은 다음과 같이 설명한다.

As in the case of the prior and legitimate Masonic systems, the
Jesuit seized upon the Rite of Adoption and transformed it into

a radically religious contrivance by the super-addition of higher capitular degrees, by which the system became expanded into ten grades, none of them Masonic, and seven, thoroughly impregnated with Romish doctrines. (49)

이전의 정식 프리메이슨 시스템에 했던 것과 같이, 예수회는 입양의식을 장악하고 그것에 더 높은 등급들을 추가함으로써 근본주의적 종교 모양의 눈속임 체계로 전환시켰습니다. 체계는 10개의 등급으로 확장이 되었는데, 어떤 것도 프리메이슨 등급이 아니었고, 7개 등급은 로마식 교리들로 완전히 스며들게 되었습니다.

The candidate to the degree of Scotch knight, or Illuminatus dirigens, is obliged to give a written bond, in which he binds himself "to consider and treat the Illuminati as the superior of free-masonry." (50)

Scotch Knight, Illiminatus dirigence 등급 후보자들은, 서약서를 제출해야 하는 의무가 있는데, 그 서약서의 내용이, "일루미나티를 프리메이슨의 상위권위자로 인정을 하고 대우해야 한다"라는 것입니다.

Dividing the fraternity into circles, each under the management of its own superior, known to the president, but unknown to the individuals of the lodges. The superiors were connected with each other, in a way known only to themselves, and the whole was under one general. Now, in this the present constitution of Masonry, exactly. In this way not the Masonic lodges only, but all the secret societies of this country are managed by secret masters, with different degrees of authority, the superiors only being known to each other, while their dupes, both men and women, are entirely ignorant both of them and their operations, and equally so of their designs. The numerous societies under their management are known by a great variety of names, all professing good, but all so managed as to promote, less or more, the same antichristian and nefarious ends. (51)

형제회를 여러 개의 서클로 나누고, 각각 자신의 직속 상급자의 관리를 받게 되는데, 그것을 지도자는 알지만, 개개인의 롯지의 멤버들은 알지 못하게 되어 있습니다. 상급자들끼리는 서로 연결되어 있어 자신들끼리 서로 알고 있게 되는 방법으로, 전체는 한 최고권위자 아래 있게 되는 것입니다. 이것이 현재의 프리메이슨의 정확한 구조입니다. 이러한 방법으로 프리메이슨의 롯지들만이 아니라, 이 나라에 있는 모든 비밀 조직들이 비밀 마스터들에 의해서 운영이 되고 있습니다. 그들은 각각 다른 정도의 권한을 가지고 있으며, 상급자들끼리만 서로를 알고 있는 반면, 그들이 속임수를 쓰므로 남자이건 여자이건 모든 사람들은 그들의 운영하는 것과 계획하는 것에 아주 무지합니다. 그들이 운영하고 있는 수많은 단체들은 아주 다양한 이름들을 사용하여서 알려져 있고, 선한일을 추구하는 것으로 공언하고 있지만, 그들은 모든 적그리스도의 사악한 결과를 이끌어 내기 위해서 운영되고 있는 것입니다.

더욱더 높아지고 인정받고자 하는 사람들의 외식하는 마음을 이용하여서 이들은 많은 단계들을 만들고, 그러한 단계들을 올라가기 위해서 멤버들에게 단체에 희생하고 헌신하도록 하는 구조를 만들어 놓았는데, 결국은 외식으로 인해 외식하는 자들의 무리에 속하게 되는 적그리스도의 전략 #3이다. 높은 자리에 있는 사람들만이 누릴 수 있는 것들을 만들어서 높아지는 것을 소원하게 하고, 그것을 향해서 나아가는 것이 사람들의 목표가 되도록 만들어져 있는 체계를 통한 외식을 사용하여서 사람들을 자신의 영향력 안으로 넣는 이들의 전략을 확실히 볼 수 있다.

나타나는 또 다른 모양의 전략은, 적그리스도의 전략 #2, 양의 모습과 용의 모습을 갖는 것이다. 이들이 여러 가지 단계를 만들면서 아랫 단계에서는 위에 상급자들끼리 모두 다 연결되어서 계획하고 진행하는 일들에 대해서 전혀 알지 못했다. 좋은 일을 추구하는 모양으로 많은 사람들을 동원하여서 자신들이 계획하는 일들을 추진하기 때문에, 외부에는 좋은 모양으로만 비쳐질 수 있었다. 양의 모습만 보이면서 자신들의 참모습을 감추도록 하는 전략을 사용하였던 것이다.

그리고 확실하게 보이는 또 하나의 전략이, 적그리스도의 전략 #1, 세계를 지배하려고 하는 전략이다. 단계단계로 만들어진 비밀 조직의 체계를 통해서 전 세계에 영향력을 뻗치도록 하는 틀을 만들어서, 그들이 계획하는 세계를 지배하고자 하는 기반을 마련하였다.

그러한 체계가 만들어졌을 때에 적그리스도의 세력이 이 체계를 사용하여서 일으킨 일이 있었다. 그것이 1789년에 시작된 프랑스 혁명이었다. 1818년 프랑스에서 발행된 월간지 내용 가운데 이 상황에 대해서 자세하게 설명하는 내용이 있다.

> To adopt a certain plan of eclectic masonry, which has proved
> a prolific nursery for the Illuminati, and is under their direction.
> Thus, they can easily lead the masonic lodges, without being
> suspected by the majority of the brethren. And you may easily

conceive that two or three thousand Illuminati, who make a constant practice of attending the lodges of Free-Masons in this country, and act as officers (masters, wardens, orators, secretaries, treasurers, &C.) in them, may give what direction they please to their proceedings, and give the unsuspecting brethren any cue to repeat. It was exactly by such tactics that the French revolution was brough abut simultaneously in every part of that country, and that the lodges in all countries were invited by circular letters to extol it, to gain it friends, and to promote its object. (52)

다양한 모양의 프리메이슨 도입 계획에 의해서 그들은 일루미나티의 지시하에 있게 되었습니다. 그렇기 때문에 그들은 대부분의 형제들에게 의심받지 않고 쉽게 프리메이슨의 롯지들을 이끌 수 있었습니다. 그리고 당신이 쉽게 파악할 수 있는 것이, 2000명에서 3000명의 일루미나티들이 지속적으로 이 나라에 있는 프리메이슨 롯지들의 모임에 참석하면서, 그들은 감독(마스터, 소장, 연설가, 비서, 재무관)의 역할을 하였으며, 어떤 방향으로 가기 원하는지를 그들에게 제시하였고, 또한 의심하지 않는 형제들에게 계속 그렇게 행동하도록 하는 상황을 제공할 수 있었습니다. 그것은 정확하게 프랑스 혁명을 일으키는 데에 사용된 전술이었는데,

나라의 모든 지역에서 동시에 일어났으며, 또한 모든 나라의 롯지들에서 편지들이 돌면서 그 일을 칭송하며 동지들을 얻어 내었으며 그들에게 목적을 알리면서 그들을 끌어들였던 것입니다.

In the beginning of 1789, a manifesto was sent from the Grand National Lodge of Freemasons at Paris, signed by the Duke of Orleans, as Grand Master, addressed and sent to the Lodges in all respectable cities of Europe, exhorting them to unite for the support of the French Revolution, to gain it friends, defenders, and adherents; and according to their opportunities, and the practicability of the thing, to kindle a propagate the spirit of revolution in all countries. [53]

1789년 초에 파리에 있는 프리메이슨의 Grand National Lodge에서 당시 Grand Master였던 Orleans 공작이 서명한 선언문이 모든 유럽에 있는 많은 도시들에 전달되었습니다. 그것은 그들에게 프랑스 혁명을 지지하기 위해서 연합할 것을 명하는 것이었으며, 친구, 옹호자, 지지자들을 모으도록 하였고, 그들의 기회와 실질적인 상황에 따라서 혁명의 정신을 온 세계에 전파하기 위한 불을 붙이라고 하였습니다.

일루미나티와 프리메이슨과 같은 비밀 단체들을 동원하여서 예수회는 결국 프랑스 혁명을 일으킬 수 있었는데, 그들이 만들어 놓은 체계를 살펴보면 그러한 상황이 가능할 수 있었던 것이 쉽게 이해가 간다. 그리고 이러한 사실을 알리는 것이 당시에는 음모론으로 취급되는 사항이었지만 현재는 프리메이슨의 책들을 통해서도 인정을 하고, 프리메이슨이 일루미나티와 함께 비밀리에 혁명을 일으켰던 사실을 알리는 상황으로 바뀌었다.

앞의 내용에서, 비밀 단체들이 아래 단계에서는 자신들이 하는 일을 선한 동기를 가지고 할 수 있도록 하여서 많은 사람들을 동참하도록 하지만, 상급자들의 수준에서는 세상을 지배하려는 그들의 목적을 달성하고자 하는 것에 대해 이야기를 나눴다. 이런 사실을 토대로 살펴볼 때, 우리는 일부러 대중을 속이기 위해서 만들어 놓은 모양대로 이해하면서 속고 있었다는 것이다. 그러나, 이제 우리가 하나님의 말씀에 순종하기 위해서는 계속해서 속고 있으면 안 된다. 그들의 한 일들을 제대로 알고 배로 갚아 주어야 하기 때문이다.

10

예수회의 복원 1814년

　너무나도 많은 증거 자료들을 통해서 예수회가 많은 비밀 조직을 통해서 자신들의 목적을 이루어 왔다는 사실들을 확인하였다. 그러나 그러한 증거를 떠나서도 이 모든 단체들의 추구하는 목적이 온 세계를 지배하려는 예수회에 목적과 일치하기 때문에 그들이 한 목적을 가지고 일을 하는 단체임을 부인할 수 없다.

　앞장에서 이야기를 나눈 내용 가운데에 비밀 조직 회원들이 세상을 다스리게 될 것에 대한 확신과 그들의 표어에 대해서 인용한 내용이 있었다.

　Members were convinced that they "must in the end rule the world." All religion, all love of country and loyalty to sovereigns, were to be annihilated, a favorite maxim of the Order being --- "Tous les rois et tous les pretres Sont des fripons et des traitres."[54]

회원들은 그들이 "결국은 세상을 지배하게 된다"는 데에 대해서 확신을 가졌습니다. 모든 종교, 모든 애국정신, 군주에 대한 충성은 소멸되어야 하는 것이었으며, 그들이 가장 좋아하였던 표어는, "모든 왕들과 모든 사제들은 도둑들이며 배신자들입니다"였습니다.

모든 왕들과 사제들을 싸움의 대상과 공격을 해야 하는 상대로 만들고 있다는 사실을 보면, 예수회의 숨은 목적이 더욱더 드러난다. 예수회는 당시 세계의 대부분의 나라에서 억압되었고 퇴출되었으며, 로마 교회에서조차 영원히 다시는 사역하지 못하도록 억압당하고 있었던 상황이었다. 그 당시 예수회가 적으로 삼고 공격하고자 하는 대상은 나라를 통치하고 있는 군주들이었으며, 또한 예수회를 억압하라는 교황의 명령을 수행하고 있었던 로마 교회였다.

예수회는 자신들의 원한을 풀기 위해 많은 사람들을 사용하였는데, 사용당한 이들은 악행을 저지르고 악을 도모하고 있다고 생각했던 것이 아니라, 선을 도모한다고 하는 마음으로 이들이 구상한 일에 참여하게 된 것이었다. 일을 계획하고 추진한 상급자 무리의 악한 계략에 대해서 무지했던 아래 단계의 많은 멤버들은, 그것이 악한 목적이 아닌 선한 목적이라는 생각을 가지고 참여한 것이었고, 그래서 아직까지도 프리메이슨들에게 프랑스 혁명에 미친 그들의 영향력에 대해서 자랑스럽게 생각하는 글을 많이 찾아볼 수 있다.

그렇지만 당시에 써졌던 글들에는, 프랑스의 혁명이 긍정적인 모습으로 이해가 되는 역사로 표현되어 있지 않은 것을 알 수 있었다.

1797년에 John Robison이 쓴 글에서 당시의 상황을 이렇게 설명을 한다.

And all good men, all lovers of peace and of justice, will abhor and reject the thought of overturning the present constitution of things, faulty as it may be, merely in the endeavour to establish another, which the vices of mankind may subvert again in a twelve-month. They must see, that in order to gain their point, the proposers have found it necessary to destroy the grounds of morality, by permitting the most wicked means for accomplishing any end that our fancy, warped by passion or interest, may represent to us as of great importance. They see, that instead of morality, vice must prevail, and that therefore there is no security for the continuance of this Utopian felicity;

and in the meantime, desolation and misery lay the world waste during the struggle, and half of those for whom we are striving will be swept from the face of the earth. We have but to look to France, where in eight years there have been more executions and spoliations and distresses of every kind by the pouvior revolutionnaire, than can be found in the long records of that despotic monarchy. (55)

그리고 모든 선한 사람들, 모든 평화와 정의를 사랑하는 사람들은, 단지 결함이 또 있을 다른 자를 세우기 위한 노력으로 현재의 법적 체계의 모양을 뒤집으려고 하는 것을 혐오할 것이며 거부할 것입니다. 인간의 부패는 12개월이면 다시 전복될 수 있는 것입니다. 그들이 자신의 주장하는 바가 인정을 받기 위해서, 이 일을 제안한 자들로서는, 왜곡된 열정과 관심으로 고안해 낼 수 있는 가장 사악한 방법을 다 동원하고 근본적인 도덕성을 파괴 하면서까지도 필요했을 만큼 매우 중요한 것처럼 보여야 했습니다. 그들이 보는 것은, 도덕 대신에 악덕이 만영하며, 유토피아적 행복을 이어 갈 어떤 보안도 없으며, 그동안 투쟁하는 가운데 황폐함과 비참함이 전 세계를 황무지로 만들었으며, 그렇게 투쟁을 하는 자들의 절반이 세상에서 사라지게 되는 것이었습니다. 프랑스의 예를 보면, 지난 8년 동안 행해진 처형과 약탈과 온 종류의 고

통은 어떤 힘 있는 혁명가로 인한 것보다, 또한 지난 어떤 독재 군주제의 기록에서 찾아볼 수 있는 것보다 훨씬 더 많았습니다.

다음은 1800년 당시 독일에서 출판된 간행지 내용이다.

We have had frequent proofs in the course of the French revolution, that those very persons that agree with the Jesuits in their opinions relative to church and state, shewed themselves as the greatest barbarians, and that the non-juring priests were not satisfied with merely destroying the victims of their relentless fury, but delighted to see the father butchered upon the body of his son, and the mother in the arms of her daughter. (56)

우리는 프랑스 혁명이 진행되는 동안 교회와 정권에 대한 견해가 예수회와 일치하는 사람들이 최악의 파괴자들이었으며, 그 인정 받지 못할 사제들은 자신들의 잔인함으로, 희생자들을 파괴하는 것으로만 만족한 것이 아니라, 아들 위에서 그 아버지를 도살하고, 딸의 팔에 안겨 있는 어머니를 도살하는 것을 보는 것을 기뻐하였다는, 너무나도 많은 증거가 있습니다.

결국은 아주 짧은 기간에 새로운 정권도 또 부패하게 될 것인데, 다

른 정권으로 바꾼다는 목적만으로 어떤 역사적 분쟁과 비교도 하지 못할 많은 희생과 악행과 피해를 감수하면서 감당한 프랑스 혁명에 대해 회의적인 마음을 표현한 글들이다. 또한 예수회가 사용한 비밀조직들이, 예수회와 같은 목적으로 일을 하면서 예수회의 모습 그대로 너무나도 잔인한 일들을 프랑스 혁명에서 행하였던 것에 대해 설명하고 있다.

백성들의 입장에서는 희생의 가치와 걸맞지 않는 너무나도 안타까운 일이었다고 표현하지 않을 수 없다.

그러나, 예수회의 사정은 다르다.

예수회를 억압한 교황은 Clement 14세인데, 교황 Clement 14세가 1년쯤 후 독살로 추정되는 이유로 인해서 죽게 되고 나서 바로 이어지는 교황이 Pius 6세이다. 교황 Pius 6세 때에, 프랑스 혁명으로 인해서 교황령이 큰 타격을 받고, 계속해서 이어지는 나폴레옹 군대에 의해서 1798년에 교황이 포로로 끌려가게 되고, 거기에서 사망을 한다. 또한 그다음에 이어지는 교황이 Pius 7세이다. 교황 Pius 7세 또한 나폴레옹에 의해서 1809년에 포로로 끌려가게 된다. 그리고 1814년까지 있다가 풀려나는데, 1814년에 Pius 7세는 예수회의 탄압 있기 전과 같은 상태로 회복하는 성명을 하게 되어서, 1814년에 예수회가 복원된다.[57]

백성들의 입장에서는 얻는 것보다 희생만 많은 안타까운 역사로 볼 수 있겠지만, 예수회의 입장에서 보면, 도저히 영원히 절대로 복원될 수 없었던 예수회가 복원이 되는, 불가능이 가능케 되는 역사였던 것이며, 그들의 모든 전략을 동원해서 이루어 낸 결과였다.

11

로마의 함락 1870년

지난 장을 통해서 영원히 복원되지 못하도록 교황의 칙령에 의해서 억압되었던 예수회가 복원된 것에 대해 나눴다. 예수회가 복원되고 나서 교황청 안에서의 예수회의 입장은 전과는 아주 다른 모습으로 바뀌게 된다.

1896년에 M. F. Cusack이 쓴 글에 예수회와 교황의 관계가 잘 표현되어 있다.

> The power of the General shall be so unlimited that should he deem it necessary for the honour of God, he shall even be able to send back, or other directions, those who have come direct from the Popes. Thus, by the rules of the Order which have been approved by many Popes, the Popes actually placed themselves under the feet of the Jesuits. (58)

General(예수회의 수장)의 권한은 무한하기 때문에, 하나님의 영광을 위해서 필요하다고 생각이 되는 경우, 교황의 지시를 받고 보내심을 받은 사람을 그냥 돌려보내거나 다른 지시를 내릴 수도 있습니다. 따라서, 많은 교황들이 승인한 예수회의 규칙에 따라 교황들은 예수회의 발밑에 자신들을 두었습니다.

예수회가 복원된 후부터는 교황들이 오히려 예수회의 명령을 따르는 모양으로 상황이 바뀐 것에 대한 설명이다. 교황 Clement 14세 이후부터의 교황들은, 예수회를 좋아해서가 아니라 무서워서 그들의 뜻에 따라 주는 모양이었다는 내용이 많이 있다. 다음의 내용은 1854년에 Niccolini의 글 가운데, 예수회가 두려움의 대상이 된 모습을 표현해 주는 내용이다.

The Romans feared that he would meet with the fate of Ganganelli; and those fears were not only express in all writing and in all pieces of poetry, but when the Pope pass through the streets of Rome, The Trastevereini shouted out "Holy Father, beware of the Jesuit!" A very significant fact, which shows the opinion in which the fathers are held where they are best known. [59]

로마인들은 그가 Ganganelli(Clement 14세)와 같은 상황을 당할 것을 두려워하였습니다. 그래서 그러한 두려움은 많은 글과 시들을 통해서 표현되었을 뿐만 아니라, Trastevereini인들은 교황이 로마의 거리를 지날 때에, "거룩하신 아버지여, 예수회를 주의하십시오!" 하며 외쳤습니다. 이것은 아주 중요한 의미로, 교황들이 잘 아는 그곳에 갇혀 있다고 생각하는 의견을 보여 주는 중요한 사실입니다.

이제부터는 교황청의 생각과 예수회의 생각이 나누어지는 것이 아니라, 예수회의 생각대로 교황들이 따라오는 상황이 만들어진 것이다. 이제는, 예수회가 자신들의 원하는 바를 교황청을 사용하여서 이룰 수 있게 되었다.

제일 먼저 이들은 종교 재판을 복원하면서, 그들이 예수회 억압 전에 진행하던 모든 사역들을 다시 활발하게 진행을 한다. 그런데, 전에 하던 일을 복원하는 것 외에, 예수회 복원 이후 두드러지게 시행하는 새로운 일이 있었다. 그것은, 교황의 권위를 높이 세우는 일들을 적극적으로 하는 것이었다.

It is current belief that the Pope, the head of the Roman church, who stands as the Vicar of God, and is invested with his attributes of infallibility, is not only supreme in matters of faith, but has also a temporal power, that can not only control Governments, but, in fitting exigencies, may absolve his disciples from their allegiance. (60)

이것은 최근의 신조로 로마 교회의 수장인 교황은 하나님의 대리자로서 무오성이라는 속성을 부여받았으며, 신앙의 문제에 있어서 최고권을 가지는 것뿐만 아니라, 세속적 권력도 가지고 있으며, 정부를 통제할 수 있을 뿐 아니라, 적절한 긴급 상황에서 그의 제자들은 그들이 충성해야 하는 책임들에 대해서 책임을 면제할 수도 있다는 것입니다.

이 글은 1855년 내용인데, 확실한 것은 교황의 권력을 더 높이 세우는 것이며, 영적 권력만이 아닌, 정치적 즉 세속적 권력까지도 정부들의 권력 위로 세우는 내용이다. 나라에 충성을 하여야 하는 책임들을 교황이 무마할 수도 있다는 내용도 설명한다.

De Maistre expressed still more clearly the dawning apotheosis of the Papacy. To him the Papacy was the one essential thing in religion, the only help against "the constitutional fever." The Pope was to be an umpire who should put an end to all strife; he was to be in above princes and people alike, and infallibility was to be in the spiritual world the same thing as the sovereignty in the temporal world. (61)

시작되고 있는 교황의 신격화에 대해서 De Maistre는 더욱 분명하게 표현하였습니다. 그에게는 교황권은 종교에 있어서 필수적인 것이었으며, "헌법에 대한 열광"에 맞서기 위해서는 유일하게 도움이 되는 것이었습니다. 교황은 어떠한 투쟁에서도 결론을 내어주는 판정자여야 하고, 그는 군주들과 백성들 모두에게 그들 위에 있는 자여야 하며, 무오성은 영적인 세계에서뿐만 아니라 세속적 세계에서도 주권자여야 한다는 것입니다.

De Maistre는 1821년까지 살았던 당시에 이탈리아 철학자이기 때문에, 이 내용으로 보면, 예수회 복원 바로 이후부터 교황의 신격화가 진행되었다는 것을 알 수 있다. 교황을 영적인 부분만이 아니라 세속적 권력 부분에 있어서도 가장 높은 자리로 올리고자 하는 노력을 표현하고 있다. 여기에서 설명하는 것은, 당시에 미국과 같이 헌법을 세워서 통치를 하는 법치국가에 대한 백성들의 갈망에 맞서기 위한 방법으로 교황의 권력을 더 높게 세워서, 영적인 부분만이 아니라 세속적 권력의 부분에 있어서도 모든 군주들이나 백성들 위로 놓고자 한다는 설명이다.

그리고 다음의 글들을 통해서 예수회가 교황의 신격화를 위해서 얼마나 노력하였는지를 알 수 있다.

To arrive at the summit, not merely of spiritual power, but of political and worldly authority, through spiritual pretentions, this is and ever has been, the object kept in view. To attain this end, they been all their energies and use every means that promises to secure any degree of success and additional influence to their Society. [62]

항상 염두해 두어야 할 사실이, 영적인 권력뿐만 아니라 정치적, 세속적 권력의 정상에 도달하기 위해서, 영적인 기만을 사용하여 왔다는 것입니다. 결국 이 목적을 달성하기 위해서, 조금이라도 성공할 수 있거나 예수회가 영향력을 더 가질 수 있을 모든 방법들을 동원하여서 모든 에너지를 쏟았습니다.

the power of the Curia, temporal and spiritual, under the direction of the Jesuits, is well known. Now that the latter have acquired the supreme influence in the Roman Curia itself, the two may be considered for all practical purposes as one, since Ultramontanism is but another name for Jesuitism. [63]

세속적 권력과 영적인 권력을 가지고 있는 교황청이 예수회의 지휘하에 있다는 것은 잘 알려진 사실입니다. 지금 후자가 로마 교황청 자체에서 최고의 영향력을 얻었으므로, 두 가지 권력은 다 실제적인 목적들을 위해서는 하나라고 간주될 수 있습니다. 왜냐하면, Ultramontanism은 예수회 사상의 또 다른 이름일 뿐이기 때문입니다.

The design of the Curia and the Jesuits in the late pseudo-Ecumenical Council, assembled at Rome to proclaim the personal infallibility of the Pope, was but the logical consummation of their efforts continued through centuries. (64)

로마 교황청과 예수회의 디자인으로 모이게 되었던 지난 후기 에큐메니칼 공의회는 교황의 인격적 무오성을 선언하기 위한 것이었는데, 그것은 결국 그들이 수세기 동안 계속해 왔던 그들의 노력의 논리적 완결에 불가한 것이었습니다.

이 내용들은 당시에 저명한 프랑스의 법학자로 알려진 Louis-René de Caradeuc de La Chalotais의 글이다. 우리가 알 수 있는 것은, 교황의 신격화를 위해서 얼마나 예수회가 많은 노력을 했는가이다. 앞에서 'Ultramontanism'이라는 단어를 사용하였는데, 그것은, 성직자 정치 개념이다. 예수회 복원 이후 교황의 신격화를 위해서 대대적인 노력을 하면서 사용하기 시작한 단어들이, Ultramontane(성직자 정치 개념), Papal Supremacy(교황의 최고권), Temporal power of the Holy See(교황권의 정치적 권력), Papal Infallibility(교황의 무오성)인데 모두 교황을 신격화하기 위해서 새로운 개념을 세워 간 그들의 노력들로 볼 수 있다.

The Jesuits are the grand supporters of the Pope's infallibility and supremacy. Villers says that "the Jesuits of Clermont declared before all Paris, that the Pope was as infallible as Jesuit Christ himself! And employed all their knowledge and talents to inculcate that doctrine and make it an article of faith."(65)

예수회는 교황의 무오성과 교황의 최고권을 강력히 옹호하는 자들이다. Villers가 이야기하기를 "Clermont의 예수회는 교황이 예수 그리스도만큼이나 무오하다고 모든 파리인 앞에서 선언하였습니다. 그리고 모든 지식과 재능을 동원하여서 그 교리를 가르치고 또한 그것을 신앙의 기사로 삼았습니다."

이 내용은 1856년 당시 기독교 간행물의 내용인데, 예수회가 교황을 예수님의 수준까지 높이고자 하는 도저히 이해할 수 없는 그들의 행동에 대한 내용이다.

예수회가 왜 이렇게까지 교황의 권위를 세우려고 하는지 너무나도 의아하다. 왜냐하면 이들은 교황에 의해서 1773년에 억압당하였던 자들이다. 40년 이상 교황의 명령에 의해서 억압당해 있다가 복원되었는데, 복원되고 나서 오히려 자신들을 핍박하였던 세력인 교황을 신격화하려는 엄청난 노력을 한다. 너무 아이러니하여서 이해하기 힘든 부분이다. 이렇게 이해하기 힘든 상황에 대해서 그 당시에도 의문을 가졌던 것에 대한 내용들이 있다.

> The question still remains, why Jesuits should be so eager to establish the infallibility of the power which they have felt in time past to press so disastrously on their Order. The answer seems to be, that the only thing they crave after is dominion for themselves; and they see their way to it more easily through an absolute spiritual sovereignty than through a limited one; they can manage one man more easily than a multitude of independent and troublesome relates. (66)

예수회가 자신들의 단체를 그토록 비참하게 핍박했다고 생각하고 있던 권력에게 왜 그렇게도 열심히 무오성을 확립하도록 하기 위해 노력 했는지에 대한 의문은 아직도 남아 있습니다. 그것에

대한 답은 아마도, 그들이 갈망하는 유일한 것은 그들 자신들에
의한 지배이며, 그것을 하기 위해서는 제한된 주권보다는 절대적
인 영적 주권자가 더 낫고, 또한 다수의 독립적인 문제가 많은 군
중을 관리하는 것보다 한 사람을 관리하는 것이 더 쉽다고 생각
하였던 것 같습니다.

그런데 그 당시에는 도저히 이해할 수 없었던 것이 당연하다. 왜냐
하면 이제서야 그들의 그러한 행동은 성경 말씀의 성취라는 것을 알
수 있기 때문이다. 이 부분에 대해서는 앞에 2장에서 요한계시록 13장
을 살펴보며 나눴다. 14절에 예수회가 자신들이 아닌, 먼저 있었던 짐
승을 위해서 우상을 만들도록 명하는 내용이다. 또한 이 내용이 5장에
서 예기한 적그리스도의 전략 #7으로, 자신은 나타나지 않도록 하고
첫 짐승을 높이고 세우도록 하는 그들의 전략이기도 하다. 또한, 그 당
시 상상도 못 했겠지만, 지금 우리는 눈으로 확인하게 된 역사적 사실
이 있다. 그것은 바로 예수회가 그렇게 신격화해서 높여 놓은 교황의
자리를 결국 자신들이 차지하게 된 것이다. 2013년에 예수회 회원이
교황이 되면서 요한계시록 13장 12절에 "저가 먼저 나온 짐승의 모든
권세를 그 앞에서 행하고"라는 말씀이 온전히 이루어지게 되었다.

이들이 그렇게도 교황의 신격화를 위해서 노력하였는데, 우리는 정
작 교황의 신격화가 얼마나 많은 영향력을 우리의 삶에 끼칠 수 있을

지에 대해 많은 관심을 가지지 않는다. 그러나, 그 당시 사람들의 삶에는 너무나도 중요한 사항이었다.

Papal Infallibility has been defined, are these: The two powers, the temporal and spiritual, are in the hands of the Church, i.e. the Pope, who permits the former to be administered by kings and others, but only under his guidance and during his good pleasure. It belongs to the spiritual power, according to the Divine commission and plenary jurisdiction bestowed on Peter, to appoint, and if cause arises, to judge the temporal; and whoever opposes its regulations rebels against the ordinance of God.

In a word, the absolute dominion of the Church over the State will next year come into force as a principle of the Catholic faith, and become a factor to be reckoned with by every Commonwealth or State that has Catholic inhabitants; and by "Church" in this system must always be understood the Pope and the bishops who act under the absolute control of the Pope. From the moment therefore when Papal Infallibility is proclaimed by the Council, the relations of all Governments to the Church are fundamentally changed. The Roman See is

brought into the same position towards other States which it
now occupies towards Italy in regard to the provinces formerly
belonging to the States of the Church. (67)

교황의 무오성은 다음과 같이 정의됩니다. 세속적 권력과 영적
권력이라는 두 가지 권한이 교회, 즉 교황의 손에 있는데, 그는 왕
이나 다른 사람들에게 허용은 하지만 단지 그의 인도 가운데, 그
리고 그가 좋게 여기는 데까지라는 것입니다. 베드로에게 부여
된 신성한 임무와 전체 관할권에 의해서, 상황에 따라 세속적 재
판을 하도록 임명을 하는데, 그 규정을 어기는 자는 하나님의 명
령을 거역하는 것입니다. 한마디로, 국가에 대한 교회의 절대적
인 지배가 내년부터 카톨릭 신앙의 원칙이 되어 효력을 발휘하게
될 것이며, 카톨릭 주민이 있는 모든 연방이나 국가들은 염두하
여야 하는 요소가 되는 것입니다. 그리고 이 체계에서 "교회"라는
것은, 항상 교황과 교황의 절대적 통제하에 활동을 하는 주교라
는 것을 알아야 합니다. 그렇기 때문에, 공의회가 교황의 무오성
을 선포하는 순간부터 교회에 대한 모든 정부의 관계는 근본적으
로 달라집니다. 로마 교황청은, 이전에 교회에 속해 있었던 국가
들이 지금 이탈리아를 점유하고 있는 모습과 동일한 입장이 되는
것입니다.

이 글은 교황의 무오성이 선포되기 1년 전에 공의회가 진행되고 있을 당시 로마에서 공의회 내용을 설명하는 편지 내용이다. 두 번째 책에서 교황의 무오성에 대해서 다루었을 때, 인간을 실수도 없고 죄가 없는 것으로 선포한 모양이 너무나도 터무니없고 말이 안 된다고 생각하였지만, 그러한 높아진 권력으로 인해서 사람들에게 어떤 영향이 미치게 될지는 생각해 보지 못했다. 그런데, 앞에서 설명하는 내용처럼, 교황의 권한이 이 세상의 모든 왕들 위로 서게 되고, 세속 권력과 영적 권력을 다 가지는 것이기 때문에, 이 권한이 실행될 때에 교황의 뜻과 다른 뜻을 가진 사람들은 하나님의 명령을 어긴 것이 되고 처벌받게 된다는 것이다. 당시 무오성이 인정되기 전에도, 교황의 뜻과 다른 뜻을 가진 수천만 명의 사람들이 종교 재판이라는 명목으로 비참하게 처형이 되었는데, 그러한 상황보다 훨씬 더 무서운 상황으로 바뀌게 된다는 것이다.

이들은 공의회에서 인정되어 선포된 교리에 대해서는 성경과 같은 권위로 인정을 하고 따른다는 것을, 두 번째 책 11장과 12장에서 다뤘다. 그렇기 때문에 공의회에서 인정을 받게 되는 것은 아주 큰 의미가 있다. 그리고, 예수회는 투표를 통해서 인정받아야 하는 공의회 과정들에 대해서 철저하고 완벽하게 준비하고 진행하였다.

For several years past the Court of Rome, with the aid of its indefatigable allies the Jesuits, has been preparing the way for securing beforehand the votes of the Bishops on Papal Infallibility. (68)

지난 몇 년 동안 로마의 법정은 지칠 줄 모르는 협력자 예수회의 도움을 받아서 교황의 무오성에 대한 주교들의 표를 사전에 확보할 수 있는 방법을 마련해 왔습니다.

Their calculations had a good prospect of success, for Pius IX. is completely in the hands of the Jesuits, especially of Father Piccirillo, the chief person on the Civilta staff who will act as spiritus rector of the Council. (69)

그들의 계산으로 성공을 할 가능성이 컸었던 것은, 교황 Pius 9세가 완전히 예수회의 손안에 있었고, 특히 공의회의 영적 총장을 맡게 될 사람이, Civilta 참모부의 수석 인물로 Piccirillo 신부에게 맡겨져 있었기 때문입니다.

치밀함으로 오랜 시간 준비를 해 온 교황의 신격화의 노력은 결국 성공을 거둔다.

The triumph achieved by the Jesuits in the Vatican Council
of 1870, by the passage of the decree of papal infallibility,
inspired the most excessive enthusiasm among the ecclesiastical
defenders of the temporal power. (70)

1870년 바티칸 공의회에서 예수회가 이룬 승리는 교황의 무오성
선언이 통과되게 되어서, 세속 권력을 옹호하는 교회의 지지자들
사이에서 굉장히 막대한 열광을 불러일으켰습니다.

교황의 무오성이 공식화되기 전에도 교황의 권력에 불순종하면서라
도 믿음을 지키는 것이 그렇게도 힘들었는데, 이제는 공식적으로 교황
은 어떤 실수도 없다고 하면서 세상 모든 권력 위로 교황을 높여 놓았
다. 무오성이 인정되기 전에도 많은 나라들에 정치적으로 끼치는 영향
이 너무나도 컸는데, 이제는 아예 어떤 실수도 하지 않는 자로 인정되
면서 세속 권세, 영적 권세를 다 갖는 상황이 되어 버렸다. 이것은 예
수회가 성취한 엄청난 일이었고, 결국 요한계시록 13장 14절에 짐승을
위해서 우상을 만든다는 말씀이 이루어진 것이다.

그때 당시는 종교 재판이 이루어지고 있었을 때였고, 종교 재판을
통해서 사람들을 처형하고 있었을 당시였다. 첫 번째 책에서 나누었
던, 그때 당시에 기독교인들이 로마 교회에 의해서 받는 핍박으로 울

부짖으며 하나님께 한 그 기도를 기억한다. 공의회 당시에도 그러한 엄청난 핍박이 계속되고 있었던 때였다. 그런 때에, 교황이 무오하다는 것이 공의회에서 인정되었기 때문에, 이 세상에서 어떠한 것도 교황의 말로 인해서 다 복종시킬 수 있는 상황이 되었다. 그때까지의 상황과는 비교도 할 수 없고 상상할 수 없는 다른 수준의 억압이 시작될 수 있는 상황이 되었다는 것이다.

그런데, 이러한 위험한 상황 가운데에 뜻밖의 일이 발생한다.

1870년 7월 18일에 Vatican Council에서 교황의 무오성이 인정된다.
1870년 7월 19일에 Franco-Prussia 전쟁이 일어난다.
1870년 9월 20일에 로마 교황령이 점령당한다.

이 날짜들을 살펴보면, 로마 교황령이 이탈리아의 독립군들에 의해서 점령당하게 된 것은 1870년 9월 20일이다. 이탈리아의 통일 과정의 마지막으로 교황 Pius 9세가 통치하는 교황령을 이탈리아의 군대가 점령하여서 교황령의 최종 패배와 이탈리아의 통일을 이루는 아주 역사적인 사건이 이때 일어난다. 두 달 전쯤 Franco-Prussia 전쟁이 일어나는데, 그 전쟁으로 인해서 교황령을 항상 군사력으로 보호하고 지켜주던 프랑스 군대가 갑자기 전쟁에 투입되게 된다. 그 전쟁이 프랑스에 힘든 전쟁이 되면서 로마 교황령은 군사적 도움을 못 받는 상태가 되며 결국 점령당하게 된다. 교황의 무오성이 인정되어서 교황의 권력으로 더 많은 사람들을 억압할 수 있게 되었을 바로 그때에, 교황청이 교황령을 다스리던 세속권력을 잃게 된 것이었다. (71)

이런 상황은 교황청에서 전혀 예측하지 못한 상황이었다. (72) 당시 2억 명의 카톨릭 신도들이 교황을 위해 싸워 줄 것이라고 생각해서 그런 상황을 예측하지 못했다.

신실한 기독교 신자였던 이탈리아 백성들이 자신의 정권을 그렇게 빼앗을 것이라는 생각하지 않았기에 그런 상황을 예측하지 못했다. 또한, 그동안 수많은 상황 가운데에서도 교황의 정권을 계속해서 유지할 수 있도록 교황청을 보호하고 있었던 프랑스의 군사력 지원이 항상 있었기 때문에, 이런 상황을 예측하지 못했다.

이 일로 인해서 동로마 역사가 끝나는 610년부터 통치해 오던 교황령의 1260년 동안의 통치 기간이 끝나게 되고, 그때까지 자신들에게 순종하지 않는 자들을 처형하였던 종교 재판의 역사도 이때 끝이 나게 된다.

결국 하나님의 주권이었다.

12

제1차 세계 대전 1914년-1915년

교황의 무오성이 공의회에서 인정되고, 그의 높아지고 커진 권력을 사용하기도 전에 로마가 함락하면서, 로마 교회가 그때까지 가지고 있던 세속 권력을 행사할 수 있는 발판이 없어지게 되는 역사에 대해서 지난 장에서 나누었다. 그러면서 역사를 주관하시는 크신 하나님의 섭리를 깨달을 수 있었다.

그런데, 1260년 동안 통치해 왔던 통치권을 로마의 점령으로 인해서 빼앗기게 되었다고 해서, 교황의 무오성에 대한 선포가 무효가 된 것은 아니다. 이들은 공의회를 통해서 역사적으로 인정된 것을 성경의 권위와 같은 권위로 인정을 한다. 그러므로, 교황을 신격화하고자 하던 목적이 이루어졌고, 그것이 공의회에서 인정되었다는 사실은, 교황을 세속 권력 위로 놓고 모든 나라와 사람들을 지배하고자 하는 기반을 마련하였다는 것이다.

그런데, 이 과정에서 궁금한 것이 있었다. 당시 이탈리아 사람들은 대부분 카톨릭 신자들이었는데, 어떻게 해서 로마 함락 과정에서 교황이 "바티칸의 포로"라고 선포할 만큼, 교황에게 가혹한 일을 할 수 있었을까 하는 것이었다. 그러한 궁금증을 풀어 주는 글들이 있었다.

> The conflict was between the papacy and the Roman Catholic people of Italy — not between them and the Church. They had no fault to find with the Church, but desired only to separate the Church from the State by transferring the crown of temporal sovereignty to a king who would wear it under the restraints of a written constitution, and not leave it on the head of the pope, which claimed that it conferred absolute authority upon him by virtue of the divine law. They accepted in good faith all the teachings of the Church; but rejected the doctrine of papacy and the Jesuits that it was a necessary part of the faith that the pope should be an absolute king over them and their children forever. (73)

갈등은 교황과 이탈리아 가톨릭 사람들과 있었던 것이지, 그들과 교회와 갈등이 있었던 것이 아니었습니다. 그들이 교회의 잘못을 찾게 되었던 것이 아니고, 단지 그들이 바랐던 것은, 국가와 교회를 분리하기 바랐었던 것이며, 세속 주권의 권한을 헌법에 제한 하에 주권을 갖게 되는 왕에게 양도하기 바랐던 것이며, 그러한 권한이 신성한 법에 의해 절대적인 권위를 부여받았다고 주장하 는 교황의 머리에 남아 있지 않기를 원하였던 것입니다. 그들은 교회의 모든 가르침을 선한 믿음으로 받아들였습니다. 그러나 교 황이 그들과 그들의 자녀들의 절대적인 왕이어야 한다는 것이 신 앙의 필수적인 부분이라고 하는 교황권과 예수회의 교리를 거부 했던 것입니다.

He made it impossible to take a single step towards conciliation, or to carry on even an amicable discussion with the king. He manifestly felt as if no human power had the right to demand or to expect conciliation or discussion from an infallible pope. (74)

그는(Pius 9세) 타협을 위해서 단 한 발짝도 내딛지 않았으며 왕 과 어떠한 우호적인 대화도 하지 않았습니다. 그는 어떠한 인간 의 권력이 무오한 교황에게 화해나 토론을 요구하거나 기대할 권 리가 없는 것으로 분명히 느끼도록 하였습니다.

He insisted that the pope cannot exist in Rome except as "a sovereign or a prisoner"(75)

그는(Pius 9세) 교황이 로마에 군주 아니면 죄수 외에 어떤 다른
모습으로 존재할 수 없음을 주장했습니다.

이 내용은, 저명한 미국 정치인 R. W. Thompson이 로마의 함락 얼
마 후인 1894년에 쓴 내용이다. 이 글들을 통해서 알 수 있는 것은, 많
은 이탈리아인들이 카톨릭 신자였음에도 불구하고 로마의 함락을 이
루어 낸 동기는, 그들이 카톨릭 교회와 교리를 거부한 것이 아니라, 교
황이 영적인 권력과 세속적인 권력 모두를 갖게 되면서 자신들과 자신
들의 자녀를 억압하게 되는 것을 거부한 것이었다. 그들이 단지 원한
것은, 세속적 권력은 헌법에 제재를 받는 체계로 교황이 일임하여 주
는 것이었다. 그들은 그러한 자신들의 바람이 교황에게 전달되기를 바
랐지만, 교황은 주권자로 남지 않는 한, 자신은 포로일 수밖에 없다고
선포한 것이다. 그래서 로마 함락 이후 교황 Pius 9세가 포로가 된 것
이 아니었고, 자신이 바티칸의 포로라고 선포한 것이었다. 이탈리아인
들은 교황을 영적 지도자로 인정하되 세상적 권력의 군주로 인정하지
않고자 하였던 것인데, 결국 교황이 선포한 내용은, 권력을 빼앗긴 자
는 될 수 있어도 권력을 내려놓는 자가 되지는 않겠다는 것이었다. 그
러므로, 교황에게 있어서 세속 권력은 절대로 내려놓을 수 없는, 꼭 가
져야 하는 그런 것이었다.

1870년에 기적적으로 하나님 주권하에 그들의 정권이 빼앗기에 되

었지만, 이들은 자신들이 바라는 바를 어떠한 방법을 써서라도 이루고자 하는 자들이다. 그들의 1870년 이후의 행적들을 볼 때, 빼앗겼던 세상 권력을 여러 모양으로 다시 찾아가면서 전 세계에 자신들의 정치적 영향력을 펼쳐 가는 모습을 살펴볼 수 있다. 영적인 지도자로서의 모습뿐 아니라, 전 세계를 정치 경제 사회의 모든 분야에 걸쳐서 지배하려는 모습이 나타난다. 요한계시록에서 설명된, 전 세계 사람들에게 매매까지도 금하게 할 수 있는 그런 세상의 통치권을 갖기 위한 노력이다.

그러한 그들의 움직임이 많은 나라들에 세워진 카톨릭 정치 정당들에서 발견되었다.

In recent years the position of the Catholic Church in Germany has been growing more and more favourable; the Cenre Party, whose first care is the protection of Catholic interests, is exceptionally strong; by its influence many concessions have been wrung from the authorities; many members of the ruling houses are Catholics. (76)

최근 몇 년 동안 독일에서 가톨릭 교회의 위치는 점점 우호적으로 되어 가고 있습니다. 카톨릭의 이익을 보호하는 것을 가장 우선시하는 Centre Party(중앙당)는 아주 특별히 강한 당이며, 그 당의 영향으로 인해서 당국으로부터 많은 협상들이 취소가 되었습니다. 지배층의 많은 멤버들은 카톨릭입니다.

Of the various social groups and economic subcultures which had joined the Christian Social coalition by 1890-1893, the radical Catholic lower clergy and the small group of Catholic social ideologists centered around Baron Karl von Vogelsang, the editor of the Vaterland, were of considerable significance. [77]

1890-1893년까지 Christian Social Coalition에 가입한 다양한 사회적 그룹과 경제적 분파 중에서 Vaterland의 편집자인 Karl von Vogelsang 남작을 중심으로 한 카톨릭 근본주의자 하급 성직자들과 소규모의 카톨릭 사회 이데올로기 집단의 영향력이 상당한 것으로 인정되었습니다.

A New idea has manifested itself about our horizon in this country within the past year, that of Catholic political organization for party purposes. [78]

지난 한 해 동안 이 나라에서 우리의 시야에 명백히 드러난 새로운 아이디어는, 정당의 목적을 위한 카톨릭 정치 조직들입니다.

The Roman Catholic political party in America has arrived.
This political party, functioning under the title of the National
Catholic Welfare Council, in its pronouncement does not
hesitate to indicate that its organization is for the direct purpose
of influencing and controlling legislation and the political affairs
of the country. (79)

미국에 로마 가톨릭 정당이 생겼습니다. 국립 가톨릭 복지 위원
회(National Catholic Welfare Council)라는 이름으로 활동하는 이
정당은 국가의 입법 및 정치 문제에 영향을 미치고 통제하는 것
이 그들의 단체의 직접적인 목적임을 자신들의 선언문에 대담하
게 나타냈습니다.

이 내용들은 당시에 간행물들 가운데 많은 카톨릭 정당이 생기는 시
대적인 변화를 설명하는 글들이다. 그러면서 특이하다고 생각이 드는
부분이 있었다. 이 정당들의 이데올로기가 대부분 반유대주의라는 것
이었다. 한 나라에 국한되는 것이 아니라, 여러 나라들의 가톨릭 정당
들 가운데에서 전체적으로 이러한 이념적 경향이 나타나는 것이 너무
의아하다는 생각을 하지 않을 수 없었다. (80) 그래서, 반유대주의에 대

한 당시의 상황을 알아보았다.

1898년 당대 가장 유명한 프랑스 작가 Emile Zola의 인터뷰가 Literary Digest에 실린 내용이며 당시 상황을 잘 설명해 준다.

The Jews have been made to represent, in the eyes of the ignorant, the Have-Alls, the Capitalists, against whom the demagogs have always directed the furies of the proletariat. Instead of crying as they used to cry ten years ago, 'Down with the capitalists,' the people are now taught to cry, 'Down with the Jews,' the leaders of the antisemitic campaign acting largely in the interest of Catholic party, having induced them into the belief that all capitalists are Jews, that it is the Jewish money which employs all the labor of France, that the whole nation is a vassal to the purse of the Rothschilds, and such-like absurdities. Absurdities, Absurdities, yes, which however, the people have come to believe … I have been surprised to discover that what an extent it has spread … The antisemitism which is preached today is infamous. It worse that infamous, it is stupid. It makes me ashamed of my countrymen, that anyone should pay even passing attention to such a cy. But I believe in French common

sense. I believe that the trick will soon be seen through, that the
mask will be stripped off this hypocrisy, and that the Socialists
themselves will be the first to discard it. (81)

유대인들이 무지한 자들의 눈에, 모든 것들을 가진 자들, 자본가
들로 보이도록 선동하는 자들에 의해서 조정되어서 평민들의 분
노를 일으키도록 하였습니다. 10년 전에는 "자본자들을 타도하
자"라고 외쳤었는데 이제는, 카톨릭 정당의 이익을 위해서 행동
하는 반유대주의운동의 지도자들에 의해서 "유대인들을 타도하
자"라고 외치도록 배우게 되었습니다. … 그래서 그들에게 모든
자본가는 유대인들이며, 또한 프랑스의 모든 노동력이 유대인들
의 돈을 위해서 사용되고 있으며, 온 국민이 로스차일드의 하수
인이라는, 말도 안 되는 것들을 믿게 만들었습니다. … 네, 말도
안 되는 것이 맞습니다. 그러나 사람들은 그것을 믿게 되었습니
다. 그러한 사실이 어느 정도까지 퍼졌는지에 대해서 알게 되었
을 때 나는 놀랐습니다. … 오늘날 전파되고 있는 반유대주의는
사악한 것입니다. 그것은 사악한 것보다도 더 나쁜 것입니다. 그
것은 어리석은 것입니다. 그러한 외침에 잠시라도 귀를 기울이고
자 하는 내 동포들을 부끄럽게 생각하게 만듭니다. 그러나 나는
프랑스인의 상식을 믿습니다. 나는 그러한 속임수는 곧 밝혀질
것이며, 이러한 위선의 가면은 곧 벗겨질 것이며, 사회주의자들

이 먼저 그것을 취하는 자들이 될 것이라고 믿습니다.

당시의 글을 통해서 알 수 있는 것은, 전에는 볼 수 없었던 새로운 움직임이 카톨릭 정당의 이익을 위해서 일을 하는 반유대주의 운동의 지도자들에 의해서 생기고 있다는 사실이다. 이 글이 쓰여진 때가 1898년이었다. 그러한 움직임이 1800년대 후반부터 시작이 되었다는 것을 알 수 있다. 이것은 유대인들을 희생양으로 만들어서 모든 불만을 그들에게 노출하도록 유도하고 있는 모습에 대한 설명이다. 가톨릭 교회가 정권을 갖게 되는 것을 사람들이 절대로 원치 않아서 정권을 잃게 되었는데, 그러한 상황 가운데에서 로마 교회는 사람들의 불만을 유대인들에게 향하도록 하였던 것이다. 사람들의 혐오 대상을 바꾸고 나니까, 가톨릭 정당들이 사람들에게 사회를 위해서 외쳐야 한다는 목적의식을 줄 수 있는 발판이 마련된 것이었다. 거의 모든 가톨릭 정당들마다 이데올로기가 반유대주의인 것이 너무나도 의아하다는 생각을 하였는데, 그들의 분명한 목적이 보이기 시작했다.

이 내용 가운데 프랑스 작가 Emile Zola는 그러한 터무니없는 선동 내용에 사람들이 휩쓸리지 않고 결국은 반유대주의 사상이 잘못되었다는 것을 모든 사람들이 깨닫게 될 것이라고 하였는데, 역사적으로 볼 때, 그 이후로 반유대주의 사상은 점점 더 힘을 얻게 되었고, 19세기 말부터 시작된 가톨릭 정당들을 중심으로 한 반유대주의 사상은 계속해서 유럽에 지대한 영향을 끼치게 된 역사로 남게 되었다.

그런데, 유대인들을 혐오하는 반유대주의 사상이 전 세계에 영향을 끼쳤던 20세기 중반까지의 역사는 이해하기 힘든 부분이 많다. 아무리 선동을 하는 사람들에 의해서 유대인들의 경제력을 부각해서 부정적인 생각을 갖도록 하였다고 해도, 유대인들이 그 당시에 새로 생긴 민족도 아니고, 역사적으로 부각되는 계기가 있지도 않은 상황 가운데에서, 그때부터 갑자기 반유대주의 사상이 전과는 다르게 아주 강하게 전 세계를 뒤흔든 역사에 이해 안 되는 부분이 많이 있었다.

그런데, 이제는 그 당시 사람들의 반응에 대해서 이해가 간다. 그때의 상황을 이해하기 위해서는 19세기 말부터 알려지다가 1903년에 출판된 《시온 장로 의정서(The Protocols of the Elders of Zion)》에 대한 이해가 꼭 필요하다.

《시온 장로 의정서》는 1903년에 러시아아인 Sergei Nilus에 의해서 출판이 되어서 전 세계로 퍼지게 되었고 반유대적 부정적인 사상을 세계적으로 퍼트리는 데에 너무나 많은 영향을 끼친 글이다. 그 글이 퍼지고 있었던 당시의 글들을 통해서 《시온 장로 의정서》에 대해서 알아보자.

Now the contention of Nilus is that these protocols are the plans of a secret organization or government of Jewry for the return of this organization of government to Zion, and for the government of the whole world by a Jewish dispensation. This plan, Nilus asserts, is not of yesterday but has been developed through many ages. (82)

지금 Nilus가 주장하는 것은, 이 의정서의 내용은 유대인의 비밀 조직 또는 지배권의 계획들에 대한 것으로 이 정부 조직이 시온으로 돌아가도록 하는 유대인의 지배에 의한 세계 정부에 관한 것입니다. Nilus은 이 계획들이 어제의 것이 아니라 여러 시대에 걸쳐서 발전된 것이라고 주장합니다.

It suggests that there is some formidable secret organization, some terrible sect, controlled and directed by Jews for the destruction of our present social order. It suggests also that these Jews are not orthodox Jews, but Jews who have freed themselves from the faith of their ancestors. And it suggests further that the design of these people is not merely anarchy but to create a world domination in which these infidel Jews are masters, and in which the Christian people are, if not their slaves, at least their inferiors. (83)

그것은 우리의 현재 사회 질서를 파괴하기 위해서 유대인들에 의해서 조종되고 통제되는 강력한 비밀 조직, 극악한 종파가 있다고 설명합니다. 또한 이 유대인들은 정통 유대인들이 아니라 조상의 믿음에서 벗어난 유대인들임을 알려 줍니다. 그리고, 그것은 더 나아가서 이들의 계획은 단지 무정부를 만들려고 하는 것이 아니라 세계 지배 체재를 만들려고 하는데, 그것은 이 믿음 없는 유대인들이 지도자들이 되고, 기독교인들은 그들의 노예는 아닐지라도 최소한 그들보다 열등한 자가 된다는 것입니다.

이 글들은 1920년도 〈London's Morning Post〉에 실린 내용이다. 《시온 장로 의정서》의 내용이 전 세계에서 유대인들에 대한 반감을 불러일으키게 된 것은, 유대인들이 비밀리에 역사하고 있으며 이들의 목표는 전 세계를 통치하는 것인데, 그것이 결국 유대인들을 통해서 된다고 설명하기 때문이다. 시온의 장로들에게 어떻게 세계를 점령하고 통치하여야 하는지에 대해 자세히 설명하면서, 앞으로 유대인들을 통해서 세계를 지배하는 정부를 세우기 위해 행해질 일들에 대한 구상을 포함하고 있기 때문에, 그러한 음모에 대한 반감을 사람들이 갖게 되는 것이었다. 앞의 글에서 설명된 것처럼, 비밀리에 그러한 일을 해 왔던 것이 오랜 시간 동안 계획된 것이라고 하며, 결국 세상 모든 사람들이 유대인에게 지배당하게 될 것이라는 상황을 자세하게 설명하기 때문에, 이 글을 읽는 유대인들이 아닌 모든 사람들이 분개하도록 하는 상황이 되었던 것이다.

Lately there has been published both in America and England a translation of a work entitled "The Protocols of the Elders of Zion." It is difficult to say whether or not it is a genuine document. I am quite sure that, if it had been published in these countries ten years ago, it would have been received with incredulity and perhaps, contempt. But today, after our experience of the War, the Peace Conference, and the doings of the Jews in Russia, it has received everywhere a great deal of earnest study and consideration. Many of its prophecies are being fulfilled before our eyes and, because of this, we are justified in giving to it a greater credence than could have been possible ten years ago. (84)

최근에 《시온 장로 의정서》라는 책의 번역판이 미국과 영국에서 출판되었습니다. 진짜 문서인지 아닌지는 단정짓기 어렵습니다. 나는 그것이 10년 전에 이 나라들에서 출판되었다고 하면, 그것을 믿지 않았을 것이며 아마도 경멸하였을 것이라고 확신합니다.

그러나 우리가 전쟁을 겪고, Peace Conference가 개최되고, 또한 유대인들이 러시아에서 한 일들을 경험하고 난 오늘날, 모든 곳에서는 이것이 엄청나게 열렬한 연구와 토론이 되고 있습니다. 그 예언들의 많은 부분들이 우리 눈앞에서 성취가 되고 있으며, 그렇기 때문에 우리는 10년 전보다는 훨씬 더 큰 신뢰를 하는 것이 당연하게 되었다고 생각합니다.

시온 장로들을 위한 글이라고 하며, 대상을 확실히 하는 그런 글이 출판이 되었을 때에, 그것이 유대인들이 비밀 조직을 통해서 전 세계를 지배하게 될 것이라는 허망한 글인 데다가, 또한 권위 있는 단체를 통해서 출판된 것도 아니고 개인의 글에 실려서 출판된 글이니만큼 얼마나 신뢰할 수 있는지 알 수 없는 글이었다. 그런데, 그토록 사람들의 관심과 신뢰를 받게 된 이유는, 《시온 장로 의정서》에 쓰여 있는, 자신들이 앞으로 세계 정부를 세우고 세계를 지배하기 위해서 진행할 일들을 선포해 놓은 내용이 써 있는 그대로 되어 가는 것을 확인하게 되었기 때문이다. 위에 글이 쓰여진 것이 1920년이기 때문에, 《시온 장로 의정서》가 퍼진 이후로 러시아 혁명을 겪고 제1차 세계 대전을 겪은 이후였던 것이다. 러시아 혁명을 지휘하는 자들 중에 유대인들이 많이 있었으며, 러시아의 혁명 가운데 프리메이슨과 일루미나티 비밀 조직들의 많은 역할이 있었는데, 그러한 조직들을 유대인들이 움직이고 있다고 생각하게 된 것이었다. 《시온 장로 의정서》에서 혁명과 전쟁으로 자신들의 힘을 키워 가는 것에 대한 설명들을, 그러한 일들을 겪게 되고 나니 더욱더 신뢰하게 되었다는 것을 설명하는 내용인 것이다. 더군다나 Peace Conference(평화 협정)에서는 유대인들에게 나라를 세워 줄 것에 대해 선포하였으며, 시온주의가 생기면서 유대인들의 나라를 세우는 일에 대해서 적극적인 옹호와 전개가 시작된다.

> A few months ago, as a result of the Peace Conference, Great Britain accepted a mandate for Palestine, and, true to her word, proceeded to carry out her promise to provide a home for Jews in that country. (85)

> 몇 달 전, 평화 회담(Peace Conference)의 결과에 따라 영국은 그들이 말한 대로 팔레스타인 위임에 대해 수락하였고, 유대인들을 위한 주거지를 그 나라에 제공을 하겠다고 한 약속을 이행하기 시작했습니다.

종교를 부각하던 유대인들이 정치와 민족주의를 부각하면서, 1918년에 파리에서 있었던 평화협정에서는 유대인들이 나라를 얻는 약정까지 받게 되는 상황이 되었을 때에, 사람들은 유대인들의 움직임에 대해서 《시온 장로 의정서》의 내용과 연관 짓지 않을 수가 없었고, 그러한 상황은 반유대주의 정서를 갖게 되는 상황을 만들었던 것이다.

아주 좋은 예로, 히틀러가 사람들에게 민족주의적 사상과 반유대주의적 사상을 심는 것이 너무 쉬웠다고 하는데, 그때에 히틀러가 인용한 것이 이《시온 장로 의정서》였다는 내용을 유대인 백과사전에서 찾을 수 있었다.

Anti-Semitic propaganda, which paved the way for Hitler in Germany, was also utilized by him for similar purposes in foreign politics. To Hermann Rauschning, he said: "Anti-Semitic propaganda in all countries is an almost indispensable medium for the extension of our political campaign. You will see how little time we shall need in order to upset the ideas and criteria of the whole world, simply and purely by attacking Judaism." (The Voice of Destruction, 2326) The Protocol of the Elders of Zion had long been employed in Hitler's anti-Jewish agitation. (86)

독일에서 히틀러의 길을 만들어 준 반유대주의 선전은 외교 정치에도 비슷한 목적으로 사용이 되었습니다. Hermann Rauschning에게 그는 다음과 같이 말을 했습니다. "반유대주의를 전 세계에서 선전하는 것은 우리 정치 캠페인의 확장에 없어서는 안 될 매체이다. 당신은 단지 온전히 유대주의만을 공격함으로 전 세계의 사상과 기준을 뒤엎고 화가 나도록 하는 데 얼마나 적은 시간이 걸리는지를 알게 될 것이다."(The Voice of Destruction, 2326).
《시온 장로 의정서》는 히틀러의 반유대주의 운동에 오랫동안 사용되어 왔습니다.

　반유대주의 정서가 퍼지기 시작할 때에 아무도 예상하지 못하였지만, 그러한 정서가 저절로 생겨난 것이 아니라, 그런 생각을 갖지 않을 수 없도록 맞추어진 상황들로 인해서 반유대주의 정서가 전 세계 사람들을 분노하도록 하는 동기로 부각되었던 것이었다.

　그런데, 여기에서 우리는 의심하지 않을 수가 없다. 유대인들이 일루미나티와 프리메이슨들을 사용하여서 세계를 지배하는 일을 모색해 왔다고 하는데, 우리가 정확하게 아는 사실은, 그러한 모색을 하였던 것은 예수회였다. 일루미나티를 세워서 활동할 때에, 자신들이 예수회인 것을 아무리 숨기려고 하여도, 결국 그들을 자세히 아는 사람들에 의해서 일루미나티는, "Masked Jesuit" 마스크를 쓴 예수회라고 하였던 것이 역사가 증명하는 사실이다. 프랑스 혁명이 일루미나티와 프리메이슨들을 통해서 일어나게 된 것은 현재에도 프리메이슨조차 자랑스럽게 인정하는 사실이다. 또한, 그들이 당시 쓴 글들 가운데에 예수회가 프리메이슨의 체계를 세우고 영적 신비주의 의식들을 넣었으며, 또한 단계들을 만들어서 순종 체제를 만들었다는 것은 그들이 직접 쓴 글들을 통해서 증명된 사실들이다. 프랑스 혁명은 1789년에 일어났으므로, 100년도 훨씬 전부터 계속되어 온 역사와 비밀 조직들의 행적 가운데에 한 번도 유대인에 대한 언급이 없었는데, 갑자기 예수회는 행적을 감추었고, 비밀 조직을 사용해서 전 세계를 지배하려고 하는 것이 유대인들의 계략이라고 하면서 반유대주의 정서를 만들어 버렸다.

유대인들이 갑자기 비밀 조직들을 지배를 하는 자들로 부각된 사실에 대해서 의심하는 글들이 그 당시에도 있었다.

But whilst the question of Jewish organization from the beginning of the World Revolution remains obscure, the workings of illuminized Freemasonry are clearly visible. It is strange that in the controversy that raged over Protocols so little attention has been paid to the fact that the so-called "Elders of Zion" were admittedly masons of the 33rd degree of the Grand Orient. Considered from this point of view, all their statements regarding the past history of the Revolution are substantiated by facts. For if by "we" is meant "illuminized Freemasons," then the assertion that "it is we who were the first to cry out to the people 'Liberty, Equality, and Fraternity'" is clearly accurate. ⋯ Whilst the influence of the Jews cannot be proved throughout the early history of the society. (87)

세계 혁명의 시작부터 유대인 조직에 대해서 가졌던 의문에 대해
서는 여전히 불확실하지만, 일루미나티 프리메이슨의 활동들은
아주 선명합니다. 정말 이상한 사실은 의정서에 대해서 그렇게
격노하는 논쟁을 하면서 소위 "시온 장로"가 Grand Orient에 33도
의 Masons이라는 사실에 대해서는 그다지 주위를 기울이지 않았
다는 것입니다. 이러한 관점에서 볼 때, 그들의 혁명의 역사에 관
한 모든 진실들은 사실에 의해서 입증이 됩니다. 왜냐하면 만약
"우리는"이라고 하는 것이 "일루미나티 프리메이슨"을 의미하는
것이면, "국민에게 자유 평등 박애를 외친 것은 바로 우리다"라고
한 주장은 정확한 것이기 때문입니다. … 그런데 그러한 단체의
지난 역사 가운데에서 유대인의 영향력에 대해서는 증명이 되지
않는다는 것입니다.

Now to anyone familiar with the language of Secret Societies
the ideas set forth in the Protocols are not new: on the contrary,
many passage have a strange ring of familiarity. To the present
writer the thought that recurred at every page was: "Where
have I read that before?" and by degrees the conviction grew:
"But this is simply Illuminism!" So striking, indeed, are certain

analogies not only between the code of Weishaupt and the Protocols, but between the Protocols and later Secret Societies, continuations of the Illuminati, that a continuity of idea throughout the movement becomes apparent. (88)

비밀 조직들의 표현에 익숙한 사람에게는 의정서에서 설명된 개념들이 새롭지가 않습니다. 오히려 반대로 많은 구절들이 이상할 만큼 친숙합니다. 이 저자에게 모든 페이지에서 되풀이되었던 생각이, "내가 전에 이것을 어디에서 읽었지?" 하는 것이었습니다. 그리고 점점 더 확실해졌습니다. "단지 이것은 단순한 일루미나티즘이다!" 정말 놀라운 것은, Weishaupt의 코드와 의정서와의 관계에서만이 아니라, 의정서와 이후에 비밀 집단과의 관계와, 또한 일루미나티의 계속되는 활동에서도, 조직활동 전반에 걸쳐 이어지는 개념의 연속성이 분명해졌습니다.

The only line of defense, namely, that this document was the work of illuminized Freemasonry, and not of a purely Jewish association, and the only conclusion that we can draw is either that the Protocols are genuine and what they pretend to be, or that these advocates put forward by the Jews have some interest in concealing the activities of Secret Societies in the past. (89)

유일한 방어선은, 다시 말해서, 이 문서는 일루미나티 프리메이슨의 작품이며 순전히 유대인 협회에 의한 것이 아니라는 것입니다. 그리고, 우리가 낼 수 있는 유일한 결론은 의정서가 그들이 주장하는 것처럼 사실이거나 아니면 이 지지자들이 과거의 비밀집단의 활동들을 숨겨야 하는 데에 관심이 있어서 유대인들을 내세우고 있다는 것입니다.

일루미나티와 프리메이슨의 활동 역사에 대해서는 세계 혁명의 역사 가운데에서 다 증명되지만, 그러한 역사 가운데에서 유대인들이 연관되어 있었던 사실은 어디서도 찾을 수가 없다는 말이다. 일루미나티와 프리메이슨들의 이전에 활약하였던 역사가 없었으면 몰라도, 그들의 지난 역사 가운데에서 한 번도 유대인들이 연결된 사실을 찾을 수가 없었는데, 갑자기 한 세기도 훨씬 지난 후에, 이러한 비밀 집단이 유대인에 의해서 운영된다고 하니, 너무나도 의아하다고 하는 내용이다. 《시온 장로 의정서》의 내용이 프리메이슨과 일루미나티가 전 세계를 지배하고자 하여서 세계 정부를 구상한다고 하는 그들의 활동과 다 맞추어지지만, 그러한 역사 가운데에서 유대인들의 활동은 없었다는 것을 주장하는 것이다. 그런데, 그 이유를 밝히지는 못한 것을 볼 수 있다. "과거의 비밀 집단의 활동들을 숨겨야 하는" 상황일 것이라는 예측을 하는 데에서 끝이 난다.

당시에는 지금처럼 인터넷의 발달로 세상의 모든 자료들을 볼 수 있는 상황이 아니었다. 또한 프리메이슨과 같은 비밀 단체들이 지금처럼 자신들을 드러내면서 그들의 행적들을 세상에 나타내고 있었던 때도 아니었다. 그렇기 때문에 당시에는 '누군가가 자신들의 비밀적인 활동을 숨기기 위해서 유대인들을 내세우고 있는 것 같다'는 합리적인 의심을 하는 수준에서 그칠 수밖에 없었던 것이다. 그런데, 하나님께서 우리에게 허락하신 지금의 시간에는 모든 것을 드러낼 수 있는 상황으로 만들어 주셨다.

19세기까지의 예수회에 대한 사람들의 인식은, 그들은 수단과 방법을 가리지 않고 자신들의 목적을 이루는 자들이며, 자신들의 목적을 위해서는 왕이나 교황들도 살해하는 자들이라는 것이었다. 교황 Clement 14세조차도 이들을 해체시키지 않으면 절대로 평화로울 수가 없다고 할 만큼 예수회에 대한 대중 인식은 부정적이었다. 예수회가 설립되고 나서부터 수백 년 동안 예수회의 만행은 계속해서 이어졌고, 그러한 그들의 행적으로 인해서 전 세계에 예수회를 향한 경멸, 불평, 비난이 끊이지 않았었다. 그렇게 모든 세상 사람들에게 부정적이게 인식되었던 예수회가 어느때부터인가 인식의 변화를 시도하고 그것을 이루어 갔다는 것은 아주 확실하다. 왜냐하면, 교황청에서조차도 이 세상의 평화를 깨트리는 자들이라고 하였던 예수회가 지금 교황의 자리를 차지하고 있는데도 그것을 환호할 만큼 대중의 반응이 달라졌기 때문이다. 그런 대중의 인식 변화가 이루어지도록 하기 위해서, 자신들이 받아야 할 비난을 자신들이 아닌 유대인들이 받도록 하는 계략을 통해서, 유대인들을 희생양으로 삼고 있었다는 것이었다. 이들의 행적이 변한 것이 아니었지만, 이들의 행적에 대한 비난을 대신 받을 수 있는 희생양을 만들어서 예수회가 한 행적들을 숨길 수 있었기 때문에 그들의 행적이 변한 것처럼 전 세계를 속일 수 있었다.

또한, 반유대주의를 퍼트리도록 하는 동시에, 그것에 반대되는 사상인 시온주의도 만들어서 퍼트렸다. 시온주의는 앞에서 설명이 된, 유대인들의 주거지를 팔레스타인에 세워야 한다는 사상이다.(90) 시온주의와 반유대주의 두 가지 사상을 다 퍼트린 것은, 이들이 적그리스도의 전략 #8를 사용한 것으로, 사람들을 참소자로 만드는 전략이다. 반유대주의의 사상을 가진 자들은, 민족주의적인 사상을 가지고 시온주의자들을 참소하면서 악마화했으며, 시온주의자들은 인도주의적 사상을 가지고 반유대주의자들을 참소하면서 악마화하였다. 악한 생각에 반대되는 생각은 다 선한 생각일 것이라는 무지함을 사용하여서 서로를 참소하도록 만든 것이었다. 결국 그렇게 서로를 참소하게 만들면서, 정작 이 모든 일들을 일으킨 적그리스도의 세력에 대해서는 참소하지 않게 되는 상황이 만들어졌다.

예수회는 자신들을 감추며 일을 하였지만, 로마 교회를 통해서는 드러나게 정치 정당을 세워서 반유대주의를 일으켜 왔으며 그러한 정치 행각을 벌일 때에, 나라마다 카톨릭 정당을 만들어서 정치에 영향을 미친 내용들에 대해서 앞에서 설명하였다. 그런데 가톨릭 정당 중에서 당시 가장 크고 영향력이 강했던 카톨릭 정당이 독일의 Centre 정당과 오스트리아의 Christian Social 정당이었다. (91) 가톨릭 정당들은 반유대주의에 보수 성향을 나타내며 우파에 속하는 모양이었던 것에 반해, 예수회가 조정을 하는, 비밀 단체를 중심으로 혁명에 주역이 되었던 사회 단체 정당들은 사회주의와 자유주의의 성향을 나타내는 좌파에 속하는 모양이었다. 그러므로, 예수회의 입장에서는 우파와 좌파를 향한 영향력을 다 가지고 있었다는 것이 된다. 서로가 참소하고 싸우고 미워하도록 하는 배경을 이들이 일부러 만들었다는 것이다. 그리고, 제1차 세계 대전이 1914-1915년에 있었는데, 그 전쟁을 처음 일으킨 나라들이, 가톨릭 정당의 영향력이 가장 컸던 독일과 오스트리아였다. (92)

13

라테란 조약 1929년

전 장에서는, 19세기 후반부터 전 세계에 강하게 퍼져 나간 반유대
주의 사상에 대한 내용을 나누었다. 유대인을 혐오하는 정서를 통해
서 전 세계에 갈등과 충돌을 만들었으며, 또한 유대인들을 희생양으
로 만들어서 자신들의 악행을 숨겼던 그들의 역사에 대해서 알아보았
다. 또한 그들은 자신들의 계략의 시행을 돕기 위해서 반유대주의에
반대되는 사상인 시온주의를 만든 것에 대해도 이야기를 나눴다. 그
들은 시온주의자들을 통해서 이스라엘 국가를 세우는 일을 진행하도
록 하였다. 그런데, 시온주의자들을 유대인들을 대표하는 자들로 생
각하게 되면, 그것은 예수회가 유도하는 대로 따라 주는 것이 된다.
시온주의자들은 예수회와 하나가 된 자들이지 유대인들을 대표하는
자들이 아니다.

다음의 내용은, 1차 세계 대전과 러시아 혁명 직후 1918년 당시 저명
한 유대인 역사가 Dr. Rappoport의 글인데, 유대인의 사상과 시온주의
자들의 사상이 얼마나 다른지를 알려 준다.

The chasm yawning between the religious Jewish spirit and a conquest of Palestine by the Jews, as a separate army, is too vast to be overbridged. ··· And, after all, the walls of Jericho did not fall by heavy artillery but at the blast of the horn! ··· To build up a new Jewish state with the sword is an anachronism. ··· These agitators, besides showing their manifest ignorance of the real Jewish spirit and its passionate attachment to justice, have rendered but little service to Judaism, or even to Zionism. which is after all, as internationally-national movement. ··· I certainly feel that a Zionism built, ab ovo, upon contradictory and even antagonistic principles may ultimately split upon the rock of Jewish loyalty and allegiance to the countries of their birth or adoption. Time will show. (93)

유대인의 신앙과 팔레스타인을 군대를 가지고 유대인들이 정복해야 한다는 것 사이에는 연결이 되기에는 너무나도 큰 격차가 있습니다. ··· 그리고 결국 여리고 성벽은 폭탄에 의해서 무너진 것이 아니라 나팔소리에 의해서 무너졌습니다! ··· 칼을 가지고 새로운 유대 국가를 건설하는 것은 시대적 착오입니다. ··· 이 선동가들은 진정한 유대인의 정신과 그들의 정의를 향한 강렬한 열망에 대한 명백한 무지를 보여 준 것만이 아니라, 시온주의와 유대주의에도 거의 기여를 하지 못했습니다. 그것은 결국 세계적 국가 운동이었습니다. … 근본적으로 모순되고 또한 적대적이기까지 한 제안들로 인해 만들어진 시온주의는, 결국 유대인의 충성심과 태어나서 살고 있는 나라에 대한 헌신이라는 바위로 인해서 분열이 될 것이라고 나는 확실히 느낍니다. 시간이 보여 줄 것입니다.

이 내용을 통해서 알 수 있는 것은, 시온주의자들이 유대인의 정신을 가진 자들이 확실히 아니라는 사실이다. 자칭 유대인이라고 하고 자칭 시온주의자라고 하는 사람들로 인해서 참유대주의에 대한 생각과 사상을 다 무너뜨려 버린 것에 대한 설명이다. 자칭 유대인이라고 하는 자들에 의해서 시온주의 사상이 서게 되면서 반유대주의에 불을 붙였고, 그것은 전 세계에 전쟁을 일으키는 불씨가 되었으며, 갈등과 충돌이 끊이지 않는 역사를 만들었다. 그것이 자칭 유대인이라고 하는 자들로 인한 것이었지, 진정 유대인들 안에서 일어난 생각이 아니라는 것이다.

시온주의자로 대표적인 인물들이 Rothschild의 가족들이다. 벨푸어 선언에 의해서 이스라엘 국가 설립에 대한 확인 편지를 받은 것도 Water Rothschild였으며, 많은 기부를 한 기록도 있다.[94] 그런데 앞에서 설명된 시온주의자들의 사상은 결단코 유대주의의 사상과 같지 않다. 그래서 우리는 시온주의자들을 유대인들의 대표자들로 절대로 볼 수 없다. Dr. Rappoport는 누가 유대인인지에 대해서 정확한 설명을 해 준다.

In other words, the existence of Israel, considered as a separate national unit, is intimately connected with religion, which is its fundamental principle. A Jew, who is not nationalist, is still a Jew, but a Jewish nationalist who has embraced another religion, or who has no religion at all, who believes neither in God nor in the devil, is no longer a Jew; and when he calls himself a Jewish nationalist, he is merely playing with words, unaware of the illogism into which such as attitude must lead him. The theory of Jewish nationalism, independently of religion, is based upon wrong premises and is utterly illogical. (95)

다시 말해서 이스라엘의 존재 자체가 하나의 독립된 민족적 단위라는 것은 그 근본 원리인 종교와 밀접하게 연결되어 있다는 것입니다. 민족주의자가 아닌 유대인은 여전히 유대인이지만, 다른 종교를 받아들였거나 아니면 종교가 없어서 하나님이든 악마든 믿지 않는 그런 자들은 더 이상 유대인들이 아닙니다. 그런데 그가 자신을 유대인 민족주의자라고 부를 때에는, 비논리적인 생각

으로 나오는 행동을 하고 있다는 것을 인식하지 못하면서 단지 말
장난을 하고 있는 것입니다. 종교와 무관한 유대 민족주의 이론
은 잘못된 전제에 기초를 하고 있으며, 완전히 비논리적입니다.

이 설명을 보면 시온주의자가 절대로 유대인들이 될 수 없는 것을
너무나도 확실히 설명해 준다. 시온주의적 행동과 생각들 자체가 유대
인들의 신념과 신앙으로는 도저히 인정할 수 없는 생각들이다. 우리가
두 번째 책을 통하여서도 자세하게 나누었던 내용이, 유대인들이 하
나님의 계명을 지키지 않고자 할 때에는 본토인에게서 제하여지게 되
고, 이방인들이 하나님의 계명을 지키고자 할 때에는 본토인과 같아지
게 된다는 출애굽기 내용이었다. 하나님께서 유대인들을 하나님의 믿
음의 통로, 축복의 통로로 사용하시고자 하면서, 그들의 믿음을 통해
서 인류 구원의 역사를 이어 가고자 하셨기 때문에, 그러한 신앙이 전
혀 없이 자칭 유대인들이라고 하면서 그렇게 많은 유대인들을 희생시
킨 상황을 만든 그들을 유대인이라고 인정할 수 없다. Rothchild가의
사람들이 시온주의자들을 대표하지만, 그들은 유대인 백과사전에는,
"guardians of papal treasure", "교황청의 재산 관리자"라고 설명되어
있다.(96) 교황청의 재산 관리자가 유대인 신앙을 가진 유대주의의 대표
자라고 이야기하는 것 자체가 말이 안 되는 상황이라는 것이다. 시온
주의자들은 예수회와 하나 된 생각을 가진 자들이지 유대인과 하나 된
생각을 가진 자들이 아니다. 그리고 자칭 유대인에 대해서 성경에서

예언하신 말씀이 있었다.

이 요한계시록의 말씀은, 서머나 교회와 필라델피아 교회에 하신 말
씀이며, 자칭 유대인이라고 하면서 거짓말하는 자들에 대해서, 그들이
실상은 유대인이 아니고 사탄의 회당이라고 설명하시는 말씀이다. 유
대인이라고 자칭하면서 사람들을 속이는 일들이 성경에서도 예언되
었던 어두운 세력이 하는 일이라는 것이다. 자칭 유대인들을 자칭 유
대인인 것으로 알게 되지 못하면 결국 적그리스도의 세력이 우리를 속
이는 대로 믿고 따르는 모습이 된다는 것이다.

앞 장들을 통해서, 교황령의 세속 권세를 1870년에 로마가 함락하면

서 빼앗기게 되었을 때에, 교황은 영적인 지도자로 남는 것을 원치 않았고, "Sovereignty or Prisoner" "주권자 아니면 포로"일 수밖에 없다고 하면서 자신을 바티칸의 포로로 선포를 했다는 내용을 나눴다. 그처럼 절대로 놓칠 수 없는 세속 권력에 대한 교황청의 노력은 계속되어 왔다. 지난 장에서 본 내용처럼, 많은 나라에 가톨릭 정치 정당을 만들어서 정치에 관여하였고, 예수회가 자신들의 행적을 감추기 위해서 유대인들을 희생양으로 만들 때에, 교황청은 반유대주의 사상을 퍼트리면서 사람들을 민족주의로 하나 되게 하였다. 반유대주의, 민족주의, 보수주의, 카톨릭 크리스천 민주주의 이데올로기를 가지고 세워진 카톨릭 정당들이 세속 정치에 영향력을 낼 수 있는 통로가 되면서 두드러지게 나타난 로마 교회의 청치 성향이 있었다. 그것은 독재자 리더가 설 수 있도록 로마 교회가 힘을 실어 주고, 로마 교회에서 실어 준 힘으로 인해서 결국 권력을 얻게 되었을 때에 로마 교황청과 협약을 맺어서 나라와 교회가 연합이 되도록 하는 일이었다.

그러한 대표적인 예가, 먼저 이탈리아에서 있었다. 독재자 무솔리니에게 이탈리아의 가톨릭 정당들을 통해서 힘을 실어 주었고, 그렇게 도움을 받게 된 결과로 무솔리니가 이탈리아에서 정권을 얻게 되는 상황이 되었으며, 그 후에 1929년에 Lateran 조약을 체결하게 된다. (97) 이 조약의 결과로, 바티칸은 국가로 인정된다. 결국 그렇게도 갖기를 원했던 주권자의 권한, Temporal Power, 정권, 통치권을 갖게 된 것이다.

바티칸이 시국으로, 나라의 권위를 인정을 받게 되고 나니까, 그 후로는 나라의 권위로 전 세계의 지도자들과 협상하는 것이 가능한 상황이 되었다. 다음은, 이탈리아의 파시스트 독재자 무솔리니와 교황청과의 관계를 설명해 주는 내용들이다.

Pope Pius XI, in a speech on February 13, 1929, declared Mussolini to be "sent by Providence." and "a man free from the prejudices of the politicians of the liberal school."[98]

교황 Pius 11세는 1929년 2월 13일 연설에서 무솔리니를, "섭리에 의해서 보냄을 받은 자"라고 했고 또, "자유주의 사상의 정치인들의 편견에서 자유한 사람"이라고 선포하였습니다.

From directing a Socialist newspaper and serving a term in prison because of his radical opinions, Mussolini has become a friend of the King, a friend of the Vatican, and a fervent champion of nationalism.[99]

사회주의 신문을 감독하고 자신의 근단적 사상으로 감옥에서 복역한 무솔리니는, 왕의 친구, 바티칸의 친구, 민족주의의 열렬한 옹호자가 되었습니다.

Mussolini's tactics as regards the Popular party was no less direct. The prestige of the party has always derived from its support of the claims of the Vatican and from the general belief that its programs and its policies have been initiated or approved by the Vatican. (100)

인민당에 대한 무솔리니의 전술도 마찬가지로 직접적이었습니다. 당의 지위는 항상 바티칸의 주장을 얼마나 지지하는가와 또한 바티칸에서 추진하였거나 승인한 정책들을 얼마나 인정하는가에 있었습니다.

The consequences of this wholly unexpected action of the Vatican have been, first to destroy Catholic opposition to the Fascist movement, and then to give ground for the possible realization of a tacit cooperation between Fascist government and the Vatican. (101)

전혀 예상치 못했던, 바티칸이 한 행동들의 결과는, 먼저 파시스트 운동에 대해서, 가톨릭에 반대하는 것들을 파괴하고 파시스트 정부와 바티칸 간의 암묵적인 협력이 실현될 수 있는 기반을 마련하는 것이었습니다.

Without the Vatican's full-fledged support, Mussolini would never have dared to, initiate his aggressions, first against helpless Ethiopia, and later, in conjunction with Hitler, against republican Spain. (102)

바티칸의 전폭적인 지원이 없었다면, 무솔리니는, 도움이 안 되는 에티오피아를, 그다음에는 히틀러와 힘을 합쳐서 스페인 제국에 대한 공격을 감히 시작하지 못하였을 것입니다.

이탈리아의 독재주의자 무솔리니를 세워 주면서 바티칸은 그토록 바라던 세속 국가의 주권을 갖게 되었고, 몇 년 후에 똑같은 방법으로, 독일에서 정치 정당들을 사용하여서, 히틀러가 정권을 얻고 권력을 행사할 수 있도록 도왔다. 그렇게 도운 결과로, 1933년 7월 교황청과 나치 사이에 정교협약(Reichskonkordat)을 체결하도록 이끌었다. 다음은 히틀러와 바티칸과의 정치 연결점을 설명하는 내용이다.

Hitter seized power in January 1933, and the Vatican was the first sovereign power to enter into formal negotiations with it. (103)

1933년 1월 히틀러가 권력을 장악했을 때에 바티칸은 그가 공식 협상을 하게 된 최초의 주권 국가였습니다.

Frederick F. Schrader reproduced the official text of the Vatican Hitler Concordat and quoted the conclusion of a review of it from Germania, the most influential Catholic newspaper in Germany, as follows: "It was reserved for the constellation of Adolf Hitler, Franz von Paper and Cardinal Pacelli, to renew the old bonds between the Reich and the Church." For this Vatican-Hitler Concordat was the first over-all agreement to be entered into between Roman Catholic Church and Germany for over 100 years. These bonds could not be renewed if a democratic government were in power in Germany since they tied together with an authoritarian State and an authoritarian Church. (104)

Frederick F. Schrader는 바티칸 히틀러 협정의 공식 문서를 복제하고 독일에서 가장 영향력 있는 가톨릭 신문인 Germania의 리뷰 결론을 다음과 같이 인용했습니다. "그것은 아돌프 히틀러, Franz von Paper, 그리고 Pacelli 추기경의 목적에 의한 계약으로 제국과 교회 사이의 오래된 유대를 갱신하기 위해서였습니다." 바티칸-히틀러 협약은 100년 넘게 지나서 이루어진 로마 가톨릭 교회와 독일 간에 체결된 최초의 전면적 합의였습니다. 이러한 유대관계는 독일에서 민주 정부가 집권하는 경우라도 권위주의 국가와 권위주의 교회로 연결되어 있기 때문에 갱신될 수 없습니다.

Franz von Papen, co-signer with Pope Pius XII of the Vatican's Concordat with Hitler's Reich, summed up the Vatican-Hitler policies as follows (in Der Voelkisher Beobachter of Jan. 14, 1934): "The Third Reich is the first power, which not only recognizes but puts into practice, the high principles of the papacy." (105)

교황 Pius 12세와 히틀러 제국과의 협정에 서명한 프란츠 폰 파펜(Franz von Papen)은 바티칸-히틀러 정책을 다음과 같이 요약했습니다(1934년 1월 14일 자 Der Voelkisher Beobachter에서). 제3제국(나치 독일)은 교황청의 높은 원칙들을 인식할 뿐만 아니라 실천을 하는 첫 번째 제국이 될 것입니다.

독일은 개신교 신자가 많은 국가였는데, 그러한 독일에 지도자 한 명을 로마 교회의 영향력으로 세우고, 로마 교황청에 의해서 세워진 지도자와 로마 교회가 협정을 맺음으로 인해서 나라 전체가 로마 교회와 연결이 되게 된 상황을 설명하는 내용이다. 20세기 초반 로마 교회의 정치 모양이 독재자들을 세워 주면서 그들이 정권을 갖게 될 때 로마 교회도 나라에 대한 영향력을 갖게 되는 모습의 정치를 한 것을 설명해 준다.

다음은 그 이후 스페인의 독재자 프랑코와 맺은 협약에 관한 것이다.

This unchanging goal of the Catholic Church is the restoration of
its status as the only legally recognized Church in Christendom.
To attain it, liberal democratic constitutions must be continuously
opposed, and a type of civil government eventually established
in all countries that would extend protection only to the Roman
Catholic Church. This protection was secured in Spain, for
example, after Franco's Fascist rebellion had destroyed the
Spanish Republic in 1928. Franco's Concordat with the Vatican,
signed on June 6, 1941, reaffirmed the four articles of the
Concordat of 1851 the first of which reads: "The Roman Catholic
religion, to the exclusion of any other, continues to be the sole
religion of the Spanish nation."[106]

가톨릭 교회의 변함없는 이 목표는, 전 세계 기독교 영역에 있어
서 법적으로 인정된 교회로서의 법적 지위를 회복하는 것입니다.
이를 달성하기 위해서 자유 민주주의 헌법은 계속해서 거부되어
야 하며, 결국 로마 가톨릭 교회에 의해서만 보호될 수 있는 일종
의 시민정부가 모든 국가에 수립되어야 합니다. 예를 들어서, 이
러한 보호가 프랑코의 파시스트 반란으로 인해서 Spain 공화국

이 파괴되고 나서 Spain에서 수립되었습니다. 프랑코의 바티칸과의 협정에서, 1851년에 했던 협정의 네 개의 조항을 재확인했습니다. 그중에 첫 번째 조항은 다음과 같습니다. "다른 종교들을 다 제하고, 로마 가톨릭 종교가 계속해서 스페인 국가의 유일한 종교이다."

무솔리니, 히틀러, 프랑코와 같은 독재 지도자들을 세우기 위해서 로마 교황청이 영향력을 행사하고, 교황청의 도움으로 그들이 정권을 갖게 되면, 그들이 통치하게 된 나라들에 영향력을 펼쳐 나가는 모습이 매번 일치하기 때문에, 그들의 의도는 숨길 수가 없이 자세히 드러난다. 그런데, 앞에서 우리가 나눈 내용은, 음모론이거나 아니면 견해를 다룬 그런 내용이 아니다. 명백히 모든 사람에게 알려져 있는 공공연한 역사적 내용을 다룬 것이다. 그리고 우리는 역사를 통해서 보았다. 바티칸이 세운 독재자들에 의해서 세계 전체가 얼마나 큰 어려움을 겪었으며, 또한 얼마나 무고한 생명의 희생이 많았는지 우리는 너무나 잘 알고 있다. 또한 그런 역사는 아주 오래전에 일어났던 일들이 아니고, 불과 100년도 채 되지 않은 세계의 역사이다. 적그리스도의 전략 #1, 모든 세상 사람들이 적그리스도에게 경배하게 하기 위해서 지도자들을 포섭하여서 자신들의 목적을 이루어 갈 때에, 그것으로 인하여서 사람들이 겪게 되는 어려움과 아픔은 그들의 관심에서는 배제되어 있는 그들의 모습을 볼 수 있다. 목적은 수단을 정당화한다고 하는 그들의 신념을 너무나도 잘 표현해 준다.

역사적 사실 가운데 공공연하게 나타나 보여지는 바티칸의 정치적 목적을 잘 파악하여서 더 이상 무지함으로 인해서 지난 고통이 되풀이 되는 일이 없이 오히려 그들에게 받은 것을 배로 갚아 주는 그런 전략 이 우리에게 꼭 필요하다.

14

제2차 세계 대전 1939년-1945년

　지난 장에서 교황청에서 그토록 빼앗기지 않으려고 하였던 세속 정권을 이탈리아 독재자 무솔리니와 협력하면서 그로 인해서 세속 정권을 다시 얻게 된 역사에 대해서 살펴보았다. 또한 이탈리아와의 협약으로만 그친 것이 아니라, 독일의 히틀러, 스페인의 프랑코와도 같은 모습으로, 독재자들을 세워 주면서, 그들이 정권을 얻었을 때에 바티칸과 협약을 하여서 그 나라들 전체를 향한 영향권을 얻는 것도 보았다. 이제는 1870년에 로마가 세속 정권을 잃었을 때와는 아주 다른 모습이 된 것이다. 바티칸이 시국의 주권자가 됨으로 인해서 세속 정권을 얻게 된 것이 전 세계 통치를 위한 디딤돌이 된 것을 볼 수 있다.

How well the lesson was leaned by Mussolini, Hitler, France and their lesser imitators in Europe is now clear to everyone. There is now no doubt that the idea of 'totalitarianizing' the entire body of a nation by the ruthless intolerance of a controlling organism within the greater organization was taken from the Jesuit set-up in the Catholic Church. Hitler specially lauds this intolerant Jesuit set-up in the Catholic Church in his Mein Kampf and instructed his National Socialist party to make it their model. (107)

무솔리니, 히틀러, 프랑코 그리고 덜 알려진 유럽에서 그들을 모방하였던 자들이 얼마나 잘 그 교훈을 배웠는지는 이제 모든 사람들에게 분명하게 나타났습니다. 더 큰 조직에 의해서 나라 전체를 무자비하게 컨트롤하는 "전체주의화"에 대한 생각은, 가톨릭 교회 안에 예수회의 조직에서 가져온 것이라는 사실에는 의심의 여지가 없습니다. 히틀러는 그의 Mein Kampf에서, 가톨릭 교회의 예수회의 이런 독재적임을 칭송하였으며, 자신의 National Socialist 정당에게 그것을 그들의 모델로 만들도록 지시했습니다.

Following, the alliance with Pope Pius XI, Japan made no secret of its preferred treatment of Roman Catholicism. Neither did the Catholic press hesitate to return the favor. The Catholic Times of England as early as November 3, 1934, urged its readers to think kindly of Japan because the Japanese invaders "have brought freedom from persecution to our missionaries in Manchuria and adjacent parts of China … and consented to their settlers in Brazil being instructed in the Catholic faith." [108]

그 후 일본은 교황 Pius 11세와 동맹을 맺으면서 로마 가톨릭에 대한 우호적인 대우를 비밀로 하지 않았습니다. 가톨릭 언론도 호의에 보답하는 것을 주저하지 않았습니다. 일찍이 1934년 11월 3일 자 영국 가톨릭 타임스는 일본 침략자들이 "만주와 중국 인접 지역에 있는 우리 선교사들에게 박해로부터 자유를 가져다주었고 … 브라질에 정착한 사람들이 가톨릭 신앙을 교육받는 데 동의"했으므로 독자들에게 일본을 좋게 생각하라고 촉구했습니다.

Superficially, the temporal policy of the Vatican may vary expediently with the turn of world event. Basically, however, it has always remained constant and inerrant. To the bishops of Austria welcoming the Auschluss with Hitler's Germany in 1928, Pope Pius XI sent special instructions reminding them of "the unchanging goal" of the Catholic Church. This same Pope once publicly declared that he would make a pact with the devil himself if it would serve the interests of the Church. Americans should not wonder, therefore, that the Vatican welcomed General Ken Harada as ambassador of Japan to the Holy See after Pearl Harbor and the sweeping conquests of Hirohito's forces in the Philippines and Dutch East Indies. (109)

표면상으로는 바티칸의 세속 정치 정책들은 세계 사건의 전환에 따라 편리하게 변합니다. 그러나 기본적으로는 항상 일정하고 확실하였습니다. 1928년에 독일의 히틀러와 Anschluss를 환영하는 오스트리아 주교들에게 교황 Pius 11세가 가톨릭 교회의 "불변의 목표"를 상기시키는 특별 지침을 보냈습니다. 이 교황은 교회의 이익을 위해서는 악마와도 계약을 맺겠다고 공개적으로 선언을 한 적이 있었습니다. 따라서 진주만을 공격하고, 필리핀과 네덜란드 동인도에서 대대적인 정복을 한 히로히토 군대의 일본의 대사 하라다 켄 장군을 바티칸이 환영하였다는 사실을 의아하게 여겨서는 안 됩니다.

It is important to keep in mind that it was only after both major dictators had signed solemn agreements with the Vatican that, with the blessings of the Pope secure, they started their long line of aggressions, from Munich to their conquest of Europe. Without the Vatican's full-fledged support, Mussolini would never have dared to initiate his aggressions, first against helpless Ethiopia, and later, in conjunction with Hitler, against republican Spain. Both adventures were blessed by the Church and thus assured of success. The Second World War was already begun. (110)

최고의 독재자들 두 명이 다 교황의 축복을 받고 바티칸과의 공식적인 협정을 체결한 후에야 Munich에서 유럽 정복에 이르기까지의 긴 침략 노석을 시작했다 것은 꼭 기억해야 하는 중요한 사실입니다. 바티칸의 전폭적인 지원이 없었다면, 무솔리니는, 처음에는 도움이 안 되는 에티오피아를, 그다음에는 히틀러와 힘을 합쳐서 스페인 제국에 대한 공격을 감히 시작을 하지 못하였을 것입니다. 두 나라의 모험들이 다 교회의 축복을 받은 것이었으며, 그래서 성공을 확신할 수 있었습니다. 제2차 세계 대전은 이미 시작된 것이었습니다.

이 내용들을 보면서 확실히 증명되는 사실은, 제2차 세계 대전을 일으킨 모든 나라들과 바티칸이 협약을 맺고 협력을 하였다는 것이다. 제2차 세계 대전을 일으킨 나라들과 로마 교회와의 협약이 없었다면 세계의 정세가 많이 달랐을 수밖에 없었다는 정황이다. 로마 교회는 종교의 특성으로 인해서 국경을 넘어서 모든 나라들에게 연결이 될 수 있으며, 동시에 또한 주권국으로서 세속 정권도 가지고 있기 때문에, 일반 한 나라가 할 수 있는 영향력과는 차원이 다른 큰 여파를 남기게 되는 것이다. 영적 권세와 세속적 권세를 다 가지고 있는 주권자가 되면서, 국경을 넘어서 온 세상에 그 영향력을 펼칠 수 있는 틀을 갖게 된 것이다. 그렇게도 영적 권세만이 아니라 세속 권세도 갖고자 하였던 그들의 의도가 결국 적그리스도의 전략 #1, 전 세계의 사람들이 로마 교회에 경배하도록 만들려는, 세계 정부를 통해서 세계를 지배하려는 것이었다는 사실이다.

그렇게 온 세상에 영향력을 끼칠 수 있는 체계가 만들어지고 나서, 제2차 세계 대전 기간 동안 많은 나라에 행한 로마 교회의 행적들을 보면서, 그들의 정치 방향을 살펴보도록 하겠다.

아래의 내용은, 전 카톨릭 사제 Leo Lehmann에 의해서 1945년 2차 세계 대전이 끝날 즈음에 출판된 여러 나라들을 향한 바티칸의 정책들을 설명한 내용이다.

THE ACTIVE COLLABORATION of the Vatican with the Axis powers in the Second World War can best be seen in each country taken over by them by political bluster or blitzkrieg. (111)

제2차 세계 대전에서 추축국과 바티칸의 적극적인 협력의 증거는 정치적 맹렬한 공격이 있었거나 전격전을 통해 점령된 국가들에서 가장 잘 볼 수 있습니다.

로마 교회가 제2차 세계 대전을 일으킨 주축국들을 적극적으로 돕고 협력하였다는 사실은 숨길 수 없는 확실한 역사이며, 그러한 역사를 통해서 로마 교회가 나라들마다 정치적으로도 영향력을 얻고자 계속해서 노력한 것을 확실히 볼 수 있다.

ETHIOPIA

That the Fascist conquest of Ethiopia was planned as much for the aggrandizement of the Catholic Church as for Italian colonial expansion is made clear by the following declaration of Cardinal Schuster, Archbishop of Milan, on October 25, 1935; "The Italian flag is at this moment bringing in triumph the Cross of Christ to Ethiopia to free the road for the emancipation of the slaves, opening it as the same time to our missionary propaganda." [112]

에티오피아

파시스트 독재자가 에티오피아를 점령한 것은, 이탈리아의 식민지가 확장되어 카톨릭 교회가 강화되기 위해서 계획되었던 것이라는 사실이 분명하다는 것에 대해서, Milan에 대주교 Schuster 추기경은 다음과 같이 선언하였습니다. "이탈리아의 국기는 지금 에티오피아에 그리스도의 십자가의 승리를 이끌며 노예 해방의 길을 열어 주고, 동시에 우리 선교 복음 전도의 길을 열어 주고 있습니다."

SLOVAKIA

Their priest-leader, Josef Toso, became Hitler's puppet ruler, and later President of Slovakia. Pope Pius XIII soon after made him a Papal Chamberlain with the title of Monsignor. There never have been any doubt about the tie-up between the Catholic church and Nazism with regard to Hitler's puppet-state of Slovakia. According to a dispatch to the New York Times from Bratislava on August 28, 1940, Premier Volpetch Tuka publicly declared that "Slovakia's governmental system in the future will be a combination of German Nazism and Roman Catholicism." Monsignor Tiso himself declared that "Catholicism and Nazism have much in common and are working hand in hand to reform the country." Ruthless anti-Semitism was one of the first reforms. In an interview with the German weekly Neue Ordnung on December 22, 1941, Tiso declared that Slovakia's anti-semitism was justified because of the "love of our own people" and in the cause of Nazism. "All we undertake against the Jews," he said, "is done from love of our own people. Love neighbor and love of country have been developed into a fruitful struggle against the enemies of Nazism." By 1941, Tiso's Slovakia was able to boast that it was the first "Jew-free" country in the world. (113)

슬로바키아

그들의 사제이며 지도자였던 Josef Toso는 히틀러의 꼭두각시 통치자가 되었고, 나중에는 슬로바키아의 대통령이 되었습니다. 교황 Pius 13세는 곧 그를 교황의 대리자로 임명하였으며 그에게 Monsignor이라는 칭호를 주었습니다. 슬로바키아는 카톨릭 교회와 Nazi가 합작을 한 히틀러의 꼭두각시 국가였다는 것에 대해서는 어떠한 의심의 여지도 없습니다. 1940년 8월 28일 Bratislava에서 뉴욕 타임즈에 보낸 내용에 따르면 Volpetch Tuka 수상은 "슬로바키아의 미래 정부는 독일 나치즘과 로마 가톨릭의 연합된 체제가 될 것"이라고 공개적으로 선언했습니다. Monsignor Tiso 또한 "가톨릭교와 나치즘은 공통점이 많으며 나라를 개혁하기 위해 협력하고 있다"고 직접 선언하였습니다. 무자비한 반유대주의는 최초의 개혁 중 하나였습니다. 1941년 12월 22일 독일 주간지 Neue Ordnung과의 인터뷰에서 Tiso는 슬로바키아의 반유대주의가 "우리 민족에 대한 사랑"과 나치즘의 대의 때문에 정당화되었다고 선언했습니다. "우리가 유대인을 대적하는 모든 일은 우리 민족에 대한 사랑에서 나온 것입니다. 이웃사랑과 조국사랑은 나치즘의 적들과 결실 있는 투쟁으로 발전되었습니다"라고 하였습니다. 1941년에는 Tiso의 슬로바키아는 세계 최초의 "유대인 없는" 국가임을 자랑할 수 있었습니다.

AUSTRIA

Catholic Austria was the first country to be taken over bodily by Hitler. The way to this had been fully prepared for many years previous by the Clerical-Fascist forces in Hitler's homeland: first by Monsignor Ignaz Seipel, then by Dollfuss who gave Austria its corporate, Fascist regime, and lastly by Schuschnigg, who handed the country over to Hitler in 1938. The transition from Dollfuss' brand of Fascism to Hitler's Nazism was an easy, natural step. ···
A Concordat between the new Austrian State and the Vatican was proclaimed on the same day as the constitution, on May 1, 1934. Both were so drawn up that they could be taken over without change in the event that the monarchy would be restored. (114)

오스트리아

가톨릭 나라 오스트리아는 히틀러에 의해 물리적으로 인수된 최초의 국가였습니다. 이 일은 히틀러의 고국에 있는 성직자이자 파시스트 세력에 의해 수년 동안 완전히 준비되었습니다. 처음에는 Monsignor Ignaz Seipel, 다음은 Dolfuss였는데 그는 오스트리아에 파시스트 체제의 기업을 제공하였으며, 마지막으로 Schuschnigg는 히틀러에게 국가를 내어 주었습니다. Dolfuss에 의한 파시즘에서 히틀러에 의한 나치주의로 쉽고 자연스러운 단계에 의해서 전

환이 이루어졌습니다. … 새로운 오스트리아 국가와 바티칸 간의 협정은 헌법과 같은 날인 1934년 5월 1일에 선포되었습니다. 둘이 다 너무 잘 짜여서 군주제가 복원될 경우 변경 없이 인수될 수 있도록 되어 있었습니다.

JAPAN

After outraging the conscience of the world by its vile deceit at Pearl Harbor, Japan badly needed some declaration of international approval to restore its moral prestige. Soon after Peral Harbor, the Vatican came to its rescue and gave it it's blessing in the form of diplomatic recognition. "This formal establishment of diplomatic relations with Japan was an open insult to the United States, not only because it was in defiance of American and British protests." This welcoming of the bandit nation of Japan as an equal among Christian nations was termed a "benevolent gesture toward the "Axis" by Paul Ghali in the New York Post on March 21, 1942." (115)

일본

진주만에서의 사악한 기만으로 온 세계를 격분시키고 나서 일본은 도덕적 위신을 해복하기 위해서 국제적 승인이 절실히 필요했습니다. 진주만 공습 직후 바티칸은 그들을 구조하며 외교적으로 인정하는 형태의 축복을 베풀었습니다. 그것에 대해서 1942년 3월 21일 뉴욕 포스트에서 Paul Ghali는 "이번 일본과의 공식 수교는 미국과 영국의 항의를 무시한 것일 뿐만 아니라 미국에 대한 노골적인 모욕이었다."라고 이야기하였고, 또한 범죄국인 일본을 기독교 국가들과 동등하게 환영하는 것은 "주축국(전쟁을 일으킨 나라들)에 대해 자비로움을 표하는 제스처"라고 불렀습니다.

이 내용들은 어떤 부가적인 설명이 없이도 제2차 세계 대전 당시에 로마 교회가 취했던 입장과 행동들을 너무나도 잘 설명해 준다. 1870년에 교황을 무오 하다고 선포하면서 전 세계의 모든 왕들 위에서 세속 권력을 행사하려고 하였던 계획을 이루어 가고 있는 로마 교회의 의도가 세계 전쟁들을 통해서 선명하게 나타나 보인다. 제2차 세계 대전을 일으킨 추축국들에 힘을 부어 주어서 그토록 끔찍한 세계 전쟁이 일어났지만, 그렇게 해서라도 더 많은 나라들을 로마 교회의 영향력으로 넣을 수만 있다면 서슴치 않는 로마 교회의 행적을 보고 놀라지 않을 수 없다.

로마 교회가 세상을 지배하고자 하는 목적에 더 다가가기 위해서 세계가 전쟁에 시달리며 너무나도 많은 사람들이 고통을 받게 된 것이 우리의 역사라는 사실이 너무나 큰 충격이 되었다. 위에서 표현이 안 된, 로마 교회가 힘을 실어 준 주축국들에 의한 전쟁 피해는 설명을 다

하지 못할 정도로 많을 것이다. 그리고, 자신들의 목적하는 바를 달성하기 위해서 사람들이 어떠한 희생을 치르게 되더라도 상관하지 않는 그들의 행동이, 역사적으로 해 왔던 종교 재판의 잔혹함과 같다는 생각이 들기도 하였다.

15

United Nations 유엔 1945년

로마 교회가 제2차 세계 대전에서 전쟁을 일으킨 주축국들을 돕고 협력하고 세워 주는 역할을 한 것에 대해서 지난 장에서 나눴다. 그럼에도 불구하고 세계 전쟁은 전쟁을 일으킨 주축국들이 아니라 반대로 연합군이 승리하게 되었다. 아무리 로마 교회가 목적을 세우고 그 목적을 이루기 위해서 노력하여도 그들이 이룰 수 있는 것은, 하나님께서 허락하신 부분까지인 것을 확실히 깨닫고 또 한 번 하나님의 주권을 인정하게 된다.

로마 교회는 국가와 종교가 나누어질 수 없다는 주장을 계속해 왔다. 또한 1870년에 교황의 무오성이 인정되었던 것은, 곧 Supremacy of Pope 교황의 최고성이 인정된 것이었고, 어떤 오류도 범할 수 없는 교황은, 영적 지도자만이 아니라 정치적 영역에 있어서도 최고 지도자일 수밖에 없음을 주장해 왔다. 그런 목적을 위해서 로마 교회는 파시스트 독재자들과도 협약해 왔다. 그리고, 로마 교회가 협약을 한 나라들을 중심으로 해서 세계 대전이 일어났고, 1945년에 세계전쟁이 끝나게 되었다. 1945년에 제2차 세계 대전이 주축국들이 패하게 되면서 끝났을 때에 로마 교회의 세속 정치의 관여도 다같이 끝난 것처럼 보였다. 제2차 세계 대전이 끝나고는, 다시는 이런 세계 전쟁이 일어나지 않게 하기 위해서 유엔(United Nations)이 세워졌는데, 유엔은 세계 전쟁에 추축국을 대항해서 싸웠던 연합국들을 중심으로 만들어진 단체이기 때문에 로마 교회가 처음부터 참여할 어떠한 명분도 없었다.

그런데, 어떻게 해서 유엔이 설립되게 되었으며, 유엔이 설립되는 것을 누가 진행하였으며, 또한, 누가 유엔 헌장을 만들었는지에 대해서 무지하다가, 이번에 유엔 헌장 원본에 청문회 과정 자료들을 살피면서 지금까지 이해가 가지 않던 부분들이 이해가 되기 시작했다.

It proposes that we stay united to wage war against those evils. That proposal responds to the hopes and the aspirations of the people of the world. To take an example from my personal knowledge, some 2 ½years ago the Federal Council of Churches, on the recommendation of a commission of which I was chairman, announced its six pillars of peace. The Charter which is now before you largely realize the six basic proposals which were then formulated. (116)

그것은(헌장) 우리가 그러한 악과의 전쟁을 수행하기 위해서 단결할 것을 권고합니다. 그러한 권고는 세상 사람들의 희망과 열망에 대한 응답입니다. 제 개인적인 사례를 들자면, 제가 의장으로 있었던 위원회의 추천으로 2년 반 전에 Federal Council of Churches(FCC)에 의해서 평화의 여섯 개의 기둥에 대해 발표했습니다. 지금 여러분 앞에 있는 헌장은 그 당시에 공식화되었던 6가지의 기본 제안이 대부분 실행된 것입니다.

이 내용은, 유엔 헌장 내용 중 청문회 부분의 내용이며, 이후에 미국 국무 장관을 하게 되는, Mr. Dulles가 헌장에 대해서 설명하는 내용이다. 그런데, 그 내용을 살펴보면, 1945년 당시에서 2년 반 전에 벌써 유엔 헌장의 내용을 Federal Council of Churches(이하 FCC)가 발표했다는 것이다. 그때 FCC가 발표한 내용을 그대로 수용하여서 결국 유엔 헌장이 되었다고 설명한다. FCC와 헌장 내용들을 만들었다고 하는 설명이며, 지금도 Mr. Dulles는 FCC와 유엔 헌장을 작성한 것으로 잘 알려져 있다.

그런데, FCC는 우리에게는 생소하지 않은 단체이다. 첫 번째 책에서 다루었던 내용이기 때문이다. 예수님의 신성을 인정하지 않고 예수님을 도덕적인 선생으로만 인정하던 현대주의자들이 모여서 세운 단체라는 이야기를 했었다. 이들이 가톨릭의 현대주의와 가까운 연관성을 가지고 함께 "Social Gospel" "사회적 복음"을 강조하였고, 그들이 20세기 초에 세웠던 단체가 FCC였으며, 이 단체가 결국 World Council of Churches(이하 WCC)로 발전하게 되는 것에 대해서 이야기했었다. 이 단체가 로마 교회와 함께 일하는 에큐메니칼 단체이다. 종교 단체가 유엔 헌장을 만들었고, 또한 이 헌장이 전쟁이 끝나기 2년 반 전에 벌써 준비되어 있었다는 사실을 유엔 헌장 원본에서 보고 너무나도 놀랐으며, 자세하게 상황을 이해하는 것이 필요하다고 생각했다.

그리고, 유엔 헌장의 청문회 내용 중에, FCC의 실행의원회 발표 내용이 있었다. 다음은 그 발표 내용의 한 부분이다.

> The peoples and governments need to commit themselves to the long and difficult task of attaining the moral goals set forth in the Charter. Let the churches of Christ lead in making this commitment wholeheartedly. The will to cooperate requires, as its foundations, a new international morality. Without this, the structure of the peace will rest on shifting sands. The building of a better world order under God's providence requires better men and women. Herein is to be found the principal challenge to the churches. To establish a strong cored of world-minded Christians at the center of international life is the inescapable duty of the ecumenical

church. To this end we need to intensify our efforts for Christian reconstruction and missions. We must increase our educational programs for training Christian citizens in their obligations in an interdepended world. We ought to help build the World Council of Churches into the living expression of God's will for the Christian community. (117)

국민과 정부는 헌장에 명시되어 있는 도덕적 목표를 달성해야 하는 길고 어려운 과제에 전념하여야 합니다. 그리스도의 교회들이 이것을 위해서 전심을 다하여서 헌신하도록 하십시오. 협력하고자 하는 의지는 기본적으로 새로운 국제적 도덕성을 갖는 것을 요구합니다. 그것이 없다면, 평화를 위한 설계는 움직이는 모래 위에 놓이게 될 것입니다. 더 나은 세계 질서를 건설하기 위해서, 더 나은 남성들과 여성들이 필요합니다. 여기에서 교회들의 가장 중요한 도전이 발견되어야 합니다. 국제 생활의 중심에 세계적인 생각을 가진 강력한 핵심의 크리스천들로 세우는 것이 에큐메니칼 교회의 피할 수 없는 의무입니다. 이를 위해서 기독교 재건과 선교를 위해서 더욱 힘을 써야 합니다. 우리는 상호 의존적인 세계에서 크리스천 시민들의 의무를 훈련하기 위해서 교육 프로그램을 늘려야 합니다. 우리는 기독교 공동체를 향한 하나님의 뜻의 참된 표현으로, WCC를 세우는 데 도움을 주어야 합니다.

종교 단체가 유엔 헌장을 만들었다는 것도 의아했는데, 에큐메이칼 교회를 세워야 하며, 세계적인 시민들로 훈련하는 것을 교회에서 감당해야 하며, 또한 WCC를 세우는 것을 옹호해야 한다는 내용까지도 유엔 헌장 안에 실려 있었다. FCC가 유엔을 세우는 계기로 WCC로 발전하게 되는 상황에 대해서도 자세히 알 수 있는 기회가 되었다.

FCC는 유엔 헌장을 만든 것에서 끝나는 것이 아니라, 20,000,000멤버들이 이 헌장의 승인을 추천한다고 하면서, 유엔 헌장 승인에 결정적인 역할을 한다. 참가한 다른 단체들에 비해서 너무나도 엄청나게 많은 멤버 수로 인해서 큰 영향을 끼치는 것에 대한 것이 다음의 내용이다.

> Mr. Chairman, I think a little emphasis ought to be put on the document which you have just read, because I think it is the most representative statement that has yet come to the attention of the committee, inasmuch as Federal Council of Churches represent 20,000,000 churchmen in the United States. (118)

위원장님, 방금 읽으신 문서에 대해서 더 강조가 필요할 것이라고 생각을 합니다. 왜냐하면 FCC는 미국에 있는 20,000,000명의 교인들을 대표하기 때문에, 주목해야 할 가장 대표적인 성명이라고 생각합니다.

헌장을 쓰고, 20,000,000명을 대표를 하여서 성명을 발표를 하고, 또한 FCC와 협력을 하고 있는 여러 단체들이 FCC의 성명을 지지한다고 하는 성명들을 발표하면서 헌장의 승인에 기여한다.

Commission on World Peace of the Methodist Church strongly urges ratification of Charter and supports statement adopted by Federal Council of Churches. (119)

감리교회의 세계 평화 위원회는, 헌장의 승인을 강력히 촉구하며, FCC가 채택한 성명을 지지합니다.

유엔 헌장 승인을 지지하는 데 참여한 대부분의 단체들이 FCC의 협력 단체인 것을 그들이 직접 출판한 간행물들을 통해서 확인할 수 있었으며, 그러한 FCC를 협력하는 많은 에큐메니칼 단체들의 지지 성명이 유엔 헌장에 포함되어 있었다. (120)

또한 걱정의 목소리와 반대의 목소리도 있었다.

America must be strong in an understanding of the defense and maintenance of our system of freedom and private enterprise. An example, however, of the way in which the Charter is already being selfishly used to advance certain interests, is given by Federal Council. When it announced that it approved of this Charter, it declared that now the churches of the nations and the world should unite in an ecumenical movement to furnish a substantial backing for it in all countries. In other words, the United Nations Charter is to be used a lever with which to build a radical, modernist World Council of Churches. Even the Federal Council wants to use it for its own selfish ends. In the general popular sentiment for the United Nations the Federal Council attempted to use the publicity it would receive by indorsing the Charter to direct the minds of people to its own inclusivist, modernistic, ecumenical movement. Even a supposedly "idealistic" church group could not resist the temptation to use the Charter as a vehicle for its own ends! If the church does it, how much more nations?(121)

미국은 우리의 자유 체계와 민간 기업 시스템에 대해서 보호하고 유지해야 하는 것에 대한 확고한 이해가 필요합니다. 예를 들어서, 헌장이 이미 벌써 특정한 혜택을 더 누리기 위해서 이기적으로 Federal Council에 의해서 사용이 되고 있습니다. 이 헌장이 승인이 되었다고 발표되었을 때, 이 헌장을 실질적으로 지원하기 위해서, 이제는 모든 나라에 있는 교회들이 하나가 되어서 에큐메니칼 운동에 동참하여야 한다고 선언하였습니다. 다시 말해서, 유엔 헌장이 극단주의 현대주의의 WCC를 세우기 위한 지렛대 역할로 사용되어야 한다는 것입니다. Federal Council도 그것을 자신들의 이기적인 목적을 위해서 사용하기 원합니다. 유엔을 향한 일반대중의 정서를 사용하여서, Federal Council이 헌장 승인으로 인해서 얻을 수 있는 홍보 효과를 이용하여 사람들의 마음을 통합주의적이고 현대주의적인 에큐메니칼 운동으로 이끌려고 하고 있습니다. "이상주의적인" 교회 그룹조차도 헌장을 자신의 목적을 위한 수단으로 사용하려는 유혹을 거부할 수 없었습니다! 교회가 아닌 나라들은 얼마나 더 많이 그렇게 하겠습니까?

첫 번째 책을 통해서, 새로운 사상을 가진 현대주의자들이 근본주의자들과 많은 대립이 있었던 역사에 대해서 나눴다. 근본주의자들은 현대주의자들의 믿음을 인정하지 않고 결국 나누어 지게 되었는데, 새로운 사상을 주장하였던 현대주의자들을 중심으로한 FCC가 세계적인 단체, WCC로 도약하는 데 있어서 유엔 헌장 승인이 큰 부분을 차지한 것을 보여 주는 내용이다.

세계 전쟁이 두 번이나 있었고, 너무나도 비참한 경험 후에 그러한 일들을 막고자 하여서 평화적으로 협상할 수 있는 틀을 만들고자 하는 의도는 이해가 간다. 또한 전 세계가 서로 연결되어서 살고 있는 요즘 세상에, 세계적으로 협력해서 도우며 살 수 있는 단체의 장점도 많이 있을 것이라고 생각한다. 그런데, 여기에서 우리가 놓치면 안 되는 부분이 있다. 정치와 종교의 분리이다. 정치와 종교를 분리하지 않으려고 한 것이 계속되는 로마 교회의 노력이었다. 그런데, 전 세계에 정치적으로 영향을 끼치는 기관인 유엔이, 종교 단체에 의해서 틀이 잡혔고, 또한 그 안에서 에큐메니칼 단체들이 세계에 영향을 미치는 Power를 갖게 되었다. Power는 곧 사람들을 움직일 수 있는 능력인데, 세계적으로 국가와 종교를 넘어서 연결이 된 수십억의 사람들이 에큐메니칼이라는 도구로 연결이 되어 있다. 그리고, 두 번째 책에서 이야기를 나누었듯이, 가톨릭에는 정확한 에큐메니칼에 대한 정의를 가지고 있다. 다음은 두 번째 책에서 나눴던, 바티칸 공의회에서 선포한 내용이다.

A council is never ecumenical unless it is confirmed or at least accepted as such by the successor of Peter; and it is prerogative of the Roman Pontiff to convoke these councils, to preside over them and to confirm them. (122)

어떤 공의회라도 베드로의 후계자가 승인하거나 최소한 수용하지

않는 한 결코 에큐메니칼일 수 없습니다. 이러한 공의회들을 소집
하고 주재하고 확인하는 것은 로마 교황의 특권입니다.

바티칸 공의회에서 선포된 것이기에 이들은 성경과 같은 권위를 가
지고 인정하는 내용이다. 에큐메니칼은 로마 교회가 수용함이 없이는
설 수 없다는 내용이기 때문에, 에큐메니칼 단체들을 세우고 전 세계
를 하나가 되도록 하자고 하는 노력은 로마 카톨릭 교회의 권위 아래
서 하나가 되어야 한다는 것이므로 적그리스도의 전략 #1이다. 그렇
기 때문에, FCC도 설립되었을 당시부터 로마 교회와 긴밀한 관계를 유
지하며 사역한 것을 볼 수 있다.

또한, 우리는 적그리스도의 전략 #7을 통해서, 어떤 모양으로 일을
하더라도, 결국 로마 교회를 세우는 모습이 되도록 하는 그들의 노력
에 대해서 이야기했다. 세상에 평화를 세우겠다고 전 세계가 에큐메
니칼 단체들을 중심으로 해서 여러 모양으로 노력하지만, 결국은 그
러한 모든 노력이 로마 교회를 세우는 것이 된다는 것이다. FCC 곧,
WCC 또한 로마 교황청의 Pontifical Council for Promoting Christian
Unity(기독교 일치 추진을 위한 교황청 평의회)와 공동으로 사역하는
단체이다.

로마 교회가 한편으로는 정치와 분리된 영적 지도자의 모양으로 사
람들에게 나타내 보이고 있었지만, 다른 한편으로는 에큐메니칼 단체
들을 사용하여서 세상 지배 영향력을 한없이 키워 가고 있었던 것이

다. 그러한 에큐메니칼 단체들이 대부분 기독교 단체들인 것을 볼 때, 기독교 단체들이 하나님 편에 서 있는 것이 아니라 적그리스도 편에 서 있다는 것을 부정할 수 없는 것이 우리의 현실이다.

16

이스라엘 국가 수립 1948년

역사를 통해서 반유대주의도 적그리스도의 세력을 통해서 일부러 구성된 것이며, 시온주의 또한 그들의 세력에 의해서 구성된 것임을 알게 되었다. 나쁜 것을 반대하는 생각은 다 좋은 생각일 것이라는 잘못된 분별로 두 가지의 나쁜 사상이 서로 대립하는 구조를 일부러 만들어 놓은 것이다. 반유대주의를 대적하는 시온주의가 선한 것도 아니고, 시온주의를 대적하는 반유대주의가 선한 것도 아니다. 그런데 잘못된 두 사상을 가지고 서로 대적하고 논쟁하면서 결국 진정 모든 악한 일의 배후에 있는 적그리스도의 영향력을 놓치게 한다. 사단은 우리를 참소자가 되도록 유혹하면서 진정 우리가 참소해야 하는 참어두움의 대상을 놓치도록 한다.

그렇게 해서 이루어지게 된 역사가 1948년에 있었던 이스라엘 국가 수립이다. 제2차 세계 대전을 통해서 반유대주의로 인해 너무나도 끔찍한 고통을 당한 유대인들을 위해서 팔레스타인에 그들의 주거지를 세워 주어야 한다는 것이 시온주의자들의 주장이었다. 고통받은 사람들을 배려하는 모습을 하고 있지만, 팔레스타인에 무력을 통해서 나라를 세우는 것은, 그 땅에 살던 사람들에게 유대인이 받은 것과 같은 고통을 주는 상황을 만드는 것이다. 시온주의자들은 팔레스타인 지역에 유대인 국가를 세우는 것이 하나님의 말씀의 성취라고 주장하면서, 인간의 무력을 통해서 원하는 바를 쟁취하고 나서 그것을 하나님의 뜻이었다고 하는 악행을 저질렀다. 하나님께서 하시는 일이 불법적이고, 부도덕하고, 비열하며 사악한 일일 수는 없다. 그런데, 시온주의를 인정하게 될 때에, 하나님을 우리의 악행을 기뻐하시는 하나님으로 만들게 되는 것이다. 이스라엘을 회복하겠다고 하면서 이스라엘 주위의 민족들에게 행하였던 악한 일들은 절대로 하나님께서 기뻐하실 수 있는 일들이 아니다. 그러한 악행을 하나님의 일이라고 선포하는 것 자체가 적그리스도의 일이었던 것이다.

그런데, 이스라엘의 국가가 설립되는 실제적인 과정에 대한 역사적인 자료들을 살펴보면서 진실된 역사에 너무나도 무지한 현대 시대의 우리의 모습으로 인해서 놀라지 않을 수 없었다. 무지함에 놀란 첫 번째 이유는 이스라엘 국가를 세우는 것에 유대인 단체가 중심이 되었을 것이라고 생각하였는데, 전혀 그렇지 않은 것을 보고 놀라게 되었다. 다음은 1945년 당시 국방부 장관이었던 George Grew가 Truman 대통령에게 쓴 Memorandum 내용이다.

Department of State Washington

May 28, 1945

MEMORANDUM FOR THE PRESIDENT

Subject: Palestine

It has come to our attention that the American Christian Palestine Committee has written all the members of Congress, asking them to write you urgent that now the war in Europe is over, steps be taken to implement a pro-Zionist policy regarding Palestine with the aim of opening the country to unrestricted Jewish immigration and creating a Jewish state.

The American Christian Palestine Committee of which Senator Wagner is the chairman, includes among its members a number of distinguished non-Jews, both in Congress and elsewhere, who are interested in reaching a solution of the Palestine problem along Zionist lines. We have every reason to believe that a large number of the members of both Houses of Congress will comply with the Committee's request and will write you in the sense indicated above.

In considering this matter, you may wish to bear in mind the fact that Palestine may be included among the dependent areas for which a system of trusteeship is being evolved at San Francisco, and that definite arrangements regarding specific territories are to be considered later. You will also recall that there has been a marked growth of tension in the last few days in the Near East as a result of the crisis in Syria and Lebanon and renewed outbreaks of terrorism in Palestine itself. In the circumstances it is believed that any action on the part of the American Government along the lines desired by the American Christian Palestine Committee would increase the prevailing tension in the Near East. (George Grew)[123]

워싱턴 국무부

1945년 5월 28일

대통령을 위한 각서

주제: 팔레스타인

주목할 사항이 있는데 그것은, 미국 기독교 팔레스타인 위원회(American Christian Palestine Committee)가 의회의 모든 의원들에게 편지를 보내고 있으며, 지금 유럽의 전쟁이 끝난 상황이므로 시온주의자들의 정책인 유대인들의 무제한 이민과, 유대인의 국가를 세우는 것을 추진해야 한다는 긴급 서한들을 당신에게 써서 보내 달라고 요청하는 내용입니다.

Wagner 상원 의원이 의장으로 있는 미국 기독교 팔레스타인 위원회에는 많은 비유대인 저명한 사람들을 멤버로 가지고 있으며, 국회에서도 그렇고, 국회 외에 다른 곳에서도 팔레스타인 문제를 시온주의의 노선에 따라 해결하고자 하는 데에 관심이 있는 자들입니다. 우리는 분명히 많은 수의 상원과 하원의 양쪽 의원들이 다 이 위원회의 요청에 따라 당신에게 위에 설명한 대로 편지를 쓸 것이라고 생각하고 있습니다.

이 문제에 관해서 고려하여 볼 때에, 팔레스타인은, 샌프란시스코에서 진행된 신탁 통치 제도에 속하여 있는 종속된 지역으로서 특정 지역에 대한 명확한 합의는 나중에 고려하여야 할 것이라는 사실을 염두해 두시는 것이 좋을 것 같습니다. 또한 시리아와 레바논의 위기와 팔레스타인 자체의 새로운 테러리즘 발생으로 근동 지역에서 지난 며칠간 긴장이 현저하게 고조되었다는 사실을 기억하실 것입니다. 이러한 상황에서 미국 기독교 팔레스타인 위원회에서 원하는 노선에 따라 미국 정부가 어떠한 행동을 취하게 된다면 근동 지역에서의 널리 퍼진 분열을 증가시킬 것이라고

믿어집니다. (George Grew)

한 부분만을 삽입하면 전체 내용을 설명할 수 없을 것 같아서 대통령에게 보낸 각서 전체 내용을 그대로 다 넣었다. 이 내용을 보면, 유대인들을 위한 국가 설립을 추진하는 단체는, 미국 기독교 팔레스타인 위원회라는 단체이고, Wagner 상원위원을 중심으로 유대인들이 아닌 저명한 비유대인이 많이 속해 있는 단체라는 것이다. 그들의 영향력으로 인해서, 모든 상원과 하원의원들이 대통령에게 유대인을 위한 국가를 세울 것을 부탁하는 편지들을 보내게 될 것이라고 설명하고 있다. 유대인 단체가 아닌 기독교 단체라는 것에 놀랐고, 또한 이렇게 영향력이 큰 기독교 단체가 있었다는 사실에 놀랐으며, 한 단체가 원하는 대로 모든 상원과 하원 의원들이 다 따라 줄 만큼 한 단체에 휘둘릴 수 있는 미국의 정치 상황에 대해서 놀랐다.

팔레스타인 문제에 대해서는 바로 전해인, 1944년에, 제78차 하원 외교위원회 청문회에서 대대적으로 다루어졌던 문제라는 사실을 알게 되어서, 청문회의 기록을 살펴보면서 정확한 당시 상황을 파악하기로 했다. 또한, 미국 기독교 팔레스타인 위원회에서 상원과 하원의원들에게 보냈던 편지 내용을 살펴볼 수 있었다. 앞에서 설명한 내용과 같은 내용이었는데, 편지 왼쪽편에는 그 단체에 속해 있는 임원들의 이름이 나열되어 있었다.[124]

청문회 내용을 살펴보면서 놀라지 않을 수 없었던 사실은, 이러한 중요한 사실이 결정되고 진행되는 데에 있어서, 성명을 발표하고, 증언하고, 승인을 요구하는, 청문회 관련자들의 이름들 중 대부분이, 미국 기독교 팔레스타인 위원회의 임원 목록에 있는 이름이었다는 것이다.

다음에 열거한 모든 사람들은, 편지에 나열되어 있었던 미국 기독교 팔레스타인 위원회의 임원 목록 중에서 청문회에 참여한 사람들의 이름들이다.(125)

Hon. Robert F. Wagner(Founder and Honorary Chairman)

Dr. Henry A. Atkinson(Founder and Honorary Chairman)

Hon. Owen Brewster(Co-Chairman)

Hon. James M. Mead(Co-Chairman)

Rev. Dr. Daniel A. Poling(Co-Chairman)

Hon. Warren G. Magnuson(Vice-Chairman)

Hon. Joseph W. Martin, Jr.(Vice-Chairman)

Hon. John W. McCormack(Vice-Chairman)

Phillip Murray(Vice-Chairman)

Hon. Arthur H. Vandenberg(Vice-Chairman)

Hon. Sumner Welles(Vice-Chairman)

Dr. Carl Hermann Voss(Executive Council Chairman)

Rev. Karl M. Chworowsky(Executive Council)

Prof. Carl J. Friedrich(Executive Council)

Prof. S. Ralph Harlow(Executive Council)

Rev. Dr. John Haynes Homes(Executive Council)

Prof. Reinhold Niebuhr(Executive Council)

Prof. James Luther Adams(National Advisory Council)

Dr. John W. Bradbury(National Advisory Council)

Hon. John M. Coffee(National Advisory Council)

Hon. Everett M. Dirksen(National Advisory Council)

Dr. Walter Clay Lowdermil(National Advisory Council)

Rev. Dr. Leslie T. Pennington(National Advisory Council)

Hon. Claude Pepper(National Advisory Council)

Rev. Dr. Harol Paul Sloan(National Advisory Council)

Prof Paul Tillich(National Advisory Council)

Rev. Dr. Howard B. Warren(National Advisory Council)

결국 팔레스타인 문제에 대해서 결정을 하는 제78차 하원 외교위원회는 미국 기독교 팔레스타인 위원회의 임원들과 그들의 관련자들로 해서 이루어진 모습에 청문회였다. 유엔 헌장 관련 청문회가 대부분 FCC 관련자들의 영향력으로 인해서 승인된 모습과 너무 흡사해서 놀라지 않을 수 없었다.

미국에서 모든 상원의원 하원의원에게 영향력을 끼쳐서 이스라엘이라는 국가 하나를 세울 수 있을 만한 영향력을 가진 기독교 단체가 있었다는 사실이 너무 의아했다. 이들의 노력으로 미국의 지원에 힘입어 유엔을 통한 특별 위원회가 서고, 결국은 그들의 목적대로 이스라엘 나라가 서게 되었던 것이었다. 그래서, 그 단체에 대해서 자세하게 알아보고 싶었지만, 이스라엘이 설립된 후에 단체가 추구했던 목적이 다 이루어진 것으로 인해서 해산하게 되었다는 자료밖에는 찾지 못했다. 이 단체가 해산된 연도가 바로 이스라엘이 설립된 1948년이다.

국가 하나를 세울 정도의 영향력을 가지고 있었던 기독교 단체가 그 목적만을 이루고 해산하였다는 사실도 의아했다. 그러던 중에, 유엔 헌장을 승인하게 되기까지의 FCC의 영향력에 대한 자료를 찾다가 1918년부터 1920년까지 FCC가 직접 출판한 간행물들 전집을 보게 되었다.(126) 그 내용 가운데에는, FCC가 시온주의를 옹호하고 유대인들과 협력하는 것에 대한 내용들이 많이 있었다. 그렇지만, 미국 기독교 팔레스타인 위원회가 활동하던 때보다 시간적으로 25-30년 전의 자료였기 때문에, 두 단체의 연결점을 25-30년 전 간행물을 통해서 찾을 수 있을 것이라고 생각하지는 않았다. 그런데 두 단체의 확실한 연결점이 있었다. 1918년부터 1920년까지의 FCC 간행물을 모은 전집에서 FCC에서 사역을 하는 사람들 관련 내용 가운데에 미국 기독교 팔레스타인 위원회의 임원들을 많이 찾을 수 있었으며, 그들은 모두 미국 기독교

팔레스타인 위원회의 핵심 멤버들이었다. [127]

Dr. Henry A. Atkinson(Founder and Honorary Chairman)

Rev. Dr. Daniel A. Poling(Co-Chairman)

Rev. Daniel L. Marsh(Vice-Chairman)

Bishop Francis J. McConnell(Vice-Chairman)

Rev. Dr. John Haynes Homes(Executive Council)

Dr. Samuel Guy Inman(Executive Council)

Prof. Reinhold Nebuhr(Executive Council)

Rev. Dr. Ralph W. Sockman(Executive Council)

이 이름들은 미국 기독교 팔레스타인 위원회 임원 목록에 이름이 있는 사람들 가운데 25-30년 전 FCC의 간행물 내용을 통해서 그들이 하는 사역 가운데에 이름이 실렸던 사람들만을 추린 명단이다. 그 이후에 FCC에 참여하고 헌신하였던 사람들 중에서도 미국 기독교 팔레스타인 위원회에 참여하였을 사람들도 아주 많이 있었을 것이다. 그런데, 25-30년 전에 사역하였던 멤버들만으로도 이렇게 미국 기독교 팔레스타인 위원회의 주축이 되는 리더진이 세워진 것을 볼 때, 미국 기독교 팔레스타인 위원회는 FCC에 의해 세워진 단체인 것이 확실해졌다. [128]

그렇다면, 유엔 헌장을 쓴 것도 FCC였으며, 청문회에서 헌장의 승인을 받도록 기여한 것도 FCC였고, 이스라엘 나라를 세우기 위한 청문회를 미국 기독교 팔레스타인 위원회를 통해서 승인을 받도록 기여한 것도 FCC였기에, 유엔을 세우도록 하고, 그 후에 유엔을 통해서 이스라엘 나라가 설립이 되기까지의 모든 과정에서 FCC가 결정적인 역할을 감당했다는 것이다.

1918-1920년도의 FCC의 간행물들 내용 가운데에서 많이 발견이 되는 것이, FCC가 시온주의 활동을 전개하면서 카톨릭 교회와 하나가 되어서 일을 하였다는 내용이었다.(129) 그런데 이러한 내용이 의아하였던 것은, 역사를 통해서 우리가 살펴본 바에 의하면 카톨릭 교회는 반유대주의를 퍼트리며 사람들이 민족주의를 가지고 유대인들을 대적하도록 하는 일을 가톨릭 정당들을 통해서 대대적으로 해 왔다. 그런데, 1918-1920년도면, 이후나 이전의 이야기가 아니고 당시의 상황이었는데, 한편으로는 이렇게 시온주의를 돕고 유대인들을 위한다는 일들을 하면서, 또 한편으로는 반유대주의 사상으로 전 세계에 영향을 끼치고 있었던 것이었다. 이러한 그들의 이중적인 모습을 볼 때에 적그리스도의 전략 #2의 양의 모습과 용의 모습을 같이 가지고 사람들을 속이는 그들의 속성을 다시 한번 상기하게 되었다.

17

냉전 시대 1945년-1991년

앞장들을 통해서 적그리스도의 의도에 대해서 알게 된 사실은 이들이 두 가지의 다른 불완전한 사상을 심어 주면서 사람들이 서로 대적하고 싸우도록 하는 상황을 유도한다는 것이었다. 이들은 반유대주의 사상을 퍼트리면서 동시에 시온주의 사상을 퍼트려서 갈등, 충돌, 파벌, 분열이 계속되도록 유도하였다. 그것은, 적그리스도의 전략 #8으로, 사람들을 참소자가 되도록 하여서 서로 손가락질하면서 대적함으로 진정 대적하여야 하는 적그리스도의 세력에 대해서 눈이 가려지도록 하는 것이다. 이들이 적그리스도의 전략 #8을 오랫동안 사용하여 왔지만 우리가 그 사실을 알지도 깨닫지도 못하였던 것은, 이 전략 자체가 우리를 참소자가 되도록 하여서 상대편을 악으로 보는 동안 참악의 근원인 적그리스도의 세력에 대해서는 깨닫지 못하게 하기 때문이다. 그래서 이들은 사람들끼리 서로 목숨 다해서 싸울 만한 적이 될 수 있는 상황을 만드는 것이 목적이다. 그렇기 때문에 계속 대립되는 사상들의 시작에는 적그리스도의 노력이 있었다.

그 예가 공산주의의 시작이다. 공산주의의 시작은 지난 장들을 통해서 설명한 러시아 혁명으로 보고 있다. 그런데, 러시아 혁명은 예수회가 프리메이슨과 일루미나티를 통해서 인위적으로 일으킨 것이라는 사실을 많은 정황들을 통해서 확인하였다. 마르크스주의를 가지고 당시에 파시스트 독재주의를 대적하는 모습으로 Social Democrats라는 정당이 생기고 그러한 사상을 중심으로 한 사람들로 인해서 러시아 혁명이 일어나게 된다.

In 1884, the Social Democratic Party was founded in Switzerland by four militant revolutionaries -- Plekhanov, Vera Sassoulitsh, Deutsch, and Axelrod. Their novel methods of propaganda were directly inspired by the teaching of Marx and Engels. They spread the ideas of Marx among the laboring classes, thus preparing the proletariat for the economic fight. From 1891 to 1894 a series of strikes were declared over Central Russia, at Moscow, and at Petrograd. In 1895, a vast strike was organized at Petrograd by Lenin and Martov, in which 35000 working men participated. (130)

1884년 스위스에서는 플레하노프(Plekhanov), 베라 사술리시(Vera Sassoulitsh), 도이치(Deutsch), 악셀로드(Axelrod) 등 4명

의 호전적인 혁명가가 사회민주당을 창당했습니다. 그들의 혁신적인 선전 방법은 마르크스와 Engels의 가르침에서 직접적으로 영향을 받은 것들이었습니다. 그들은 노동계급 사이에 마르크스의 사상을 퍼뜨렸고, 따라서 노동자들은 경제적 투쟁을 준비했습니다. 1891년부터 1894년까지 러시아 중부, 모스크바, 페트로그라드에서 일련의 파업이 선언되었습니다. 1895년에는 Lenin과 Martov가 Petrograd에서 대규모 파업을 조직했으며, 여기에는 35000명의 노동자가 참여했습니다.

이 글은, 사회 민주당을 창당하여서 사람들을 동원하고, 자신들이 내세우고자 하는 사상이었던 마르크스주의의 사상을 통해서 공산주의가 설 수 있는 기반을 마련하는 것에 관한 내용이다. 결국, 파시스트 독재주의도 로마 교회가 세운 것이었고, 러시아 혁명으로 인한 마르크스주의도 예수회가 세워 나갔던 것이기 때문에, 여기에서 분명히 적그리스도의 전략 #8의 모습을 볼 수 있다. 독재주의와 공산주의의 두 대적이 되는 사상이 다 로마 교회와 예수회를 통해서 세워지게 되었다는 것이다.

그리고 2차 세계 대전 이후로 소련이 무너지기까지의 냉전 시대가 있었는데, 이러한 상황이 생긴 것은 이해하기가 힘들다. 왜냐하면 소련과 미국은 2차 세계 대전 당시 같이 연합군에 속해 있었으며, 서로 대적하는 적이 아니었기 때문이다. 그런데 왜 제2차 세계 대전이 끝나고 나서, 함께 연합군으로 싸웠던 두 세력이 서로 나누어져서 오랫동안 냉전 시대를 겪게 되었을까?

그 이유는 이들의 행적 가운데에서 쉽게 찾을 수 있었다. 적그리스도의 전략 #1으로 인해서 이들은 한 나라나 한 대륙만이 아니라 세계전체 모든 세상 사람들에게서 경배받고자 하며, 이들의 행동은 항상 그들의 영향력이 전 세계에 미치도록 하는 뚜렷한 목적을 가지고 있었다. 그런데, 이들에 의해서 움직이고 있었던 정치 정당들의 특성이 국가를 초월하여서 모든 나라들을 포함한다는 것이었다. 앞에서 마르크스주의를 통해서 세워진 Social Democrats 사회 민주당에 대해 설명하였는데, 이들은 마르크스주의를 통해서 세계의 모든 노동자들이 힘을 합한다는 목적을 가지고 있었다. 이러한 생각이 한 나라를 통해서 나올 수 있는 생각은 절대로 아니다. 전 세계를 지배하려는 뚜렷한 목적을 통해서 행해지는 일들이었다.

In regard to parties like the Centre and the Social Democrats, which may be characterized as international and which in fact form the complement to the pronounced nationalistic side of our public life. One may be permitted to characterize the ideals which they represent as "supernational." These two political parties are a palpable manifestation of the ineradicable cosmopolitan idealism that is inherent in German hood. The ideal of the Centre Party is the unity of the Catholic Church with the Pope as the leader. The ideal of Social Democracy is the brotherhood of the working classes of all countries, the triumph of labor over capital, or the cooperative system of an organization over that of a master class-- in the last analysis, the metamorphosis of the world into one great cooperatively governed commonwealth of producers and consumers. (131)

Centre 정당과 Social Democrats 정당의 특성은 국제적이라는 것이며 그것은 우리의 정치적 생활 부분에 있어서 두드러지는 민족주의적 측면을 보완하는 모양입니다. 이러한 이상은 그들이 표현하듯이 "초국가적"이라고 특징을 지어도 될 것입니다. 이 두 정당들은 독일 사회에 내제되어 있는 근절할 수 없는 국제적 이상주의를 명백하게 표현한 것이었습니다. Centre 정당의 이상은 교황을 지도자로 하는 카톨릭 교회로 하나 되는 것이었습니다. Social Democrats 정당의 이상은 모든 국가의 노동 계급의 형제애, 자본주의에 대한 노동자들의 승리, 그리고 지배계급에 대한 집단의 협동 체제 – 마지막 분석으로는 생산자와 소비자가 협력하여 통치하는 하나의 거대한 공동체로의 세계가 변모하는 것입니다.

이 내용은 1916년에 쓰여진 독일 정치 관련 책에서 당시의 정당들의 특성을 설명하는 내용이다. Centre 정당은, 반유대주의와 민족주의를 가진 카톨릭 정당이었고, 당시 아주 힘이 있는 정당이었다는 것을 앞에서 설명했었다. 또한, Social Democrats는 마르크스주의를 가지고 러시아 혁명을 중심으로 이루어 나간 정당으로 예수회가 프리메이슨과 일루미나티를 사용하여서 연결하고 있는 정당이라고 했었다. 그러니까, 독일은 제1차, 2차 세계 대전을 일으킨 나라인데, 이 나라의 영향력 있는 두 정당이 다 로마 교회와 예수회의 지배하에 있는 정당들이었다는 것이고, 또한, 로마 교회와 예수회의 지배하에 있는 두 정당의 특성은 한 나라에 국한되는 것이 아니라 초국가적, 국제적으로 세계에 영향을 펼치는 모양이었다는 것이다.

초국가적 정당들을 통한 사상은 벌써부터 국경을 넘어설 정도로 연결되어 있었기 때문에, 2차 세계 대전이 끝나고 나서 평화가 온 것이 아니었다. 러시아 혁명 이후 마르크스사상의 초국가적인 정당들을 중심으로 생긴 공산주의 사상은 그 시작부터 적그리스도의 전략 #8에 의한, 서로 다투고 싸우고 대적하고 전쟁을 하도록 만들려는 목적으로, 미국의 독립과 프랑스 혁명 이후 선호되고 있었던 민주주의 사상과 대립되는 사상이었다. 반유대주의 사상을 세울 때에 대립되는 시온주의 사상을 같이 세웠던 것같이, 민주주의 사상이 퍼지고 있을 때에, 그 사상과 대립되며 서로 분쟁하고 분열할 수 있는 공산주의 사상을 세웠던 것이다.

민주주의 사상이 퍼져 가고 있을 때에 초국가적 정당들을 통해서 전세계에 공산주의 사상을 펼쳐 간 그들의 노력의 결과로, 세계 대전 이후에 세계는 공산주의의 소련을 비롯한 동맹국과 민주주의의 미국을 비롯한 동맹국 사이에서 갈등이 이어진 대립 시기, 냉전시대를 갖게 된다.

여기에서 신중하게 생각해야 하는 부분이 있다.
민주주의는 선이고, 공산주의는 악인가?
민주주의는 기독교 국가들의 정치 모양 가운데에서 많이 나타나며, 민주주의를 목숨 다해서 지키고자 하는 생각 가운데에는 참기독교의 사상을 지키는 것으로 인정이 되었던 때도 많이 있었는데, 그것이 바른 생각인가?
민주주의를 전 세계에 퍼지도록 하는 것을 로마 교회와 함께 일하는 기독교 연합 Ecumenical 단체들이 많이 감당하였는데, 그것은 어떻게 이해해야 하는 것인가?

이러한 질문들의 대답은 지난 장들의 내용을 통해서 선명하게 설명되었다. 민주주의의 가장 중요한 부분은, 권력의 전제화를 억제하는 모양의 정치 제도이다. 권력이 특정 인물 혹은 집단에게 독점되지 않도록 분산하여서 견제와 균형에 중요성을 두는 부분은 민주주의에 있어서 필수적인 부분이다. 그런데, 지난 장들을 통해서 확인하였던 사실이, 로마 교회와 함께 일을 하는 단 하나의 기독교 단체가, 정치 모든 분야에 뻗어 있는 그들의 영향력을 사용하여서 유엔을 세우는 것이나, 이스라엘이라는 국가를 세우는 일까지도, 그들이 원하고 계획하는 대로 다 이룰 수 있었다는 것이다. 그것이 독재 정권의 어느 나라에서 이루어진 일이 아니라, 민주주의를 대표하는 나라라고 하는 미국에서, 그토록 중요한 결의안들이 그들의 원하는 모양과 계획대로 움직이게 되는 모습을 확인한 것이다. 그토록 중요한 사항들이 한 단체에 의해서 조정될 수 있는 상태라는 것은, 사람들에게 드러나지는 않게 하더라도, 자신들이 원하는 모든 것은 다 원하는 대로 이룰 수 있는 체계라는 것이다. 결국 현재는, 국민에 의해서 운영된다고 하는 민주주의도, 국민들과 정치인들을 매수할 수 있는 그 힘에 의해서 움직인다는 뜻이다.

아무리 이상적인 모양의 정치 형태를 만들어 놓았다고 하더라도, 너무나도 큰 힘이, 그러한 모든 형태를 이용하여서 자신이 원하는 대로 모든 것이 움직여지는 모양을 만들어 버렸다면, 결국 여러 가지 견제와 제재를 위한 형태는 민중을 속이기 위해서 행해지는 모양밖에는 안 된다는 것이다.

유엔이 서게 되는 것을 보면서도, 또한 이스라엘 나라가 세워지게 되는 것을 보면서도 알게 된 사실은, 지금 미국의 민주주의는 사람들의 눈에는 견제와 제재를 통해서 권력이 분산되어 있으며 국민들에 의해서 운영되는 정치 형태 같아 보여도, 그것은 이 모든 것을 자신들이 원하는 대로 움직일 수 있는 힘을 가지고 있는 어두움의 세력이 사람들이 그렇게 믿도록 허락하고 있을 때까지만이라는 것이다.

그런데 사람들은 진정으로 우리가 대적해야 하는 어두움의 세력에 대해서는 대적하지 않고, 결국은 완전하지 않은 서로 다른 사상들을 가지고 목숨을 다해 싸우고 나누어지고 비방하고 있다. 어떠한 모습의 정치 형태도 한 개인이나 단체가 자신들이 원하는 대로 움직일 수 있는 통제권을 갖게 되면, 정치 형태 모양이 중요한 것이 아니라 통제권의 힘을 가진 세력의 의도만이 중요하게 된다는 것이다. 다시 말해서, 민주주의의 모습으로 힘을 나누어 놓았다고 해도, 그러한 모양까지도 사용해서 원하는 것을 이룰 수 있는 세력이 있으면, 결국은 모든 결정은 그 힘있는 세력이 원하는 대로 되게 되어 있다는 것이다. 아무리 민주주의는 선이라고 생각하는 사람이 있다고 하더라도, 민주주의의 정치 형태를 원하는 대로 움직일 수 있는 권력이 악의 세력이라면, 민주주의가 악의 도구로 쓰일 수밖에 없다는 것이다.

로마 교회는 제2차 세계 대전까지 세계 대전을 일으킨 전범들의 나라들과 협력을 하는 형태를 보여 왔고 파시즘 독재 체제를 추구하는 모습을 확실하게 보여 왔다. 그러면 전쟁이 끝나고 로마 교회를 통해서 드러나는 그들의 정치 노선은 어떠한 모양이었을까? 그것에 대해서 가장 잘 설명해 주는 사건이 1962년에서 1965년까지 있었던 제2차 바티칸 공의회이다. 이 공의회의 주제가 현대 사회에서 전 세계의 필요를 채우기 위한 지원활동에 관한 것이었다. 두 번째 책에서 설명한 것처럼, 제2차 바티칸 공의회를 통해서 기독교를 나누어진 형제라고 표현하면서 포용하였고, 거의 천 년 만에 동방정교회와도 화해하였다. 한편으로는 전 세계를 서로 다른 사상을 가지고 대립하고 싸우고 전쟁을 하도록 만들어 놓은 반면, 또 다른 한편으로는 온 세계가 로마 교회를 중심으로 하나가 되는 그림을 그리도록 하였다. 적그리스도의 전략 #8과 적그리스도의 전략 #1이 두드러지게 나타나는 그런 역사가 냉전시대의 어두운 세력의 역사였다.

18

현재

앞 장을 통해서 자연적 생각의 차이로 인한 것이 아닌, 일부러 대립하도록 만들어진 대적하는 정치 모양을 통해서 전 세계가 둘로 나뉘어져서 서로 견제하고 대적하는 기이한 시대를 지낸 것에 대한 이야기를 나눴다. 그런데, 그러한 냉전 시대는 1991년에 소련이 붕괴하게 되면서 막을 내린다. 그렇다면 반대되는 사상으로 서로 대적을 하고 싸우는 것이 없는 시대에 우리가 살고 있는가?

지금 시대에 볼 수 있는 가장 큰 특징은 하나 되는 현상과 나누어지는 현상 두 가지가 다 급격히 증가한 것이다. 세계적인 연합 단체들을 통해서 세계가 다 하나가 되는 모양을 만들어 가는 반면, 역사적으로 가장 양극화를 보이는 그런 때에 우리가 살고 있다.

그러한 모양은 기독교 단체들을 통해서도 확실이 드러난다. 개신교 안에서 그렇게 큰 나누어짐이 없었다. 그런데 첫 번째 책에서 나누었던 내용처럼, 개신교의 자유주의가 가톨릭의 현대주의의 영향을 받으면서 기독교에 현대주의가 생긴 이후 근본주의자들과의 대대적인 큰 대립이 있었다. 그리고 그때 당시 기독교 현대주의자들이 세운 단체가 FCC였다. 이 단체가 유엔 헌법을 작성한 단체이며, 이 단체가 지금의 WCC가 되었기 때문에, 이들은 자유주의 진보주의의 성향을 가진 단체이다. 그리고 또한 현대주의자들과 대립을 하면서 생기게 된 단체가 National Evangelical Association(이하 NEA)이며, 이들은 보수주의 성향을 가진 단체이다. 그런데, 두 번째 책에서 이야기한 것처럼, NEA가 제2회 바티칸 공의회를 기점으로 해서 카톨릭과 좋은 관계를 유지하게 된다. 이 단체는 World Evangelical Alliance(이하 WEA)의 멤버가 되는데, 복음주의 교회들의 세계적 협회이다.(132)

WCC는 유엔의 설립 전부터 많은 영향력을 끼치며 계속해서 유엔과 사역해 왔고, WEA는 1997년부터 유엔의 경제사회이사회(ECOSOC)와 협의적 지위를 갖고 UN 메커니즘에 참여하고 있다. 그리고, 2015년 WCC와 WEA는 긴밀한 협력 계획을 발표하고 2016년에는 Pontifical Council for Promoting Christian Unity(교황청 기독교 일치 촉진 평의회)와도 협력 관련 성명을 한다.(133)

기독교 대부분의 진보주의 교회들을 포함하고 있는 WCC나 기독교의 대부분의 복음주의 교회를 포함하고 있는 WEA는 모두 로마 교회와 마음이 합하여졌고, 또한 두 단체 다 유엔에서 기독교인들을 대표하는 사역들을 감당하고 있다는 것이다. 적그리스도의 전략 #1이 이루어진 모습이다.

기독교의 단체들이 연합하면서 세계적인 단체가 된 후 그들은 정치에 큰 영향력을 미치고 있다. 그런데 그러한 기독교 단체들의 정치적 성향은 하나가 아니고 둘로 나뉘어져서 완전히 상반되는 모습이다. 기독교 단체들의 정치적 성향에 따라 기독교인들의 정치적 성향도 양극화가 되었는데 완전히 흑백의 논리로 상대방을 악으로 놓고 대립하고 싸우는 모양이다.

기독교의 교리가 정치 성향에 맞추어서 정립되면서, 기독교인들의 서로 다른 정치 성향으로 인해서 대립이 되는데, 진보적인 정치 성향과 보수적인 정치 성향이 양극화되어서 서로를 대적하고 상대방을 악마화한다. 그러한 양극화된 성향이 두드러지는 가운데에도, 양쪽이 다 로마 교회와는 하나 된 모습이다. 서로는 다투고 나누어지고 싸우면서도 정작 다투고 싸워야 할 어두움의 세력과는 손을 잡고 있는 모습이다.

이것이 적그리스도가 가장 바라는 모습이다.

이것은, 적그리스도가 반유대주의와 시온주의를 만들고 서로를 비방하면서 악의 세력은 비방하지 못하게 하였던 역사와 같다. 이것은 적그리스도가 공산주의를 만들고 민주주의를 장악하고 나서, 서로를 비방하도록 하면서 악의 세력은 비방을 못 하게 하였던 역사와 같다.

적그리스도가 원하는 것은, 세계에 있는 나라들이 혼란을 겪고 나누어짐으로 인해서 세계 정부에 대한 필요성을 더욱더 느끼고 세계 정부를 사람들이 원하도록 만드는 것이다.

그렇게 다 양극화되어서 다투고 있는 가운데에, 주권이 흔들리고 있는 나라들은 많아지고 있고, 세계 정부의 필요성의 목소리는 높아지고 있다. 지금은 정말 우리가 눈을 떠야 하는 때인 것이다.

19

하나님의 군사들의 전략과 전술

하나님께서 인간의 역사의 모든 시간을 통하여서 우리에게 영원한 생명을 주시기 위한 하나님의 구원 프로젝트를 이어 오셨듯이, 악의 세력도 그러한 하나님의 역사를 막기 위해서, 지난 역사의 모든 시간 동안 하나님을 대적하고, 구원의 역사를 방해하였던 것이 곧 적그리스도의 역사임을 깨닫게 되었다. 그런데, 우리가 적그리스도의 행적에 너무나도 무지하였던 것은, 그들이 전략을 사용하여서 우리를 미혹하는 노력을 계속해 왔기 때문이다. 성경에서도 이들의 속성이 미혹하는 자라는 사실이 여러 곳에서 설명되어 있다.

요한계시록 19장 20절

짐승이 잡히고 그 앞에서 표적을 행하던 거짓 선지자도 함께 잡혔으니 이는 짐승의 표를 받고 그의 우상에게 경배하던 자들을 표적으로 **미혹하던 자라** 이 둘이 산 채로 유황불 붙는 못에 던져지고

마가복음 13장 22절

거짓 그리스도들과 거짓 선지자들이 일어나서 이적과 기사를 행하여 할 수만 있으면 택하신 자들을 **미혹하려 하리라**

그렇기 때문에 우리의 전략은, 우리를 미혹하려는 그들의 전략을 무너뜨리는 것이 우리의 전략이 되어야 한다.

이들의 행적과 목적, 전략을 다 알게 되었는데, 그렇다면 우리는 이러한 상황에서 어떻게 하여서 "그가 준 그대로 그에게 주고," "그의 행위대로 갑절을 갚아 주고," "그가 섞은 잔에도 갑절이나 섞어 그에게 주고," "그만큼 고통과 애통함으로 갚아" 줄 수가 있을까?

이 상황에서 우리가 기억해야 하는 사실은, 우리의 힘으로 싸우면 질 수밖에 없다. 우리 대신 하나님께서 싸우시도록 하여야지만 승리할 수가 있다. 그런데 하나님께서 싸우시도록 하려면, 하나님의 방법대로 싸워야 한다.

우리를 미혹하는 그들의 전략을 무너뜨리는 것이 우리의 전략인데 이러한 우리의 전략을 잘 감당하기 위해서 말씀을 통해서 어떻게 할 때에 그들의 전략을 무력화함으로 그들이 전략을 세우지 않았던 것보다 훨씬 더 큰 파멸이 되어 피해를 입게 되는지를 알아보기로 하자.

불의는 진리로 대응해야 한다

에스겔 22장 2절

인자야 네가 심판하려느냐 이 피흘린 성읍을 심판하려느냐 그리
하려거든 자기의 모든 가증한 일을 그들이 알게 하라

진실이 거짓보다 강한 것은, 거짓으로 쌓은 모든 것이, 진실 하나에
다 무너지게 되고, 거짓으로 만든 모든 관계들은, 진실 하나에 다 끊
어지게 되며, 거짓으로 생긴 모든 오해는, 진실 하나에 다 풀어지게 된
다. 아무리 오랫동안 공들여서 쌓은 거짓이라도 진실 하나에 모든 공
이 사라지고 오히려 적대하게 되기 때문에, 진실이 거짓을 이긴다.

어두움은 빛으로 쫓아야 한다

에베소서 5장 13절

그러나 책망을 받는 모든 것은 빛으로 말미암아 드러나나니 드러
나는 것마다 빛이니라

누가복음 8장 17절

숨은 것이 장차 드러나지 아니할 것이 없고 감추인 것이 장차 알
려지고 나타나지 않을 것이 없느니라

빛은 어두움을 쫓아내는 수단이다. 빛 가운데에 어두움이 임하는 순간 어두움은 그 자취를 감춘다. 그렇지만 어두움 가운데 작은 불이 비쳐져도 그 주위의 어두움이 물러나고 모든 사람들이 그 빛을 볼 수 있게 된다. 그래서 빛은 어두움을 이길 수밖에 없다. 이들의 어두움의 행적들이 빛으로 밝혀지게 되면, 어두움의 모양으로 더 이상 존재할 수 없게 될 것이다. 모든 악행과 계략과 미혹의 역사가 드러나게 될 때에, 그들은 절대로 그 어두움의 역사를 계속해서 이어 갈 수 없게 된다.

악은 선으로 이겨야 한다

로마서 12장 21절
악에게 지지 말고 선으로 악을 이기라

하나님은, 선으로 악을 이기라고 하시는데, 그것이 세상에서 당하기만 하고 참기만 하는 것이라는 생각을 가지고 있다. 그런데, 진리 가운데에서는 오히려 반대이다. 하나님은 선이시고 사단은 악이지만 항상 하나님께서 승리를 하시는 것과 같은 이치이다. 선이신 하나님의 능력으로 인해서 악인 적그리스도를 물리치라는 것이다. 그리고 하나님의 능력은, 정치, 경제, 사회의 모든 분야에서 가장 뛰어난 능력이다. 그래서 선으로 악을 이기는 것이 약하고 무력한 모양이 아니라, 선이신 하나님께서 모든 악에 대해서 징벌하시는 강하고 크신 능력이다. 요한계시록 18장 말씀에도, 받은 것을 배나 갚아 주라고 명령하셨는데, 하나님의 뜻대로 확실히 이기는 싸움을 하려면, 우리 수준으로 싸우면 안 된다. 확실히 이길 수 있는 그림을 그려야 한다. 그래서 하나님께서 주신 방법이, 선으로 악을 이기라는 것이다. 그것이 바로 진실로 거짓을 이기는 것이며, 그것이 바로 빛으로 어두움을 몰아내는 것이다.

그렇기 때문에 우리의 전략은, 그들의 전략을 무너뜨리는 것이 우리의 전략이다.

그리고 우리의 전술은, 불의를 진리로 대응하고, 어두움을 빛으로 쫓아내며, 선으로 악을 이기는 것이다!!

우리에게는 승리가 보장되어 있다. 믿음으로 누릴 수 있는 승리이다.

다니엘 11장 31-32절
군대는 그의 편에 서서 성소 곧 견고한 곳을 더럽히며 매일 드리는 제사를 폐하며 멸망하게 하는 가증한 것을 세울 것이며, 그가 또 언약을 배반하고 악행하는 자를 속임수로 타락시킬 것이나 오직 자기의 하나님을 아는 백성은 강하여 용맹을 떨치리라

이 말씀은. 매일 드리는 제사를 폐하며 멸망하게 하는 가증한 것을

세우는 자에 관한 말씀이다. 우리가 계속해서 이야기를 나눈 적그리스도를 설명하는 말씀이다. 그런데, 이어지는 말씀에서, "오직 자기의 하나님의 아는 백성은 강하여 용맹을 떨치리라"라고 말씀하신다. 적그리스도의 힘이 강하고 약하고 의 문제가 아니라, 우리가 하나님을 아는지 모르는지에 대한 문제다. 인류의 역사가운데 구원의 은혜를 펼쳐오신 하나님의 크신 사랑을 알고, 하나님께서 대적 하라고 하시는 세력을 앎으로 인해서, 적그리스도의 편에 서지 않고 하나님 편에 선 하나님의 군사들에게는 "강하여 용맹을 떨치리라"라고 하신 말씀을 온전히 이루실 것이 확실하다.

요한계시록 17장 14절

그들이 어린 양과 더불어 싸우려니와 어린 양은 만주의 주시요 만왕의 왕이시므로 그들을 이기실 터이요 또 그와 함께 있는 자들 곧 부르심을 받고 택하심을 받은 진실한 자들도 이기리로다

요한계시록 17장 14절 말씀은, 이길 수밖에 없는 싸움을 하는 우리에게 확신을 주시는 말씀이다. 우리가 우리 주님과 함께 있으며 싸울 때 이길 수밖에 없는 것은, 이길 것을 벌써 말씀으로 선포하셨고 약속하신 일이기 때문이다.

디모데후서 4장 7절

나는 선한 싸움을 싸우고 나의 달려갈 길을 마치고 믿음을 지켰으니

고린도전서 9장 26절

그러므로 나는 달음질하기를 향방 없는 것 같이 아니하고 싸우기를 허공을 치는 것 같이 아니하며

이 말씀들은 사도 바울이 그가 감당한 영적 전쟁의 전략을 가르쳐주는 내용이다. 그는 싸울 때에 선으로 악을 이기는 선한 싸움을 싸웠으며, 믿음을 지키는 진리를 따르는 싸움을 싸웠다. 그렇게 함으로 인해서 그의 싸움은 허공을 치는 것이 아니었고, 사도 바울 한 사람의 선한 싸움으로 인해서 미친 영향은, 적그리스도의 세력의 전략을 무너뜨리고 세상의 많은 사람에게 영원한 생명이 나누어지는 그런 축복의 영향이었다.

이제는 우리가 하나님의 역사를 보는 관점이나 어두움의 세력의 역사를 보는 관점을 확실히 하여야 한다.

하나님은 수천 년 동안 이어 오는 구원 프로젝트를 통해서 하나님의 인 치심을 받는 자들, 하나님의 왕국에서 같이 살 자녀들을 얻으시기

위한 목적을 가지고 일해 오셨다.

사단은, 수천 년 동안 이어 오는 하나님의 구원 프로젝트를 방해하고, 망치게 하고, 대적하여서, 사람들이 하나님의 인 치심 받지 못하게 하고, 모든 사람들로 짐승의 표를 받도록 하는 목적을 가지고 일을 하였다.

우리는 달음질하기를 향방 없는 것같이 아니하고 싸우기를 허공을 치는 것같이 아니하는 싸움을 싸우되 선이신 하나님에 편에 선한 싸움을 싸울 것이며, 불의를 진리로 대응하고, 어두움을 빛으로 쫓아내며 악으로 선을 이겨서, "나의 달려갈 길을 마치고 믿음을 지켰노니"라는 선포를 하는 자들이 될 것이다.

20

부흥 정치, 부흥 경제, 부흥 사회

지난 장에서는 우리의 영원한 축복을 빼앗기 위해서 사용해 왔던 적그리스도의 전략을 대항할 하나님의 군사들의 전략과 전술을 세웠다. 하나님의 군사들의 전략은 적그리스도의 전략을 무너뜨리는 것이며, 하나님의 군사들의 전술은 불의를 진리로 대응하며, 어두움은 빛으로 쫓아내어, 선으로 악을 이기는 것이다! 그런데, 역사적으로 적그리스도가 일하여 온 것을 살펴보았을 때에, 이들이 정치와 경제와 사회 전반에 걸쳐서 영향력을 미치며 일을 하는 모양이었다는 것을 알 수 있었다. 그렇기 때문에 우리가 적그리스도와 전쟁할 때에 악의 세력을 대적하는 전쟁이기에 영적으로만 싸우는 것이라고 생각하면, 우리의 삶의 모든 분야에서 승리하는 전쟁을 할 수가 없다. 그렇기 때문에, 이 장을 통해서는 하나님의 군사들이 어떠한 관점을 가지고 있을 때에, 정치와 경제와 사회 모든 분야에서 어두움의 세력에 속하게 되는 것이 아니라 하나님에게 속하게 되는 부흥 정치, 부흥 경제, 부흥 사회를 이룰 수 있는지 알아보자.

우리는 역사를 통해서 적그리스도의 세력이 영적인 권력만이 아니라 세상의 세속적인 권력을 가지고 전 세계를 지배하려는 노력을 계속해 왔던 것을 보았다. 로마 교회의 세상 정치 권력에 대한 열망이 얼마나 큰지를 너무나도 잘 알기 때문에, 하나님의 군사들이 정치 분야에 대해서 무지하게 있으면 안 된다. 역사적으로 로마 교회를 통해서 계속해서 볼 수 있었던 특징은 종교와 정치권력의 결탁이다. 종교와 정치가 Power를 공유하면서 사람들을 통제해 왔고, 로마 교회가 대중을 자신들의 권력 아래 두기 위해서 항상 정치 세력과 공모한 것을 보았다. 현대 민주주의 국가는 종교의 자유를 기반으로 한 종교 분리 시스템을 채택하고 있다고 하더라도, 모든 국경을 넘는 에큐메니칼 단체들의 정치 영향력을 사용하여서 전 세계에 정치적인 Power를 가지게 된 것도 확인하였다.

그런데 Power가 무엇인가? 이 세상에서 Power는 더 많은 사람에게 영향력을 끼칠 수 있는 권한이다. Power는, 능력, 통제, 지배, 권한, 영향, 관할권, 관리, 주권 등으로 정의된다. 그렇다면, Power의 크고 적음은, 얼마나 더 많은 사람을 통제를 할 수 있는지, 얼마나 더 많은 사람들을 지배할 수 있는지, 얼마나 더 많은 사람에게 영향력을 끼칠 수 있는지로 판단이 된다는 것이다. 그렇기 때문에, Power는 사람을 모으는 것이며, 그렇기 때문에, 모든 세상 사람들이 무릎을 짐승에게 꿇게 된다는 것은, 가장 큰 Power를 갖는다는 뜻이 된다. 그러니까, 적그리스도의 궁극적인 마음의 소원은 Power이며, 이 세상의 모든 사람들이 자기에게 무릎을 꿇게 될 때까지 어떠한 방법으로도 Power를 더 갖기 위해서 노력한다는 것이다.

그래서 우리를 돌아볼 때에 우리의 추구가 Power를 쫓고 있는 것인지 아닌지를 살펴보는 것이 중요하다.

더 많은 멤버를 통해서 더 큰 힘이 부여가 된다.
더 많은 협력 단체를 통해서 우리를 목소리를 더 크게 외칠 수 있게 된다.
더 많은 사람들이 우리의 뜻을 따르게 함으로 인해서 우리의 목소리가 더 잘 인정된다.

교회에서 복음을 전하는 일을 위해서라고 할지라도, 큰 교회를 이루는 것으로 큰 영향력을 나타내기 바라는 것이면, 그것은 Power를 따라가는 것이며, 그것은 적그리스도의 궁극적인 마음의 소원과 합하여지는 것이다.

전 세계에 더 큰 영향력을 나타내기 위해서 기독교 정치인들조차도, 조찬기도회로 서로 network을 하고, 그러한 연결로 인해서 더 큰 Power를 행사할 수 있게 되려고 노력을 한다. 결국 Power를 추구하고 있으면서 하나님의 일을 한다고 하는 것은, 적그리스도와 같은 마음을 품고 선한 모양을 가져 보겠다는 것이기 때문에 결국 이중적인 것이며 하나님으로부터 나온 것이 아니라는 것이다.

그럼 좋은 영향력을 끼치기 위해서 큰 교회를 세우고 사람들을 군사로 모으는 것이 나쁘다는 것인가?

종교는 집단이지만 신앙은 개인이다.

집단이 될 때에는 무리를 제어하는 Power가 있게 되지만, 개개인으로 나누어지게 되는 것은 Power를 따르는 것이 아니다.

여기에 교회와 기독교 단체가 생각해 보아야 하는 부분이 있다.

하나님의 군대는, 집단의 모양이 아니다. 개개인이 하나님과 연결되어서 주님의 음성을 따르는 모양이다. "종교"는 집단의 목소리를 따르게 되지만 "신앙"은 나를 인도하시는 목자의 목소리를 따르게 된다.

예수님의 제자 된 자가 정치를 할 때에는, 종교인의 모습으로 사람들을 모아서 힘을 키우고 목소리를 높이지 않는다.
예수님의 제자 된 자가 정치를 할 때에는, 신앙인의 모습으로 하나님께서 그 나라와 백성들을 향하여서 베푸시고자 하시는 가장 큰 뜻을 찾는다. 정치를 하는 자리에 있는 자들이 Power를 좇으며 정치를 할 때에는, 결국 적그리스도의 편에 설 수밖에 없게 된다.

성경에서 말씀하시는 영향력은, 많은 사람들을 모아서 영향을 행사하는 그런 Power가 아니라, 어두움 가운데 빛과 같고 부패하는 상황에서 소금과 같은 영향력이다. 어두움 가운데에 빛과 같이, 불의 가운데에 진리가 서도록 하는 것이고, 부패하는 세상에 소금과 같이, 선으로 악을 처벌하도록 하는 것이다.

그렇기 때문에, 사람들에게 영향을 끼치는 자리에, 다니엘과 같이 하나님을 두려워하면서 하나님의 지혜를 가진자가 서게 되는 것은 너무나도 중요하다.

다니엘은 하나님을 두려워하는 자였다. 외식하는 자가 아니라, 자신을 알고 자신이 내려놓아질 때 역사하시는 크신 하나님의 능력을 아는 자였다. 그래서 자신의 능력이 아니라 하나님의 능력으로 사는 자였다. 그래서, 그의 지혜는 인간의 지혜가 아니라 하나님의 지혜였다. 다니엘 한 사람이 너무나도 어둡고 캄캄한 시대에 빛과 소금이 되었다. 신앙인이 정치를 할 때 빛과 소금이 되는 좋은 예이다. 이러한 빛과 소금이 되는 신앙인 정치인들은, 그들이 힘을 모아 보려고 하고, Power

를 키워 보려고 하는 것이 아니라, 어느 곳에 있든지 어두움을 몰아내는 빛이 되고, 부패를 없애는 소금이 되기 때문에, 참빛 되시는 우리 주님께서 참목자가 되셔서, 종교 단체의 목소리가 아니라, 주님의 목소리를 따르며 사는 자들이 되며, 그러한 자들로 이루어진 군대에는, 주님이 군대의 대장 되시는 것이 가능해진다.

종교는 "집단"이며 신앙은 "개인"이다.

집단의 모양으로 Power를 행사하는 부분이 있는지를 돌아보고, 그러한 부분이 있다면, 그것은 하나님께 속한 부분이 아니라 적그리스도에게 속한 부분인 것을 깨닫고 회개하여야 한다. 교회와 교단, 커진 몸집으로 인해서 힘이 생겼다면, 정말 위험하게 된 상황임을 알고 돌아보아야 한다. 교회와 교단은 종교가 아닌 신앙을 추구하는 단체가 되어야 한다. 집단이 아닌 개개인이 하나님의 인도하심을 받는 참부흥의 횃불을 든 자들이 되도록 하는 일에 힘써야 한다. **이것이 부흥 정치이다.**

그런데, 적그리스도가 추구하는 Power는 정치적인 부분의 영향력으로 인한 것만큼 경제적으로 인한 부분에 중점을 둔다. 결국 돈으로 권력을 살 수 있고, 또한 권력을 통해서 사람들의 경제권을 통제할 수도 있다. 그래서, 정치와 경제는 Power를 얻고 누리는 데 있어서 나누어질 수가 없다. 그리고 우리가 아는 것은, 요한계시록 13장 17절에, "누구든지 이 표를 가진 자 외에는 매매를 못하게 하니 이 표는 곧 짐승의 이름이나 그 이름의 수라" 하는 말씀에서, 적그리스도의 세력이 매매를 못 하도록 하는 권력을 통해서 사람들의 경제권을 통제할 세력이라는 것이다.

그래서 우리는 경제 분야에서도 승리할 수 있는 전략을 세워야 한다. 전 세계를 움직이는 금융시장의 세력이 다 연결되어 있으며, 그들의 목적에 따라서 언제든지 상황을 조정하여 자신들이 정한 표적 대상에 대해서 경제적 재난을 가져올 수 있는 모양이 되었다는 것은 공공연한 사실이다. 세상의 모든 정권의 힘과 경제의 힘이 아우러져 있으며 그 모든 경제력의 연결점이 적그리스도로 향하고 있다는 것은 누구도 부인할 수 없는 사실이다.

그들의 경제력에 대항하기 위해서 그들을 맞설 경제력을 현재 우리가 가지고 있는 것은 아니다. 그렇지만 그들을 맞설 경제력을 언제든지 주실 수 있는 분이 하나님이시다. 그런데, 하나님의 편에 서서 하나님의 능력을 누리고자 할 때에, 하나님의 말씀을 믿음으로 따라야 하는 전제 조건이 있다.

잠언 13장 22절
선인은 그 산업을 자자 손손에게 끼쳐도 죄인의 재물은 의인을 위하여 쌓이느니라

잠언 28장 8절

중한 변리로 자기 재산을 늘이는 것은 가난한 사람을 불쌍히 여기는 자를 위해 그 재산을 저축하는 것이니라

욥기 27장 16, 17절

그가 비록 은을 티끌 같이 쌓고 의복을 진흙 같이 준비할지라도 그가 준비한 것을 의인이 입을 것이요 그의 은은 죄 없는 자가 차지할 것이며

죄인의 재물은 의인을 위해서 쌓이게 하신다고 한다. 중한 변리로 늘린 재산은 가난한 사람을 불쌍히 여기는 사람에게 주신다고 한다. 의인과 죄 없는 자가 은과 의복을 결국 갖게 하신다고 한다. 하나님 편에 서지 아니한 자들이 누리는 모든 것은 하나님께서 허락하신 시간 동안만 누리는 것이며, 결국은 모든 재물들이 그들에게 남게 되지 않고, 의인에게 돌아가게 된다는 것이다.

그렇다면 의인은 다 부자인가?

예수님께서 이렇게 말씀을 하셨다.

마태복음 19장 23-24절

예수께서 제자들에게 이르시되 내가 진실로 너희에게 이르노니 부자는 천국에 들어가기가 어려우니라. 다시 너희에게 말하노니 낙타가 바늘귀로 들어가는 것이 부자가 하나님의 나라에 들어가는 것보다 쉬우니라 하시니

부자는 천국에 들어가는 것이 불가능하다고 선포하신 말씀이다. 왜 냐하면 낙타가 바늘귀로 들어가는 것이 불가능하기 때문이다.

그렇다면 이 세상에 어떤 부자도 영원한 생명을 얻는 사람이 없다고 하시는 것인가? 그 말씀에 대해서는 이렇게 말씀하셨다.

마태복음 19장 26절

예수께서 그들을 보시며 이르시되 사람으로는 할 수 없으나 하나님으로서는 다 하실 수 있느니라

사람의 힘으로는 부자는 천국에 들어가는 것이 불가능하다. 그런데, 하나님으로서는 할 수 있다고 하신다.

누가복음 12장 42절

주께서 이르시되 지혜 있고 진실한 청지기가 되어 주인에게 그

돈의 주인이 하나님이시기에, 하나님의 돈을 관리하는 청지기는 세상에서 많은 돈을 다루는 것으로 인해서 부자로 보일 수 있지만, 정작 그가 돈의 주인은 아니다. 그래서, 부자이면서도 영원한 생명을 얻을 수 있는 경우는, 하나님 돈의 청지기로 있는 자들밖에는 없다는 것이다.

하나님의 군사라고 선포하면서 자신이 가지고 있는 돈을 자기 것으로 생각하는 사람은 하나님의 군사가 아니라 아직 하나님의 편에 서지 못한 자인 것을 꼭 기억해야 한다.

또한, 자신은 하나님의 돈의 청지기라고 믿고 선포하는데 정작 행동은 그렇지 않은 경우가 많이 있다. 그 돈이 내 돈이면 내 마음대로 쓰는 것이고, 그 돈이 하나님 돈이면 하나님 마음대로 쓰시는 것이다. 하나님께서 원하시는 대로 마음껏 쓰시도록 하지 않으면서 하나님의 청지기라고 생각하는 것은, 두마음을 가진 것이고 외식하는 것이다.

그래서, 앞에서 이야기했던, 경제를 통한 어두운 세력의 역사 가운데에서도 승리할 수 있는 우리의 전략은, 하나님의 군사들이 하나님의 청지기들로서 하나님께서 이루어 가실 역사 가운데 하나님께서 원하시는 대로 모든 경제 재원이 흘러가도록 하는 것이다.

그렇게 할 때에 이루어질 상황에 대해서 요한계시록에서 벌써 선포해 주셨다.

요한계시록 18장 4-11절

4. 또 내가 들으니 하늘로부터 다른 음성이 나서 이르되 내 백성아, 거기서 나와 그의 죄에 참여하지 말고 그가 받을 재앙들을 받지 말라

5. 그의 죄는 하늘에 사무쳤으며 하나님은 그의 불의한 일을 기억하신지라

6. 그가 준 그대로 그에게 주고 그의 행위대로 갑절을 갚아 주고 그가 섞은 잔에도 갑절이나 섞어 그에게 주라

7. 그가 얼마나 자기를 영화롭게 하였으며 사치하였든지 그만큼 고통과 애통함으로 갚아 주라 그가 마음에 말하기를 나는 여왕으로 앉은 자요 과부가 아니라 결단코 애통함을 당하지 아니하리라 하니

8. 그러므로 하루 동안에 그 재앙들이 이르리니 곧 사망과 애통함과 흉년이라 그가 또한 불에 살라지리니 그를 심판하시는 주 하나님은 강하신 자이심이라

9. 그와 함께 음행하고 사치하던 땅의 왕들이 그가 불타는 연기를 보고 위하여 울고 가슴을 치며

10. 그의 고통을 무서워하여 멀리 서서 이르되 화 있도다 화 있도

다 큰 성, 견고한 성 바벨론이여 한 시간에 네 심판이 이르렀
다 하리로다

11. 땅의 상인들이 그를 위하여 울고 애통하는 것은 다시 그들의
상품을 사는 자가 없음이라

4-7절은 우리가 앞에서 계속해서 나누었던, 바빌론에서 나와서 그들에게 받은 대로 갚아 주라고 하신 명령에 관한 말씀이다. 그리고 바로 이어지는 말씀은, 그렇게 영화롭고 사치를 하던 바빌론이 하루 동안에 사망과 애통함과 흉년을 당하게 된다는 말씀이다. 하나님의 백성에게 이인칭 복수 명령어로 말씀하신 후에, 그다음 하나님께서 계획하신 심판이 이루어질 것을 선포한 말씀인 것이다.

그래서 우리는 하나님 편에서 말씀에 순종하여서 하나님의 군사가 될 때에 경제를 통한 어두운 세력에 역사 가운데에서도 승리할 수 있는 것이다. **이것이 부흥 경제이다.**

부흥 정치와 부흥 경제에 대해서 앞의 글들을 통해서 알아보았는데, 또한 어두움의 세력은 사회 전체에 영향을 끼치면서 사람들이 영원한 세상을 바라볼 수 없도록 만드는 데 많은 노력을 한다. 그래서 우리는 사회를 통한 어두운 세력에 역사 가운데에서도 승리할 수 있는 전략을 세워야 한다.

적그리스도가 대중의 의식 구조를 지배하기 위해서 삶의 모든 부분에서 하나님에게만 향하는 마음을 뺏기 위한 노력을 하는데, 그러한 모든 노력에 바탕이 되는 것은, 이 세상이 그렇게 마음을 뺏길 만한 유혹적이고 가치 있는 곳이라고 거짓말하는 것이다. 아주 잠깐 사는 이 세상이 욕심을 낼 만큼 가치 있는 것으로 착각하게 만드는 것이다. 이러한 착각에서만 눈을 떠도 너무나도 많은 사람들이 지금의 모습으로 살지는 않을 것이다.

성경 말씀에서 우리가 사는 이세상을 어떻게 표현하는지 먼저 알아보고 우리가 이 세상에 얼마만큼 가치를 두어야 할지를 생각해 봐야하겠다.

요한복음 1장 5절

빛이 어둠에 비치되 어둠이 깨닫지 못하더라

이 말씀은, 예수님께서 이 세상에 오셨을 때에 대한 설명인데, 빛 되신 주님께서 어두움인 이 세상에 오셨다고 설명을 한다.

그러니까, 이 세상이 어두움이다.
여기가 건져 내어져야 하는 곳이다.
여기에서 구원을 얻어야 한다.

어두움은 원수에게 속한 것이다.

원수가 인류 역사 내내 사람들이 구원을 얻지 못하도록 역사하고 있
는데, 우리들은 원수가 뭐를 하고 있는지도 모른다. 이 세상에서 하나
님의 구원의 역사를 빼면 원수의 역사이고, 하나님의 구원의 빛이 아
예 없는 어두운 곳은 결국 지옥이다. 하나님의 왕국에서 하나님 수준
으로 영원히 사는 삶에 비교한다면 원수의 영향력에 속한 세상은 지옥
이 맞다.

원수가 미혹하기 위해서 편안함, 화려함, 높아짐을 허락한다고 해도
그것은 빛이 아니고 어두움이다. 미혹의 목적으로 어두움을 감춘 원
수의 역사는, 미혹의 목적이 달성되었을 때 감추었던 어두움이 완전히
드러난다.

이 세상에 삶이 얼마나 짧고 얼마나 덧없음을 느끼지 않을 수가 없
다. 결국 하나님의 나라에서 영원히 살 삶에 비하면 이 세상은 가치 없
는 곳인데, 그런 곳에 좀 더 화려한 집을 지어 보겠다고 한들, 좀 더 좋
은 차를 가져 보겠다고 한들, 좀 더 나은 옷을 입어 보겠다고 한들, 지
옥에서 더 잘살아 보겠다고 바둥거리는 것과 뭐가 다른가 하는 생각을
하지 않을 수가 없다. 영원한 생명을 얻을 수 있는 기회가 있다는 것
외에는 가치 없는 이 세상에서 눈이 가리워져서 조금이라도 더 화려하

고 더 부유하고 더 편안하게 살아 보려고 모든 마음과 힘을 쏟는 것은 원수의 미혹 때문이다. 이 세상이 그렇게 우리의 인생을 다 바쳐서 누릴 만한 가치가 있는 것처럼 속이기 때문이다. 그런데, 이들이 온 세계를 지배할 힘이 생겨서 결국 세계 정부가 서게 되면, 그러한 미혹을 위한 달콤함도 허락하지 않고 자신들의 속성을 드러낼 것이다.

이 짧은 세상에서 더 화려하고 부유하고 편안하게 살아 보려고 하는 노력이 너무나도 덧없음을 깨닫지 않을 수 없지만, 그럼에도 불구하고 대부분의 기독교인들조차 이 세상에서의 삶에 온 마음이 빼앗겨 있음을 알 수 있다. 그런데 그것은, 사단의 속임수로 인해서, 세상이 어두움이고 우리가 구원을 얻어야 하는 곳이라는 생각이 아닌, 이 세상에 우리가 빛과 소금이 되어서 세상을 천국으로 만들어야 한다는 생각을 가지고 있기 때문이다. 우리가 빛이고 소금이기 때문에 이 세상이 어두움이라고 할지라도, 우리로 인해서 빛으로 바뀌고 그래서 이 땅이 천국이 된다는 설명이다.

그렇다면 예수님께서는 참빛이신데, 예수님께서 어두움에 오셔서 세상이 빛으로 바뀌고 이 땅이 천국이 되었는지를 한번 살펴보겠다.

요한복음 8장 23절
예수께서 이르시되 너희는 아래에서 났고 나는 위에서 났으며 너

희는 이 세상에 속하였고 나는 이 세상에 속하지 아니하였느니라

요한복음 18장 36절

예수께서 대답하시되 내 나라는 이 세상에 속한 것이 아니니라 만일 내 나라가 이 세상에 속한 것이었더라면 내 종들이 싸워 나로 유대인들에게 넘겨지지 않게 하였으리라 이제 내 나라는 여기에 속한 것이 아니니라

요한복음 15장 19절

너희가 세상에 속하였으면 세상이 자기의 것을 사랑할 것이나 너희는 세상에 속한 자가 아니요 도리어 내가 너희를 세상에서 택하였기 때문에 세상이 너희를 미워하느니라

요한복음 17장 16절

내가 세상에 속하지 아니함 같이 그들도 세상에 속하지 아니하였사옵나이다

요한복음 17장 14절

내가 아버지의 말씀을 그들에게 주었사오매 세상이 그들을 미워하였사오니 이는 내가 세상에 속하지 아니함 같이 그들도 세상에 속하지 아니함으로 인함이니이다

요한1서 5장 19절

또 아는 것은 우리는 하나님께 속하고 온 세상은 악한 자 안에 처한 것이며

이 말씀들을 통해서 깨달을 수 있는 것은, 이 세상에서 우리가 빛과 소금이 되면 이 땅이 천국이 된다고 생각하는 것 자체가 적그리스도의 생각이라는 것이다. 왜냐하면 그것은 어두움의 세력, 하나님의 원수가 이 땅에 존재하는 것에 대한 사실을 배제하고 생각하는 것이기 때문이다. 인류의 역사 가운데에 가장 큰 부흥의 역사가 있었던 초대교회 때나, 종교개혁 당시에 엄청난 핍박과 고난이 있었지 그때가 가장 화려하고 행복하고 편안한 천국이 세상에 이루어진 때가 아니었다. 이 세상에서 편안함을 누리고자 한다면 대립이 없어야 하는데, 우리가 적그리스도의 편에 서지 않고 하나님의 편에 서게 되면 이 세상에 권세를 가진 적그리스도의 세력과 대립이 되기 때문에 이 땅에 천국이 이루어진다는 것은 불가능한 일이 되는 것이다.

이 땅을 우리가 천국으로 만들어야 한다고 하면서 인용하여 쓰는 구절 가운데 하나가 누가복음 17장 21b절에 "하나님의 나라는 너희 안에 있느니라"라는 말씀이다. 우리 마음은 영원한 생명을 하나님의 왕국에서 누릴 기쁨과 감사가 넘치게 된 것이 맞다. 그렇지만 우리가 사는 세상이 천국으로 바뀐 것은 아니다. 세상은 어두움이라고 예수님께서 말

씀하셨고, 예수님께서 이 세상에 속하지 않으셨다고 선포하셨기 때문에, 하나님 편에 선 자들은 이 세상에 속한 자들이 아니다.

그런데, 지금 기독교 교회들도, 에큐메니칼 단체들로, 다 연합되어서 로마 교회와 함께 이 세상을 천국으로 만드는 일에 최선을 다하고 있다. 예수님께서 지금 이 세상에 오셨다고 가정해 볼 때에, 그들과 그렇게 한마음이 되어서 세상을 천국으로 만드시는 일을 하셨을지 한번 생각해 보아야 한다. 예수님께서는 지금 세상에 오셨더라도, 외식하는 모습의 선행을 통해서 세상을 하나로 만들자고 하는 세력의 문제들을 하나하나 다 지적하였을 것이고, 그럼으로 인해서 그들은 예수님을 미워하였을 것이며, 어떻게든 죽이려고 했을 것이다. 요한복음 7장 7절에 "세상이 너희를 미워하지 아니하되 나를 미워하나니 이는 내가 세상의 일들을 악하다고 증언함이라"라고 하셨다. 지금도 우리가 세상의 일들이 악하다고 증언하지 않기 때문에 미움받지 않고 있는 것이지, 예수님처럼 세상의 일들이 악하다고 증언한다면 미움받을 수밖에 없을 것이다.

예수님께서 어두움 가운데 오셔서 빛을 비추셨지만, 세상에 속하지 않으셨기 때문에 세상에서 배척받으실 수밖에 없었고 세상에서 미움받으실 수밖에 없었다. 웬만큼 선행을 하고 좋은 모양으로 보이며 연합할 때에는 배척이 없다. 그렇지만, 영원한 생명을 얻는 참빛이 비추어질 때에는 어두움이 배척한다. 적그리스도한테 타격이 없도록 교회들이 맞추어 나아갈 때에는 어떠한 배척이나 공격이 없다. 영원한 생명을 얻는다는 것은, 적의 편에 서는 것이 아니라, 하나님 편에 서는 것인데, 적이 누군지 모르고 적그리스도와 함께하면서 하나님과 함께하는 것으로 오해하고 있는 것이 지금 기독교의 모습이다. 그리고, 적을 알게 되어서 대적하게 되면 미움을 받고 핍박을 받게 된다. 그래서, 이 세상에서 지금 세상을 아름답게 하려고 하며 연합하는 노력은, 적그리스도의 일들을 악하다고 증언하지 않을 때만 할 수 있는 일이며, 그렇게 하는 것은 영원한 생명을 얻는 길을 막는 일이다. 우리의 천국은 하나님께서 사시는 하나님의 왕국이며, 우리는 이 세상에 나그네이고 본향인 하나님의 왕국을 사모하는 자들이다. 본향인 하나님의 왕국을 사모하며, 많은 사람들이 영원한 생명을 얻게 되도록 열심을 다하는 그런 사회를 만들어 나아가야 한다. **그리고, 이것이 부흥 사회이다.**

21

하나님의 군사 전략 #1

1장에서 세웠던 계획대로, 하나님의 대적에게 받은 것을 배로 갚아주라고 하시는 하나님의 명령에 순종하기 위해서, 적그리스도의 특성을 통해서 그들의 전략들을 파악하였고 그러한 전략들을 역사에서 사용한 모습을 통해서 분석해 보았다. 또한 하나님의 군사들의 전략은 적그리스도의 전략을 무너뜨리는 것이라고 하였고, 그렇게 하기 위해서 사용하는 우리의 전술은, 빛으로 어두움을 이기고, 선으로 악을 이기며, 진리로 불의를 이기는 것이라고 하였다.

이 장부터는, 하나님의 군사들의 전술을 사용하여서 적그리스도의 전략들을 개별적으로 무너뜨리는 실질적 전략에 대해서 살펴보도록 하겠다.

적그리스도의 전략 #1은, 적그리스도의 궁극적인 목표, 곧 요한계시록 13장 8절에, "이 땅에 사는 자들은 다 그 짐승에게 경배하리라"는 말씀이 이루어지도록 하는 것이다. 그리고 어두움의 세력이 이 전략을 사용하여서 역사적으로 계속해서 변함없는 목적을 가지고 일관적인 모양으로 그들의 계획들을 이루어 간 것을 볼 수 있었다. 또한, 적그리스도 세력의 행적들을 살펴보면서, 전 세계에 역사적으로 그들의 목적을 계속해서 일관적이게 이루어 갔었던 사실들로 인해서 놀라지 않을 수 없었다. 그러한 일관성과 지속성이 드러나는 그들의 행적이 세상 사람들에게 대단하고 엄청나게 비추어지기도 한다. 왜냐하면, 인간의 수명은 지나온 역사에 비해서 너무나도 짧으며, 또한 일관적이며 지속적이게 수십 세대에 걸쳐서 한 목적을 이어 갈 능력이 인간에게는 없기 때문이다. 그래서 이들의 역사를, 사람에게 중심을 두고 생각하면, 온전한 이해를 할 수 없게 된다.

하나님께서 수천 년 동안 구원 프로젝트를 진행해 오셨는데, 그 프로젝트에 너무나도 중요한 역할을 감당하게 되었던, 노아, 아브라함, 모세, 비느하스, 다윗 같은 사람들이 하나님의 일관적이고 지속적인 구원프로젝트에 중요하게 사용되었지만, 그들이 그러한 큰 계획과 목적에 대해서 자세히 알고 있지는 못했다. 그렇더라도, 하나님의 기뻐하시는 뜻에 그들의 삶이 맞추어졌을 때에, 그들의 인생이 하나님의 크신 역사를 이루는 데에 중요하게 쓰임받을 수 있었던 것이었다. 마찬가지로, 하나님을 대적하는 어두움의 세력, 적그리스도의 세력은, 하나님의 구원의 프로젝트를 방해하면서 세상 모든 사람들을 자신을 통하여서 하나가 되도록 하려는 역사를 지속해 왔다. 그들의 그러한 역사 가운데에 많은 사람들을 사용해 왔는데, 높아지고자 하는 마음, 사람들을 지배하고자 하는 마음, 더 많은 영향력을 행하고자 하는 마음을 가진 자들로 세계를 지배하고자 하는 그들의 목적을 이어 가면서 결국 계속해서 적그리스도의 전략 #1을 통한 전 세계 사람들을 적그리스도의 편에 서게 하도록 하는 역사를 일관성 있게 연속적으로 이어 올 수 있었다는 것이다.

그래서 여기에서 아주 중요한 것이, 마음의 소원이다. 세계를 지배하고자 하는 마음의 소원을 통해서 모든 사람들을 적그리스도의 편에 서게 하고, 그들의 목적을 일관적이고 지속적이게 이어 왔다. 로마 교회를 중심으로 세계가 다 하나 되자고 하는 것은, 결국 높아지고자 하고, 지배하고자 하는 마음의 소원을 가진 모든 사람들을 하나님의 반대편인 적그리스도의 편에 서게 하여서, 하나님의 구원의 프로젝트를 대적하는 것이다.

수십 세대를 이어 가며 일관적이고 지속적으로 한 목적을 이룰 수 있는 것은, 사람의 능력과 노력이 아니고, 우리의 마음의 소원의 씨가 뿌려지면 그 열매를 결국 얻게 하시는 하나님의 진리에 의해서 이루어진다는 것이다.

그렇다면 어떠한 전략이 적그리스도의 전략 #1을 무너뜨리는 하나님의 군사의 전략인가? 우리 또한 계속해서 이어지는 지속적이고 일관적인 역사를 통해서 그들을 대항하여야 하기 때문에, 우리의 마음의 소원이 씨가 되어서 그 열매를 따게 되는 하나님의 진리를 사용하여야 한다. 예수님께서는 그 진리에 대해서, 요한복음 17장에 십자가에 못박히시기 전날, 세상에 남아서 영적 전쟁을 치러야 하는 우리를 위해서 하나님께 기도 하시면서, 우리가 어떻게 승리할 수 있는지에 대해서 설명을 해 주셨다.

요한복음 17장 18-26절

아버지께서 나를 세상에 보내신 것 같이 나도 그들을 세상에 보내었고, 또 그들을 위하여 내가 나를 거룩하게 하오니 이는 그들도 진리로 거룩함을 얻게 하려 함이니이다. **내가 비옵는 것은 이 사람들만 위함이 아니요 또 그들의 말로 말미암아 나를 믿는 사람들도 위함이니,** 아버지여, 아버지께서 내 안에, 내가 아버지 안에 있는 것 같이 그들도 다 하나가 되어 우리 안에 있게 하사 세상으로 아버지께서 나를 보내신 것을 믿게 하옵소서. 내게 주신 영광을 내가 그들에게 주었사오니 이는 우리가 하나가 된 것 같이 그들도 하나가 되게 하려 함이니이다. 곧 **내가 그들 안에 있고 아버지께서 내 안에 계시어 그들로 온전함을 이루어 하나가 되게 하려 함은 아버지께서 나를 보내신 것과 또 나를 사랑하심 같이**

그들도 사랑하신 것을 세상으로 알게 하려 함이로소이다. 아버지여 내게 주신 자도 나 있는 곳에 나와 함께 있어 아버지께서 창세 전부터 나를 사랑하시므로 내게 주신 나의 영광을 그들로 보게 하시기를 원하옵나이다. 의로우신 아버지여 세상이 아버지를 알지 못하여도 나는 아버지를 알았사옵고 그들도 아버지께서 나를 보내신 줄 알았사옵나이다. **내가 아버지의 이름을 그들에게 알게 하였고 또 알게 하리니 이는 나를 사랑하신 사랑이 그들 안에 있고 나도 그들 안에 있게 하려 함이니이다.**

예수님께서 하나님께 하신 이 기도는, 세상에 남은 우리를 위해서 하신 기도이다. 우리의 삶은 목적 없는 삶이 아니라 예수님에 의해서 세상에 보내심을 받아서 소명을 가지고 사는 목적 있는 삶임을 먼저 설명하셨다. 그리고 이 기도가 그 당시 제자들에게만 해당되는 기도가 아니라, 같은 마음의 소원을 가지고 일관적으로 계속해서 대대로 하나님의 역사를 이루어 나갈 하나님의 군사들을 향한 기도인 것을 설명하시면서, "이 사람들 만을 위함이 아니요 또 그들의 말로 말미암아 나를 믿는 사람들도 위함이니"라고 정확하게 설명해 주셨다. 그후에 우리를 위하여서 하나님께 부탁하신 기도는, 하나님과 예수님이 믿음과 사랑을 통해서 하나 되신 것과 같이, 우리도 믿음과 사랑을 통해서 하나 됨을 이루게 되기를 기도하신 것이었다. 그런데, 여기에서 말씀을 하시는 하나 되는 방법은, "아버지께서 내 안에, 내가 아버지 안에 있는 것

같이 그들도 다 하나가 되어"라고 하시면서, 하나님과 예수님께서 하나 되신 방법으로 하나가 되어야 하는 것을 설명하셨다.

예수님께서 세상에 남게 된 제자들을 위해서 하나님께 기도하신 내용은 승리하는 하나님의 군사가 되도록 하는 전략의 메시지였으며, 주님 안에서 하나 됨을 이루는 것이 우리 마음의 소원이 될 것을 하나님께 부탁드리는 내용이었다. 결국 승리의 비결은 내가 싸우는 싸움이 아니고 주님께서 싸우시는 싸움이 되도록 하여야 하는데, 그렇게 되기 위해서는 주님이 내 안에 사셔야 하고, 그것은 내가 주님과 하나 될 때만 가능하다. 그렇게 되기 위해서 나의 마음의 소원은, 내 안에 그리스도께서 사시기를 바라는 소원이어야 한다. 그런 소원이 예수님과 하나 되게 하는 소원이며, 그러한 소원을 가진 자들이 그리스도 안에서 다 하나를 이룰 수가 있게 된다고 설명해 주신 것이다.

적그리스도도 계속해서 하나 됨을 외쳐 왔다. 그런데 그들의 하나 됨은 Power가 커지기 위한 하나 됨이다. 예수 그리스도 안에서의 하나 됨은 인간들이 모여서 강한 힘을 가지게 되는 그런 하나 됨이 아니고, 우리가 죽으면 내 안에 그리스도만 사시는데, 그리스도의 마음만을 가진 사람들은, 다 같이 하나님이 소원하는 것을 소원하게 되고, 다 같이 하나님께서 기뻐하시는 것을 기뻐하게 된다. 그냥 넓은 마음으로 받아 주고, 틀린 것 같아도 눈감아 주고, 내 믿음과는 다른 믿음이라도 문제 삼지 않아서 하나 되는 것과는 다르다. 결국 마음의 소원이 세상에서 높아지고 다른 사람들을 지배하려는 마음일 때에, 그것은 적그리스도의 편에 서는 것이며, 마음의 소원이 온전히 하나님을 믿고 사랑하며 예수님과 하나 되는 것일 때, 그것은 하나님 편에 서는 것이 되어서 우리가 싸우는 싸움이 아니라 하나님께서 싸우시는 싸움을 하게 된다는 것이 하나님의 군사들의 전략인 것이다.

이제는, 하나님의 군사 전략 #1을 통해서 어떻게 실질적으로 적그리스도의 전략이 부수어질 수 있는지를 알아보자.

적그리스도의 전략을 무너뜨리는 하나님의 군사들의 전략은 다음과 같다.

1. 그들의 계략이 드러나게 되어서 계략대로 이루어지지 않도록 하는 것이다.
2. 그들의 원하는 바가 꺾이고 하나님께서 원하는 바가 이루어지는 것을 보도록 하는 것이다.
3. 자기가 한 일로 인해서 하나님의 나라가 더욱 확장되고 인간들이 더욱 더 축복을 받게 되는 상황이 되는 것이다. 자신이 세상에서 어두움을 위해서 일을 한 만큼, 오히려 그것이 빛이 비추어지는 상황이 되도록 하는 것이다.

적그리스도의 전략 #1을 부수는 하나님의 군사 전략 #1은 다음과 같다.

1. 로마 교회와 연결되어서 하나가 되어 있었던 단체, 교단, 교회에 속해 있는 자들에게, 그들이 하나 되어 있는 모습이, 주님께서 말씀하신 하나 됨이 아니며, 주님께서 말씀하시는 하나 됨은 우리의 마음의 소원이 내가 사는 것이 아니라 내 안에 주님께서 사시기를 소원하는 마음인 것을 알게 하는 것이다. 그래서 로마 교회와 연결이 된 하나 됨은, 적그리스도 편에 서게 되는 것임을 깨닫게 되어서 거기에서 나오게 되는 것이다.

2. 로마 교회를 통해 세계를 지배하고자 하였던 적그리스도의 전략이 알려지면서, 그들의 전략에 넘어갔던 이유가 우리의 마음의 소원이 세상에서 높아지고자 하는 마음이었던 것을 깨닫게 되어서 사람들이 회개하고 하나님께로 돌아오는 역사를 적그리스도가 보도록 하는 것이다.

3. 적그리스도로 인해서 속고 있었다는 것을 깨닫고 회개하고 하나님께로 돌아온 하나님의 백성들이 이제는 높아지려고 하고 지배하려는 마음의 소원을 갖는 것이 아니라, 하나님을 온전히 믿고 사랑하고자 하는 마음의 소원을 갖게 되어서, 부흥의 횃불을 들고 주위를 밝히고 참진리를 알리는 자들이 되는 것이다. 그들이 오랜 시간 사람들을 멸망하게 하고자 힘쓰며 수고했던 모든 것이 무

너지고 오히려 부흥의 역사가 퍼지는 것을 보며 그들이 애통하고 슬퍼하게 될 때, 그것은 우리가 그들에게 받은 것을 배로 갚아 주는 것이 된다.

22

하나님의 군사 전략 #2

양의 모습과 용의 모습을 같이 가지고 있다고 설명하는 요한계시록의 예언의 말씀처럼, 자신의 참본질과 다른 모습을 언제든지 만들어낼 수 있는 자가 적그리스도이며, 적그리스도의 전략 #2는 결국 자신의 참모습을 속여서 사람들을 기만하는 내용이다. 적그리스도가 진정으로 양의 모습일 수 없음에도, 여러 가지의 모습으로 사람들을 기만하는 적그리스도의 전략 #2로 인해서 참 많은 혼란과 미움, 그리고 어두운 역사들을 만들어 냈다.

역사를 통해서 이들이 적그리스도의 전략 #2를 사용하여 사람들을 기만하고 속여 왔던 일들에 대해 그들의 악행들은 두 가지로 나눌 수가 있는데, 하나는 이들이 일을 할 때에 단체 안에 많은 단계들을 나누어 놓고 아래 단계에서는 상급자 단계의 음모에 대해서 알지 못하도록 하면서 그들의 선한 마음을 불러일으켜서 열심을 다해서 헌신하도록 만들었다는 것이다. 그리고 상급자들끼리는 서로가 연결되어서 자신들이 전 세계를 지배하고 장악하는 계획들을 진행해 왔다는 것이다. 상급자들의 의도가 악할 것이라는 의심이 없이 따라갔던 사람들이 순진한 마음으로 그들의 의도대로 움직여 주면서 열심을 다하고 희생하였지만, 결국 적그리스도의 사역을 위해서 쓰임받은 자들이 된 것을 역사를 통해서 확인할 수 있었다.

또 하나는 자신들의 악행에 대한 비난을 자신들이 받는 대신, 대신 비난을 받을 대상을 유대인들로 정하고, 유대인들이 희생양이 되도록 하는 것이었다. 이 속임수는 정말 전 세계를 완전히 기만하는 그런 속임수였다. 그래서, 그러한 희생양이 없었을 때에 세상 모든 사람들이 예수회를 세계의 평화를 파괴하고 자신들의 목적을 위해서는 교황이나 왕들이라도 마음대로 죽이는 악한 집단이라고 생각하였는데, 희생양이 대신 비난을 받도록 하고 나서부터 그러한 이미지는 잊히고 지금은 예수회가 교황 자리까지 차지하였는데도 문제를 삼지 않을 만큼 예수회에 대한 이미지를 완전히 바꾸어 놓게 되었다. 자신의 참모습이 아닌 다른 모습을 나타내면서 사람들을 기만하는 적그리스도의 전략 #2를 사용하여서 원하는 것을 이루어 가는 역사였던 것이다.

여기에서 예수회가 유대인들을 희생양으로 만들게 된 배경에 대해서 더 살펴보도록 하자. 앞장들을 통해서 우리가 짐승과 연결되는 나라들에 대한 설명을 했다. 짐승은 결국 하나님의 백성들의 지배국들을 표현하는 것인데, 첫 번째 나라는 바벨론, 두 번째 나라는, 메데 바사 (페르시아), 세 번째 나라는 헬라(그리스), 그리고 마지막 나라는 로마였고, 그 로마가 로마 교회로 이어진다는 것이었다. 로마 제국에서 이어진 로마 교회가 요한계시록 13장의 짐승이며, 유다가 바빌론에게 멸망당한 때부터 계속해서 하나님의 백성들을 군림하고 핍박해 왔던 권력들을 짐승으로 표현한 사실을 예언서를 통해서 확인할 수 있었다. 그래서, 결국 "짐승"이, 하나님의 백성들을 핍박한 것으로 인해서 예수님께서 재림하셨을 때 예수님의 보복 대상이 되는 것이라고 했었다. 그러므로, 요한계시록에서 나오는 "짐승"은 하나님의 백성을 핍박하는 세력이며, 그 짐승이 로마 교회이다. 그렇기 때문에 역사적으로 로마 교회가 육 적인 하나님의 백성인 유대인들과 영적인 하나님의 백성인 그리스도인들을 계속해서 핍박해 왔었던 것을 볼 수 있다.

짐승이 핍박을 하는 것은 결국 하나님의 백성이다.

하나님의 백성을 계속해서 핍박해 온 역사 또한 로마 교회가 요한계시록 13장의 짐승인 것을 증명하는 것이다.

그렇기 때문에, 짐승인 적그리스도의 세력이 자신들이 세속 정권을 가지고 있었던 1870년까지는 하나님의 백성들에게 직접적인 핍박을 가했으나, 1870년에 세속 정권이 로마 함락으로 인해서 빼앗기고 난

후로는, 직접적인 핍박이 아닌, 유대인들을 희생양으로 만들어서 핍박 당하도록 하였던 것이다.

하나님의 백성들이 핍박당해 온 역사를 살펴보면서 새로운 관점으로 하나님의 말씀을 이해할 수 있게 된다.

유대인들에게 로마 교회는 "세례 아니면 죽음"을 강요하면서 포교 정책을 펼쳐 왔다. 오랜 역사 동안 유대인들을 향해서 악행을 저지르면서, 예수를 믿으라는 것을 강요했다. 그리고 자신들의 신앙을 계속해서 이어 가겠다는 유대인들을 처형하였고, 자식들을 빼앗아서 유대교의 교육을 하지 못하도록 하기까지 하였다. 그런데, 그렇게 핍박을 당하는 유대인이 진정으로 하나님을 두려워하며 하나님만을 믿고 사랑하는 그러한 믿음의 소유자였다면 어떠한 결정을 했었을까를 생각해 보았다. 하나님을 진정으로 사랑하는 유대인이라고 하면, 로마 교회의 핍박이 아무리 심해도 로마 교회가 제시를 하는 예수를 선택하지 않고 하나님을 사랑 하는 믿음을 지키는 것을 선택하였을 것이다. 또한, 하나님께서는 그렇게 목숨을 다하여서 하나님을 사랑하는 그의 믿음을 절대로 외면하지 않으셨을 것이다.

짐승인 적그리스도가 예수를 믿으라고 강요하였던 것이 로마 교회를 통한 복음 전파의 역사이다. 그런데 두 번째 책에서 나눴던 것처럼, 예수를 믿는다는 것은, 우리에게 영원한 생명을 주시기 위해서 인류 역사 전체를 통해서 구원의 역사를 진행하시고 이루어 오신 하나님을 온 마음과 뜻을 다해서 사랑하고, 그러한 하나님께서 우리가 구원을 받을 수 있도록 구세주를 보내 주신 것을 믿는 믿음을 포함한 것임을 나눴다. 그렇기 때문에, 예수 그리스도께서 세상에 오시기 전에 다니엘이나 다윗과 같은 믿음의 선조들은 예수를 믿은 것이 아니었어도, 그들이 믿고 사랑하는 하나님께서 결국 우리를 구원하시기 위해서 구세주를 보내 주실 그러한 하나님이신 것을 믿었던 것이며, 어느 때에 살더라도 영원한 생명은 믿음으로 누리는 것임에 대해서도 나눴다. 구세주를 보내 주실 것을 믿는 믿음이나, 구세주를 보내 주신 것을 믿는 믿음이나 하나님을 향한 온전한 사랑과 믿음의 관계가 있을 때는 결국 같은 것임으로, 구약 시대에도 믿음으로 구원을 얻은 것이고, 신약 시대에도 믿음으로 구원을 얻는 것임을 이야기했다.

그렇다면 로마 교회에 의해서 하나님을 사랑하는 믿음을 지키기 위해서 순교한 하나님의 백성들은 참믿음을 가진 자들이었던 것이다. 또한, 그들에게 로마 교회가 제시한 복음은 적그리스도의 복음이지 하나님의 복음이 아니었기에, 순교한 하나님의 백성의 믿음은 영원한 생명을 주시기 위해 구세주를 준비하셨을 하나님을 향한 온전한 믿음이었다는 것이다.

예수님께서 이 세상에 오시기 전에 살았던 사람이든지,

예수님께서 이 세상에 오신 후에 살았던 사람들이든지,

예수님께서 이 세상에 오신 후에 살았지만 예수님의 참복음을 한 번도 듣지 못한 사람이든지,

하나님을 향한 온전한 믿음과 사랑으로 하나님께서 준비하셨을 구세주에 대한 참소망과 믿음을 가질 수 있다는 것이다.

그리고, 이제 이해가 가는 성경 구절이 있다.

로마서 11장 24-29절

네가 원 돌감람나무에서 찍힘을 받고 본성을 거슬러 좋은 감람나무에 접붙임을 받았으니 원 가지인 이 사람들이야 얼마나 더 자기 감람나무에 접붙이심을 받으랴. 형제들아 너희가 스스로 지혜 있다 하면서 이 **신비를 너희가 모르기를 내가 원하지 아니하노니 이 신비는 이방인의 충만한 수가 들어오기까지 이스라엘의 더러는 우둔하게 된 것이라. 그리하여 온 이스라엘이 구원을 받으리라** 기록된 바 구원자가 시온에서 오사 야곱에게서 경건하지 않은 것을 돌이키시겠고, 내가 그들의 죄를 없이 할 때에 그들에게 이루어질 내 언약이 이것이라 함과 같으니라. 복음으로 하면 그들이 너희로 말미암아 원수 된 자요 택하심으로 하면 조상들로 말미암아 사랑을 입은 자라. 하나님의 은사와 부르심에는 후회

하심이 없느니라.

지금까지는 하나님께서 보내신 참구세주가 예수님이시라는 복음의 메시지가 유대인들에게는 로마 교회에 의해서 참믿음을 거부하도록 하는 적그리스도의 메세지로 전해졌던 것이다. 그것은, 유대인들이 구세주를 보내신 하나님의 참복음을 깨닫게 되는 역사가 이방인의 수가 찬 이후로 미루어졌기 때문이었다는 것을 말씀이 설명해 준다.

또한, 데살로니가후서 2장 3-4절에서 이렇게 말씀하셨다.

> 누가 어떻게 하여도 너희가 미혹되지 말라 먼저 배교하는 일이 있고 저 불법의 사람 곧 멸망의 아들이 나타나기 전에는 그 날이 이르지 아니하리니, 그는 대적하는 자라 신이라고 불리는 모든 것과 숭배함을 받는 것에 대항하여 그 위에 자기를 높이고 하나님의 성전에 앉아 자기를 하나님이라고 내세우느니라.

하나님의 성전에서 자신을 하나님의 대리자라고 하면서 세상 모든 사람들을 지배하려고 음모하고 있는 세력을 우리는 안다. 그가 하나님을 대적하는 적그리스도이며, 자기를 높이는 자이며, 온 세상 사람들을 자신의 세력 가운데로 넣으려고 하는 자인 것도 안다. 그런데, 그의 참모습이 아직 나타나지 않았기 때문에 교황에 자리에 앉았는데도 세상이 추앙을 한다. 그의 역사는 곧 배교의 역사이며, 그가 멸망의 아들인 것이 나타나지게 되는 때가 있을 것이다.

그래서, 유대인들에게 로마 교회가 제시를 했던 복음은 멸망의 아들로 인한 적그리스도의 복음이었으나 진실로 하나님께서는 하나님의 사랑하는 자녀들을 위해서 구세주를 보내 주셨다는 참복음이 유대인들에게 선포될 수 있을 때에는, 로마서 11장 24절의 "원 가지인 이 사람들이야 얼마나 더 자기 감람나무에 접붙이심을 받으랴" 하는 말씀이 이루어지는 것이겠구나 하는 생각을 하지 않을 수 없었다.

적그리스도는 자신이 적그리스도인 것을 숨기기 위해서 하나님의 백성을 희생양으로 만들었고, 반유대주의와 시온주의를 통하여서 역사적으로 계속되는 미움과 핍박을 받도록 하였다.
로마서 2장 28, 29절에는, "무릇 표면적 유대인이 유대인이 아니요 표면적 육신의 할례가 할례가 아니니라, 오직 이면적 유대인이 유대인이며 할례는 마음에 할지니…"라고 말씀하셨는데, 자칭 유대인들을 사용하여서 모든 유대인들이 그렇게 오랫동안 핍박받도록 하는 역사를 일부러 만들어 낸 적그리스도의 악행에 대해서 분개하지 않을 수 없었다.

앞 장에서 설명한 것처럼, 적그리스도의 전략을 부수는 하나님의 군사들의 전략은 다음과 같다.

1. 그들의 계략이 드러나게 되어서 계략대로 이루어지지 않도록 하는 것이다.
2. 그들의 원하는 바가 꺾이고 하나님께서 원하는 바가 이루어지는 것을 보도록 하는 것이다.
3. 자기가 한 일로 인해서 하나님의 나라가 더욱 확장되고 사람들이 더욱더 축복받는 상황이 되는 것이다. 자신이 세상에서 어두움을 위해서 일한 만큼, 오히려 그것이 빛이 비추어지는 상황이 되도록 하는 것이다.

그렇다면 적그리스도의 전략 #2을 부수는 하나님의 군사 전략 #2는 다음과 같다.

1. 적그리스도가 여러 가지 모습으로 자신들을 숨기고 있었으며, 또한 유대인들을 희생양으로 만들어 놓고 자신들의 악행에 대한 비난을 대신 받도록 하였던 진실을 세상이 다 알도록 하는 것이다. 그들이 비밀리에 일을 하여서 나타나지 않았던 그들의 참어두움의 모습이 드러나게 하는 것이다.
2. 유대인들을 희생양으로 세우고 그토록 억울하고 무고한 피를 흘리도록 만든 것에 대해서 세상이 로마 교회를 향해서 분노하게 됨으로 인해서 사람들이 참 역사를 알게 되고, 그로 인해서 그들이 오랫동안 수고해서 쌓아 올린 모든 영향력이 다 무너지게 되는 것

이다.

3. 유대인들이 역사 가운데에서 하나님의 섭리와 인도하심을 깨닫고 이제는 적그리스도로 인한 복음이 아닌, 참 하나님의 복음의 메시지를 받게 되어서, 유대인들에게도 종교개혁 때와 같은 엄청난 부흥의 역사가 있게 되는 것이다. 그러므로 인해서, 하나님을 사랑하는 모든 나라의 모든 사람들이 믿음과 사랑으로 다 하나가 되는 참부흥의 역사를 적그리스도가 보고 애통하고 울게 되는 것이다.

23

하나님의 군사 전략 #3

적그리스도의 전략 #3은 외식에 관한 것이다. 외식은 예수님께서 바리새인들과 서기관들, 당시 예수님을 대적하는 무리들을 향해서 정의하셨던 죄명이다. 외식은 하나님의 눈 앞에서 사는 것이 아니라 사람의 눈을 의식하며 사는 것이고, 하나님께 인정받기 원하는 것이 아니라 사람에게 인정받으려고 하는 것이며, 하나님을 두려워하는 것이 아니라 세상을 두려워하고 사는 것이기 때문에, 사람들을 하나님께로부터 멀어지게 하고 결국 심판을 받도록 하기 위해서 어두움의 세력이 주로 사용하는 적그리스도의 전략이다.

앞장들을 통해서 외식을 사용하는 적그리스도의 전략에 대해서 역사를 통해 나타난 그들의 행적들을 살펴보았는데, 많은 비밀 단체나 에큐메니칼 단체들이 높아지고자 하고 영향력이 커지고자 하는 사람들의 마음을 채울 수 있는 시스템을 만들고, 사람들로 외식을 통해서 그러한 세상의 높아짐을 누리도록 하면서 적그리스도의 편에 서도록 한 것을 역사를 통해서 살펴볼 수 있었다.

외식으로 만들어져 있는 세상을 본다. 교회에서도, 선교 단체에서도, 교단 모임에서도, 교회 연합 모임에서도, 모든 것이 사람들의 눈앞에서 하는 행동들이다. 그러한 외식하는 행동들로 인해서 로마 교회와 연합하여도 이질감을 느끼지 않게 되었는데, 그것은 같은 종류의 외식으로 하나가 되었기 때문이다. 그러한 외식을 통하여서 에큐메니칼 단체가 움직여지고, 에큐메니칼 단체가 세계에 봉사 단체를 연합하면서 세상을 천국으로 만든다는 마음을 사람들에게 불어넣어서 사회 활동을 한다.

세상에서 가장 귀하고 가치 있는 일이라고 보는 헌신과 봉사를 하는 단체와 모임들이 외식의 모습을 하고 있어서 그 안에서 참 귀한 가치를 찾기가 힘들다. 소외된 사람들을 위하여 돕고 헌신한다는 많은 단체들조차 사람들의 칭찬이나 자신들의 만족을 위해서 하는 모습을 보며 외식이 없는 행동이 있을 수 있을까 의심하게 될 정도다.

외식은 나쁜 행위에 대한 죄악이 아니다. 오히려 나타나는 행위로 볼 때에 모든 선한 모양의 행위들을 하는데 결국은 멸망하게 되는 그러한 죄이다. 이것은 행위가 초점이 되는 죄가 아니라 마음이 초점이 되는 죄이다. 선한 일을 하되 그렇게 하고자 하는 의도가 무엇이었는지에 대한 그러한 문제이다.

내가 어려운 사람을 도울 때에 내가 그렇게 하는 의도가 무엇인가?

내가 교회에서 사람들을 섬길 때에 내가 그렇게 하는 의도가 무엇인가?

내가 선교 단체에서 희생할 때에 내가 그렇게 하는 의도가 무엇인가?

내가 기도하고 금식할 때에 내가 그렇게 하는 의도가 무엇인가?

내가 교단에서 헌신하고 섬길 때에 내가 그렇게 하는 의도가 무엇인가?

나의 의도가 온전히 하나님을 사랑하기 때문에 하나님의 눈앞에서 하는 헌신이며, 하나님을 기쁘게 하기 위하여서 하는 것이라는 나의 의도를 돌아보는 것이 제일 먼저 할 일이다.

그다음은, 내가 헌신하는 이 단체와 이 단체를 이끄는 사람들이 이 단체를 통해서 이루기를 원하는 참의도에 대해서 질문해 보는 것이다. 이 질문이 너무나도 중요한 것은, 지난 장에서 살펴보았듯이, 적그리스도는 사람들의 순진한 의도를 악용하여서, 상급자가 하는 일들을 아래 단계에서는 모르도록 하면서 결국은 하나님의 일에 쓰임을 받는 것이 아니라 적그리스도의 일에 쓰임을 받게 되는 상황을 만드는 악행을 벌이기 때문이다.

적그리스도의 전략 #3을 무너뜨리기 위해서 가장 중요한 것은 의도를 살피는 것이다. 선한 일을 유도한다고 하면서 사람들에게 외식을 부추기지만 결국 진정한 의도를 생각해 보지 못하도록 하여서 우리를 망가뜨리려고 하는 이들의 전략에 넘어가지 않으려면, 계속해서 의도를 살펴야 한다. 나의 마음의 의도를 계속해서 살피는 것은 물론이거니와, 내가 속해 있는 단체의 의도를 계속해서 살펴야만 교활하게 우리를 넘어뜨리려고 하는 그들의 악한 의도에 넘어가지 않을 수 있다.

의도에 관하여 중요한 내용인 아나니아와 삽비라의 이야기가 사도행전 5장에 나온다.

사도행전 5장 1-5절

아나니아라 하는 사람이 그의 아내 삽비라와 더불어 소유를 팔아 그 값에서 얼마를 감추매 그 아내도 알더라 얼마만 가져다가 사도들의 발 앞에 두니, 베드로가 이르되 아나니아야 어찌하여 사탄이 네 마음에 가득하여 네가 성령을 속이고 땅 값 얼마를 감추었느냐. 땅이 그대로 있을 때에는 네 땅이 아니며 판 후에도 네 마음대로 할 수가 없더냐 어찌하여 이 일을 네 마음에 두었느냐 사람에게 거짓말한 것이 아니요 하나님께로다

아나니아가 이 말을 듣고 엎드러져 혼이 떠나니 이 일을 듣는 사람이 다 크게 두려워하더라

이들이 소유를 팔지 않고 아무런 헌금을 하지 않았다고 하더라도 아무런 문제가 되지 않았을 것이다. 소유를 조금만 팔고, 소유 중 조금만 헌금한다고 하였더라도 문제가 되지 않았을 것이다. 소유를 다 팔고, 그중에 얼마만 헌금하면서, 소유의 얼마만을 헌금하는 것이라고 이야기하였더라도 문제가 되지 않았을 것이다. 여기에서 문제는 모든 소유를 팔아서 모두 다 헌금한 사람같이 보이고 싶은 마음이었다.

소유를 팔아서 나누는 일은 악한 일이 아니고 선한 일이다. 그런데, 그러한 선한 일을 하고자 하는 마음의 의도가 하나님 눈앞에서 하는 것이 아니고, 사람들의 눈앞에서 모든 것을 다 팔아서 바친 헌신된 사람처럼 보이고 싶어 하는 그러한 의도가 문제였다는 것이다.

우리가 외식을 하는 의도와 같은 의도인 것이다. 아무리 희생하였고 헌신하였다고 하더라도 사람들에게 인정받고자 하는 숨겨진 의도로 인해서 하는 행동들로 인해서 적그리스도의 편에 서게 되는 것이다. 그렇기 때문에 사도행전에서 외식하는 마음에 대해서 그렇게 엄중하게 다루었던 것이다.

지난 장들에게 계속해서 나눴던 것처럼, 적그리스도의 전략을 무너뜨리는 하나님의 군사들의 전략은 다음과 같다.

1. 그들의 계략이 드러나서 계략대로 이루어지지 않도록 하는 것이다.
2. 그들의 원하는 바가 꺾이고 하나님께서 원하는 바가 이루어지는 것을 보도록 하는 것이다.
3. 자기가 한 일로 인해서 하나님의 나라가 더욱 확장되고 인간들이 더욱더 축복을 받게 되는 상황이 되는 것이다. 자신이 세상에서 어두움을 위해서 일한 만큼, 오히려 그것이 빛이 비추어지는 상황이 되도록 하는 것이다.

그렇다면 적그리스도의 전략 #3 외식을 사용하여서 우리를 넘어지도록 하는 어두움의 세력을 향한 하나님의 군사들의 전략은 다음과 같다.

1. 외식을 통해서 우리를 넘어뜨리고자 하는 적그리스도의 의도를 알고 그리스도인의 삶 가운데에서 우리의 의도가 온전히 하나님께만 향한 것인지를 항상 살펴보고 하나님의 눈앞에서 선행을 함으로 인해서 겉과 속이 다른 외식하는 자들이 아니라, 겉과 속이 같은 외식하지 않는 자들이 되는 것이다. 그래서, 외식하는 자들이 되게 하여서 우리를 넘어뜨리고자 하는 적그리스도의 전략 #3이 무너지도록 하는 것이다.
2. 하나님의 군사들이, 하나님 중심적인 마음으로, 하나님만을 두려워하면서 사는 자들이 되어서, 적그리스도가 사람들을 넘어지게

하도록 하기 위해서 만든 단체, 모임들의 하나님 중심적이지 않은 의도들을 분별하고, 그러한 단체의 하나님 중심적이지 않은 의도들을 드러내어 사람들이 더 이상 그러한 단체에 속하지 않게 되어서 그러한 단체로 인한 적그리스도의 목적이 이루어지지 않게 되는 것이다.

3. 외식의 죄를 회개함으로 돌아온 하나님의 백성들이 자신들이 받은 것을 배로 돌려주려는 열심으로 적그리스도의 계략들에 무지한 사람들을 깨우고 참진리를 알도록 하여서 적그리스도의 편에 섰던 자들이 다 하나님의 편에 서는 상황이 되도록 하는 것이다. 사람들이 적그리스도의 실상을 알게 되면서 다 회개하고 하나님께로 돌아가게 됨으로 인해서 적그리스도가 오랜 시간 수고로 쌓아 놓은 것들이 다 무너지게 되는 것을 보고 이들이 애통하고 울게 되는 상황이 되는 것이다. 적그리스도가 자신의 전략으로 하나님의 자녀들을 넘어뜨리려고 하여도, 오히려 진정으로 하나님을 사랑하는 마음, 하나님 중심적인 의도를 가지고 매 순간 최선을 다하는 하나님의 군사들에 의해서 그들의 노력이 모두 수포로 돌아가는 것이다.

24

하나님의 군사 전략 #4

적그리스도의 전략 #4는 초자연적인 것 신비적인 것들을 사용하여서 사람들을 미혹하는 전략이다. 이들은 자신들의 궁극적인 목표인 이 땅의 모든 사람들을 적그리스도에게 경배하도록 하는 데 효과적인 도구가 초자연적인 것, 영적인 것, 신비주의적인 것들을 사용하는 것이라는 사실을 너무나도 잘 안다. 그들이 사람들을 미혹하여 control하는 전략으로 영적인 예식들을 만들고 그러한 영적인 것들에 순종하도록 하였다는 것은 교황 Clement 14세의 칙서를 통해서 확인되기도 하였다. 어두움의 세력은 사람들을 영적으로 묶어서 자신들을 따르도록 하여 결국은 자신들의 편에 서게 한다. 이들에게는 영적인 것을 더 많이 체험하고, 영적인 것을 더 잘 control할 수 있게 되는 것이 더 큰 힘이다. 결국 더 큰 영적인 역사가 나타나는 것이 더 큰 Power인 것이다. 이를 따르는 기독교인들조차도 분별이 전혀 없이 영적 체험을 소원하면서 더 큰 힘을 얻고자 한다.

반유대주의와 시온주의의 사상을 사용하여서 많은 어두움의 역사를 만들어 냈던 것에 대해서 앞장들을 통해서 나눴다. 그중 시온주의 사상은 기독교 시온주의로 인정할 만큼 기독교 교회들이 많이 따르는 사상인데, 그러한 잘못된 생각이 기독교에 자리를 잡을 수 있었던 이유 중 하나는, 기독교 안에 예언자라고 하고 선지자라고 하는 자들이 모두 같은 목소리로 그것이 하나님의 뜻이라는 내용의 예언들을 하였기 때문이었다. 기독교 안에 예언하는 은사를 받았다고 하는 사람들이 서로 같은 메시지를 선포하였기 때문에 그들의 말에 많은 기독교인들이 미혹되었다는 것이다. 그런데 여러 사람들이 같은 메시지의 예언을 한다고 하여서 그것이 하나님께로부터 왔다고 생각하는 것은, 초자연적이면 다 하나님으로부터 왔을 것이라고 생각하는 실수인 것이다. 많은 거짓 선지자들이 한목소리를 낼 때, 하나님께서 보내신 선지자 한 명이 다른 메시지를 선포하였던 것이 구약 시대에 많이 있었던 일임을 우리는 잘 알고 있다. 같은 목소리를 내는 자들이 많다고 해서 절대로 하나님의 뜻이라고 할 수 없다.

마태복음 24장 11절

거짓 선지자가 많이 일어나 많은 사람을 미혹하겠으며

마가복음 13장 22절

거짓 그리스도들과 거짓 선지자들이 일어나서 이적과 기사를 행

하여 할 수만 있으면 택하신 자들을 미혹하려 하리라

요한1서 4장 1절

사랑하는 자들아 영을 다 믿지 말고 오직 영들이 하나님께 속하
였나 분별하라 많은 거짓 선지자가 세상에 나왔음이라

요한계시록 19장 20절

짐승이 잡히고 그 앞에서 표적을 행하던 거짓 선지자도 함께 잡
혔으니 이는 짐승의 표를 받고 그의 우상에게 경배하던 자들을
표적으로 미혹하던 자라 이 둘이 산 채로 유황불 붙는 못에 던져
지고

지금 잘못된 예언을 하는 자들, 곧 거짓 선지자들이 적그리스도가
어둠의 일들을 펼치는 것에 도움이 되는 예언을 하면서, 자신들의 예
언이 거짓 예언인지도, 또한 자신들이 짐승과 같이 심판을 받게 될 자
들이라는 것도 깨닫지 못하고 있을 것이다. 그런데, 기독교 예언자라
고 하면서 시온주의를 하나님의 뜻인 것처럼 선포할 때에 그것이 얼마
나 하나님의 성품과 반대되는 메시지이며, 하나님께서 기뻐하지 않을
수밖에 없는 일인지를 분별하지 못한다면, 하나님을 아예 모르는 자인
것이다. 하나님을 아예 모르기 때문에 이토록 하나님의 뜻을 대적하는
메시지를 선포하면서 그것이 하나님의 메시지인지 적그리스도의 메

시지인지를 분별하지 못한다. 하나님의 신실하시고 자비하심을 아주 조금이라도 아는 자라면, 절대로 그런 악행을 하나님께서 하실 수 없는 것을 알기 때문에 그러한 예언이 얼마나 사단적이며 악한 것인지를 알 수밖에 없다. 그리고 우리는 역사를 통해서 적그리스도가 그러한 악한 사상을 가지고 영적으로나 육적으로 얼마나 많은 사람들에게 어두움의 역사를 펼쳤는지 확실히 볼 수 있었다. 그럼에도 불구하고 지금도 기독교는 적그리스도에게 도움이 되도록 예언하는 자들의 말을 듣고 인정한다. 지금 기독교가 얼마나 하나님과 멀어져 있고 적그리스도와 가까워져 있는지를 볼 수 있는 내용이다.

그런데, 말씀 가운데에는 이러한 미혹을 하나님께서 허락하셨다는 말씀이 있다.

데살로니가후서 2장 9-12절

악한 자의 나타남은 사탄의 활동을 따라 모든 능력과 표적과 거짓 기적과 불의의 모든 속임으로 멸망하는 자들에게 있으리니 이는 그들이 진리의 사랑을 받지 아니하여 구원함을 받지 못함이라. 이러므로 하나님이 미혹의 역사를 그들에게 보내사 거짓 것을 믿게 하심은 진리를 믿지 않고 불의를 좋아하는 모든 자들로 하여금 심판을 받게 하려 하심이라

악한 자가 나타났을 때에는 능력과 표적과 거짓 기적과 불의의 모든 속임이 있을 것이라고 말씀 가운데에서 벌써 알려 주셨다. 그렇기 때문에, 표적, 기적, 능력이 나타난다고 해서 하나님의 일일 것이라고 단정해 버리면 절대로 안 된다. 왜냐하면 그것은 적그리스도, 악한 자에게도 허락하신 부분이기 때문이다. 그러한 표적과 기사와 이적이 적그리스도에게 속한 자들을 통해서도 나타나게 되면 사람들이 쉽게 미혹되고 그들에게 속게 될 텐데, 왜 그런 상황을 허락하셨는지에 대한 의구심이 생긴다. 그런데, 말씀 가운데에서 그 뜻을 확실히 알려 주셨다. "이러므로 하나님이 미혹의 역사를 그들에게 보내사 거짓 것을 믿게 하심은 진리를 믿지 않고 불의를 좋아하는 모든 자들로 하여금 심판을 받게 하려 하심이라." 결국 하나님께서 그러한 미혹을 허락하셔서 우리가 하나님의 진리의 말씀에 대한 진실된 마음이 있는지를 분별하신다는 것이다.

진리를 믿고 불의를 싫어하는 자들만이 그러한 거짓 기사 이적에 미혹되지 않을 수 있다고 말씀하여 주신 것이다. 진리를 믿고 불의를 싫어하는 자는, 참진리이신 예수 그리스도가 그 안에 사시는 자이고, 그런 자는 온몸과 마음과 뜻을 다하여서 하나님을 사랑하기 때문에 하나님께 속하지 않은 불의를 싫어하는 자이다.

지금 기독교 교회 중에 기사와 이적과 예언과 능력을 내세우는 교회들이 많이 있지만, 적그리스도인 로마 교회와 화합하고 있고, 적그리스도가 사용하는 시온주의를 지지하고 있고, 높아지고 커지는 영향력을 추구하고 있다. 결국 교회는 진리를 믿지 않고 불의를 좋아하며 그래서 미혹에 빠진 것이라는 말씀이다.

여러 장을 통해서 계속해서 이야기했듯이, 적그리스도의 전략을 부수는 하나님의 군사들의 전략은 다음과 같다.

1. 그들의 계략이 드러나서 계략대로 이루어지지 않도록 하는 것이다.
2. 그들의 원하는 바가 꺾이고 하나님께서 원하는 바가 이루어지는 것을 보도록 하는 것이다.
3. 자기가 한 일로 인해서 하나님의 나라가 더욱 확장되고 인간들이 더욱더 축복을 받게 되는 상황이 되는 것이다. 자신이 세상에서 어두움을 위해서 일을 한 만큼, 오히려 그것이 빛이 비추어지는 상황이 되도록 하는 것이다.

그렇다면 적그리스도의 전략 #4 거짓 기사와 이적을 사용하여서 우리를 넘어지도록 하는 어두움의 세력을 향한 하나님의 군사들의 전략은 다음과 같다.

1. 기적과 이사의 역사를 진리로 분별하여서 그것이 사람들을 미혹

하는 적그리스도의 역사임을 알도록 선포하는 것이며, 기적과 이사가 일어난다고 해서 하나님의 일이라고 생각 하는 잘못된 생각에서 다 깨어나게 되어서, 적그리스도가 기적과 이사로 사람들을 미혹할 수 없게 되는 것이다.

2. 거짓 선지자, 거짓 목자들이 밝히 드러나게 되고, 많은 사람들을 미혹하여 멸망에 이르도록 한 지도자들을 사람들이 배척하고 따르지 않게 되어 기독교 안에 진실된 개혁의 바람이 부는 것이다.

3. 사람들의 마음 가운데에 거짓 기적과 이사를 분별하기 위해서 불의를 미워하고 참진리를 추구하게 되면서, 참진리를 추구를 하는 사람들의 마음 가운데에 하나님을 사랑하는 마음이 회복되고, 결국 많은 사람들이 하나님께로 돌아오게 되는 부흥의 역사가 일어나는 것이다.

25

하나님의 군사 전략 #5

적그리스도의 전략 #5는 사람들로 가중한 죄를 짓게 하여서 결국은 멸망당하게 하고 심판받게 하는 것이다. 십계명의 1-3계명을 범하는 것이 하나님 앞에 얼마나 가중한 죄이며 그것으로 인해서 얼마나 무서운 심판을 당하게 되는 사실에 대해서 에스겔 8, 9장을 통해서 아주 자세하게 살펴볼 수 있었다.

또한 역사를 살펴보면서 알게 된 사실은, 적그리스도는 십계명의 1-3계명을 범하도록 하여서 결국은 멸망당하도록 하는 전략을 그들이 연결된 모든 단체에서 사용한다는 것이었다. 프리메이슨 단체를 설명한 글들을 통해서도, 예수회 멤버들의 헌신 가운데에서도, 그들이 하나님을 열심히 섬길 것을 권장하고 강요하지만, 단체들의 구조를 십계명의 1-3계명은 지킬 수 없도록 만들어 놓아서, 열심히 헌신하여도 결국은 영원한 생명을 얻지 못하는 시스템을 만들어 놓았다는 것을 이야기했다.

적그리스도의 전략 #5에 우리가 잘 넘어지는 이유는, 하나님께서 왠만하면 다 받아 주시겠지 하는 안일한 마음 때문이다. 또한, 내가 하는 말들과 나의 마음이 일치하지 않더라도 그것이 큰 문제가 될까 하는 안일한 마음 때문이다. 이 세상에서 사람들과 관계를 하듯이 그러한 모양으로 관계를 하나님과 이어 가면서도 큰 문제가 없을 것같이 생각하는 안일한 마음 때문이다.

그러한 안일한 마음을 가지고 우리는 하나님과의 관계도 세상에서 사람들과 관계를 이어 가듯 그 정도 그 수준으로 한다. 사람들에게 말을 할 때에 빈말을 섞어 가면서 가볍게 이야기하듯이 하나님께도 그렇게 하고 있다.

하나님, 내 삶 바칩니다.
주님만이 내 모든 것입니다.
하나님을 기쁘게 하기를 원합니다.

우리는 이런 찬양을 많이 한다.

그런데, 정말 주님만이 내 삶의 모든 것인 그런 삶을 살고 있는 것인가?
매 순간 나의 모든 결정가운데에 하나님만 기쁘게 하는 것이 나의 진정한 소원인가?

내 삶의 모든 부분들을 하나님께 바친 모습으로 살고 있는가?

이 질문들에 대해서 확신 있게 그렇다고 대답할 수 없다면 나는 거짓 선포를 한 것이다. 하나님께 찬양을 하면서 거짓말을 하고 있다는 것이다.

우리는 이런 모습이 큰 문제로 여겨지지 않을 정도로 무디어지게 되었다. 하나님께 드려지는 찬양의 가사 메시지와 나의 마음과 헌신이 일치하지 않아도 큰 문제로 느껴지지 않게 되어 버렸다. 그런데 그러한 우리의 모습 때문에 우리가 얼마나 다른 큰 문제들을 겪고 있는지를 모른다.

우리가 하나님 사랑한다고 그렇게도 찬양하고 선포하였어도 진정 마음으로 하나님을 사랑하는 것이 아니기 때문에, 성경에서 하나님께서 우리를 사랑하신다고 하는 말씀도 진정으로 그렇게 나를 사랑하실까? 하는 마음을 가지고 그 말씀을 받아들이기 때문에 은혜를 받지 못한다.

하나님은 말씀하시는 것과 마음이 절대로 다를 수가 없는데, 우리는 우리의 말과 우리의 마음이 일치하지 않는 모습으로 살기 때문에, 하나님도 그러실 것이라고 생각을 하는 마음이 생겨 버렸다. 말과 행동이 절대적이시며 일관적이신 하나님의 말씀을 말씀 그대로 믿고 받아들이는 것이 어떤 것인지 아예 모른다. 하나님께서는 절대로 빈말하실 수 없으신 분인데, 우리는 빈말하는 데에 너무나도 익숙해져 버려서, 모든 하나님의 말씀들이 절대적일 것이라고 믿는 마음이 없다.

이것이 얼마나 큰 문제인지 우리는 너무나도 모른다.

마태복음 15장 8절
이 백성이 입술로는 나를 공경하되 마음은 내게서 멀도다

우리가 입술로는 하나님을 공경하고 있는데, 마음은 멀게 되어 버렸다. 그런데, 그것이 외식이고 그것이 두마음을 품은 것인데….

입술로는 하나님을 공경하면서도 마음은 하나님께로부터 멀다고 하신 이 말씀이 정확히 우리의 모습을 보여 주는 말씀이다. 그리고 그러한 마음을 에스겔 8장에서는 계속해서 가증하다고 하셨다. 그리고 그러한 가증한 마음으로 인해서 결국 에스겔 9장에서 멸망당하게 되는 참혹한 상황을 살펴보았다.

하나님 앞에서 빈말하지 말자.

하나님께 빈말로 사랑한다고 하지 말자.

하나님께 빈말로 모든 것을 바친다고 하지 말자.

하나님께 빈말로 하나님만을 기쁘시게 해 드리기 소원한다고 하지 말자.

빈말로 하려면 하지 말자.

그리고, 하나님께서 우리를 사랑하신다는 말씀을 빈말로 받아들이지 말자.

우리가 얼마나 에스겔 8장의 멸망받기 바로 전의 이스라엘 백성들의 모습과 같은가를 느낄 수 있다. 그래서 지금이 너무나도 중요한 때이고, 그래서 지금 우리는 적그리스도의 전략 #5를 부수는 하나님 군사 전략 #5로 이들의 악행으로 인해서 오히려 이들이 울며 한탄을 하는 상황으로 만들어야 한다.

지난 장들에게 계속해서 이야기했듯이, 우리의 전략은 빛으로 어두움을 이기고, 선으로 악을 이기고, 진리로 불의를 이기는 것이어야 하기에, 적그리스도의 전략을 부수는 하나님의 군사들의 전략은 다음과 같다.

1. 그들의 계략이 드러나서 계략대로 이루어지지 않도록 하는 것이다.

2. 그들의 원하는 바가 꺾이고 하나님께서 원하는 바가 이루어지는 것을 보도록 하는 것이다.

3. 자기가 한 일로 인해서 하나님의 나라가 더욱 확장되고 인간들이 더욱더 축복을 받게 되는 상황이 되는 것이다. 자신이 세상에서 어두움을 위해서 일을 한 만큼, 오히려 그것이 빛이 비추어지는 상황이 되도록 하는 것이다.

그리고 하나님의 군사 전략 #5는 다음과 같다.

1. 하나님께서 그토록 중요하게 생각을 하시는 십계명의 1-3계명은 온몸과 마음과 뜻을 다해서 하나님을 사랑하지 않으면 지킬 수 없는 계명이며, 그 계명들을 지키지 않는 것을 가장 가증한 죄로 여기신다는 사실을 모든 사람들이 알게 되는 것이다. 또한, 하나님을 온몸과 마음과 뜻을 다해서 사랑한다고 할 때에, 말로만 하는 그런 사랑이 아니라, 우리의 말과 마음이 일치하는, 진정으로 하나님께 온전한 마음이 드려져야 한다는 것을 모든 사람들이 인정하게 되는 것이다.

2. 하나님께서 더 중요하게 생각하시는 것이 무엇인지에 대한 우선순위를 세상 사람들이 알게 되어서, 도덕적인 것을 부각하며 하나님과의 관계를 놓치도록 하는 이들의 계략이 적그리스도의 계략인 것이 드러나게 되는 것이다. 이들의 계략이 드러나게 될 때에,

이러한 계략에 따라서 운영을 하던 모임들과 단체들에 속해 있던 사람들이 더 이상 그러한 단체에 속하지 않게 되는 것이다. 하나님을 두려워하는 것이 회복되어서 진정으로 계명을 지키는 삶이 이루어지는 것이다.

3. 잘못된 우선순위를 통해서 하나님을 섬기는 것을 도덕적인 헌신으로만 잘못 생각하였던 하나님의 자녀들이, 진정으로 하나님께서 너무나도 중요하게 보시는 하나님과의 관계에 대한 계명들, 십계명 1-3계명을 지키기 위해서, 온몸과 마음과 뜻을 다해서 하나님을 사랑하고 하나님만 믿고 따를 것을 결심하게 되면, 그것은 부흥의 역사인 것이며, 적그리스도가 그토록 막고자 하여서 노력하고 일하였던 것이었기에, 애통하고 탄식할 수밖에 없게 된다.

하나님의 군사 전략 #6

　적그리스도의 전략 #6는 매일 드리는 제사를 폐하는 전략이다. 우리에게 매일 제사를 드릴 것을 명령하셨는데, 그러한 명령에 불순종하게 하기 위해서, 예수님께서 벌써 다 담당하셨기 때문에 매일 드리는 제사가 이제는 필요하지 않다고 하는 속임으로 인해서 우리를 넘어뜨리는 전략이다. 예수님께서 오셔서 하나님께 나아갈 때에 희생 제물이 필요했던 부분을 담당해 주셨기 때문에, 우리가 희생 제물의 피 없이 담대하게 하나님께 나아갈 수 있게 되었다. 그렇다고 매일 하나님께 나를 내려놓는 제사를 드리는 계명이 폐하여진 것이 아닌데 그러한 계명이 이제는 필요 없는 것처럼 속인다는 것이다. 그래서 적그리스도는 매일 드리는 제사를 폐하는 자인 것이다.

　역사를 통해서 살펴본 내용은, 하나님을 믿고 섬긴다고 하는 사람들의 마음 가운데 벌써 다 이루고 가진 것 같은, 벌써 면죄부를 소유한 것 같은 마음을 갖도록 하는 가르침이 만연하다는 것이다. 기독교 신학은, 가톨릭과 같이 연구하고 같이 교리들을 세우면서 적그리스도가 유도하는 방향으로 맞추어졌기 때문에, 매일 드리는 제사가 폐하여진 모습이 오히려 더 합당한 모습처럼 되어 버렸다.

예수님을 구주로 영접한 순간 완전한 의인이 되어서, 어떠한 경우에도 영원한 생명을 얻는 것이 보장된 것으로 생각한다. 예수님께서 우리 죄를 다 감당해 주셔서 죄인이 아니기 때문에 항상 의로울 수밖에 없다고 생각한다. 예수님께서 죄의 문제를 완전히 해결해 주셔서 우리에게 영원한 생명을 얻는 길을 만들어 주신 것은 확실한 진리이지만, 우리의 죄성이 다 없어지게 되어서 선한 모습만 남게 된 것은 아니다. 우리는 선한 것이 하나도 없는 죄인의 속성을 아직도 가지고 있다. 우리가 외식을 하는 이유는, 우리의 본모습을 몰라서 그런 생각을 하게 된다. 우리는 선한 것이 하나도 없는 죄인의 속성을 가진 자들이기 때문이다. 예수님께서도 우리에게 "날마다 십자가를 지라"라고 하셨고, 사도 바울도 "나는 매일 죽노라"라고 하면서 매일 죽어야 하는 우리의 죄인 된 속성에 대해서 이야기했다. 매일 드리는 제사가 없이도 다 이룬 것으로 생각을 하게 될 때에는 결국 외식하게 되고, 그래서 넘어지게 된다. 지금 기독교의 문제는, 매일 드리는 제사가 없이도 영원한 생명을 얻는 것이 벌써 다 이루어진 것처럼 생각하는 데 있다. 예수님께서 대신 죽으심으로 인해서 매번 희생 제물의 피를 가지고 나아가는 것은 필요 없어졌다고 해도 매일 나아가야 하는 명령까지도 없어졌다고 생각을 하도록 하는 가르침은 우리가 영원한 생명을 얻는 것을 막고자 하는 적그리스도의 전략이다.

지금 사단이 가장 믿는 자들을 크게 속이고 있는 것이, "다 이루었다"라는 마음을 가지고 "매일 드리는 제사"를 폐하도록 하는 것이다. 매일 드리는 제사가 폐하여진 마음들로 인해서, 내 안에 주님이 사시지 못하고 나만 살고 있다. 날마다 십자가를 지는 것이 전혀 없이도 영원한 생명을 다 이룬 것 같은 마음으로 마음이 부자가 되어 있다.

매일매일 죽어야 하는 사람은, 아무도 손가락질할 수 없다. 내일 내가 죽지 않았을 때, 그보다 더 못한 상황이 될 수 있는 죄인인 것을 알기 때문이다.

매일매일 죽어야 하는 사람은, 뭔가 이룬 것 같은 마음을 가질 수 없다. 내일 내가 죽지 않았을 때, 뭔가 이루었다 하는 것이 다 무너질 수 있다는 것을 알기 때문이다.

매일매일 죽어야 하는 사람은, 높임을 받는 것을 기뻐할 수가 없다. 내일 내가 죽지 않았을 때, 높아진 마음으로 인해서 하나님께서 기뻐하지 않으시는 교만의 죄를 짓게 될 수 있다는 것을 알기 때문이다.

매일매일 죽어야 하는 사람은, 남을 나보다 더 낫게 생각하지 않을 수 없다. 내일 내가 죽지 않았을 때, 남이 나보다 훨씬 더 나은 일들을 하고 있을 수 있다는 것을 알기 때문이다.

매일 드리는 제사가 폐하지 않는 것이 우리에게 이토록 중요한데, 그러한 축복을 벌써 다 이룬 것이라는 잘못된 교리들을 가르치고, 결국 많은 교인들을 외식하는 자들로 만들어 버렸다. 그것이 적그리스도의 전략이었다.

앞장들을 통해 계속해서 이야기했듯이, 우리의 전략은 빛으로 어두움을 이기고, 선으로 악을 이기고, 진리로 불의를 이기는 것이어야 하기에, 적그리스도의 전략을 부수는 하나님의 군사들의 전략은 다음과 같다.

1. 그들의 계략이 드러나서 계략대로 이루어지지 않도록 하는 것이다.
2. 그들의 원하는 바가 꺾이고 하나님께서 원하는 바가 이루어지는 것을 보도록 하는 것이다.
3. 자기가 한 일로 인해서 하나님의 나라가 더욱 확장되고 인간들이 더욱더 축복을 받게 되는 상황이 되는 것이다. 자신이 세상에서 어두움을 위해서 일을 한 만큼, 오히려 그것이 빛이 비추어지는 상황이 되도록 하는 것이다.

그리고 하나님의 군사 전략 #6는 다음과 같다.

1. 매일 드리는 제사에 대해서 그 중요성을 드러내지 않고 벌써 다 이룬 것과 같은 마음을 갖게 하는 가르침이 우리로 멸망하게 하는 가르침인 것을 모든 사람들이 알도록 하는 것이다. 사도 바울조차도 "내가 남에게 전파한 후에 자신이 도리어 버림을 당할까 두려워함이로다"라고 하였고, 또한 "나는 날마다 죽노라"고 선포하였다는 것을 진정으로 알고 깨닫게 되는 것이 얼마나 중요한 사실인지를 모든 사람이 알게 하는 것이다.

2. 매일 죽는 제사가 필요하지 않은 것같이 가르치는 교회나 단체가 얼마나 적그리스도의 영향력에 빠져 있는 것인지를 깨닫게 되는 것이다. 잘못된 가르침이었음을 깨닫고 참진리의 메시지를 선포하는 단체들은 많은 사람들을 잘못된 길에서 돌이켜서 하나님께로 돌아올 수 있도록 인도할 수 있게 될 것이다. 그러나, 그러한 잘못된 가르침을 수정하지 않는 단체들에 대해서는, 진정으로 하나님을 따르는 자들이 그들의 가르침이 사람들을 적그리스도에 편에 서게 하는 가르침인지를 분별할 수 있기 때문에, 그들을 따르지 않게 됨으로 인해서 그런 단체는 설 수 없게 되는 것이다

3. 이제는 매일 우리가 하나님 앞에 나아가서 우리를 내려놓는 참제사를 드림으로 인해서 하나님께 나의 온몸과 마음을 드리고, 전심을 다해 하나님을 사랑하여서 하나님과의 관계가 회복되는 것이다. 하나님과의 온전한 믿음과 사랑의 관계가 회복되는 것은 부흥이다. 하나님의 진리인, 매일 드리는 제사를 폐하려고 하였던

이들의 전략으로 인해서, 오히려 우리는 하나님을 대적을 하는 적그리스도의 세력을 확실히 알게 될 것이다. 적그리스도의 세력의 전략들이 드러남으로 인해서 사람들이 그들의 편에 서지 않고 오히려 다 하나님 편에 서게 되면서 이들이 애통하며 슬퍼하게 될 것이다.

27

하나님의 군사 전략 #7

적그리스도의 전략 #7은 로마 교회를 부각하고 로마 교회에게 사람들이 경배하도록 하는 것에 초점을 두는 전략이다. 예수회가 하는 모든 행적들과 노력들을, 자신들은 나타내지 않도록 하면서 결국 로마 교회가 부각이 되고 높여지도록 하면서 로마 교회를 신성화하는 것이다.

세상에서는 저마다 이름을 내려고 한다. 나의 단체의 이름을 알리고 자신이 이룬 업적을 알리고자 한다. 또한 그러한 업적이 오랫동안 이어 온 역사를 강조하고 나타내는 것을 좋아한다. 그것이 카톨릭의 역사이고 카톨릭의 모양이다. 그런데, 그런 모습으로 예수회를 보면 안 된다. 지난 500년 동안 카톨릭 교황들을 조정할 정도로 막강한 영향력을 가지고 있었던 것이 예수회의 역사임에도 불구하고, 자신들의 한 일들과 영향력에 대해서 나타내고자 하지 않았다. 모든 것을 비밀리에 하고 숨어서 하며, 여러 이름으로 하고, 자신의 이름이 나타나지 않도록 하였다. 그래서 그들이 지금 모든 Power의 중심에 있으면서도 그들의 행사가 나타나지 않는다. 그래서 이들은, 한 교리와 한 종교를 이어 가는 것을 목적으로 하는 자들이 아니다. 교회나, 단체나, 모임이나, 국가로 연결된 것이 아니어도, 로마 교회와 연결이 되도록 할 수만 있으면 같은 사상이나 종교성을 주장하지도 않는다.

그러한 모습은 에큐메니칼 단체의 움직임을 통해서도 잘 나타난다. 에큐메니칼 단체와의 적극적인 협력 사역에 대해서 선포한 것은 제2차 바티칸 공의회에서였다. 전 세계를 로마 교회를 중심으로 하여서 하나 되도록 하는 예수회의 적극적인 노력의 결과였다. 지금 대부분의 기독교 단체가 속해 있는 연합단체들이 에큐메니칼 공의회들이며, 바티칸 공의회에서 이들은 에큐메니칼 공의회에 대한 확실한 정의를 선포하였다. "어떤 공의회라도 베드로의 후계자가 승인하거나 최소한 수용하지 않는 한 결코 에큐메니칼일 수 없습니다. 이러한 공의회들을 소집하고 주재하고 확인하는 것은 로마 교황의 특권입니다."(134) 에큐메니칼 공의회들이 하나 되는 일에 열심을 다하도록 하면서 결국 이러한 모든 에큐메니칼 단체들이 로마 교회와 연결이 되어서 로마 교회를 세우는 일을 하도록 디자인한 것이었다. 우리는 역사를 통해서 에큐메니칼 단체인 FCC가 어떻게 세워지게 되었고, 어떠한 일들을 하였으며, 또한 어떻게 WCC로 발전한 것을 보았다. 현재에도 로마 교회와 친밀한 관계를 유지하며 전 세계에 정치적 사회적 영향을 끼치고 있는 것을 알고 있다. 또한 진보의 성향인 WCC와는 반대로 보수의 성향인 WEA조차 WCC에 속하지 않은 대부분의 기독교 교회들과 교단, 단체들을 연합하여서 로마 교회와 긴밀한 관계를 유지하며 사역하는 것을 잘 알고 있다. 기독교가 하나님의 반대편에 서 있는 상황이라는 사실을 누구도 부인할 수 없다.

지난 장들에게 계속해서 이야기했듯이, 우리의 전략은 빛으로 어두움을 이기고, 선으로 악을 이기고, 진리로 불의를 이기는 것이어야 하기에, 적그리스도의 전략을 부수는 하나님의 군사들의 전략은 다음과 같다.

1. 그들의 계략이 드러나서 계략대로 이루어지지 않도록 하는 것이다.
2. 그들의 원하는 바가 꺾이고 하나님께서 원하는 바가 이루어지는 것을 보도록 하는 것이다.
3. 자기가 한 일로 인해서 하나님의 나라가 더욱 확장이 되고 인간들이 더욱더 축복을 받게 되는 상황이 되는 것이다. 자신이 세상에서 어두움을 위해서 일을 한 만큼, 오히려 그것이 빛이 비추어지는 상황이 되도록 하는 것이다.

그리고 하나님의 군사 전략 #7은 다음과 같다.

1. 로마 교회를 세우는 모습으로 연결되어 있는 에큐메니칼 단체들이 적그리스도의 전략에 의해서 얼마나 속고 있는 것이며, 그들의

추구하는 모든 일들이 결국은 로마 교회를 세우고 신성화하여서 많은 사람들이 적그리스도의 편에 서도록 하는 일임을 알려야 한다. 에큐메니칼 단체가 결국 로마 교회를 세우는 사역을 하게 되는 것이라는 사실을 알게 되면, 어떠한 목적을 추구하는 것인지 모르고 헌신하던 하나님의 자녀들이 눈을 뜨게 되고 그러한 에큐메니칼 단체에서 다 나오게 되는 상황이 되는 것이다.

2. 대부분의 기독교 교회와 단체들이 에큐메니칼 단체들에 속해 있는데, 그러한 단체들이 에큐메니칼 단체들의 참목표와, 지금까지 기독교인들을 속여서 헌신을 얻어 낸 그들의 속임수를 깨닫게 되면, 모든 에큐메니칼 단체들을 배척하게 될 것이며, 이들의 속임수가 드러난 것으로 인해서 적그리스도의 일들이 너무나도 선명하게 분별될 것이다. 또한 적그리스도의 일들이 분별됨으로 인해서 하나님의 일들이 드러나게 되어서, 사람들이 자신들을 하나님의 편에 헌신하게 되는 상황으로 바뀌게 되는 것이다. 그래서, 하나님의 편에 서게 되는 하나님의 백성들이 많아지는 것이다.

3. 로마 교회를 신성화하도록 해 왔던 노력으로 인해서 오히려 그들이 적그리스도인 것이 더 쉽게 드러나는 상황이 될 것이다. 지금은 자신들의 어두운 목적을 숨기고 선한 모양을 드러내며 하나 되자고 외치기 때문에 세상에 종교 단체들이 에큐메니칼 단체들을 중심으로 해서 연결되려고 하고 있지만, 그것이 로마 교회를 신성화하여서 결국 모든 사람들로 적그리스도의 표를 받게 하는 노력

이었다는 것이 드러날 때에, 그 사실을 아는 모든 사람들이 적그리스도의 표를 받는 것을 거부하게 될 것이다. 그리고 사람들이, 하나님의 인치심을 받는 자들이 되기를 소원을 하게 될 것이므로, 이들의 역사 전체를 통한 노력이 수포가 된 것으로 인해서 애통하고 한탄하며 울게 되는 상황이 될 것이다.

28

하나님의 군사 전략 #8

적그리스도의 전략 #8은 양극화된 생각과 사상들로 인해서 계속해서 싸우고 다투고 분쟁하도록 만들어서, 결국 우리의 싸움의 대상인 적그리스도를 인지하지 못하도록 하는 것이다. 사람들을 참소자가 되게 하여서 서로 손가락질하고 문제를 드러내고 다투게 하는 것은 이들이 모든 분야에서 두드러지게 사용하는 전략이다. 우리끼리 다투게 되면, 서로 손가락질하고 비난하다가 우리가 진정 다투어야 할 대상을 인식하지 못하게 되기 때문에, 적그리스도가 아주 선호하는 전략이다.

역사 가운데 나타난 이들의 행적을 볼 때, 사람들의 생각과 사상을 양극화되도록 하여서 서로 비판하고 손가락질하며, 다투고 싸우고 전쟁하도록 유도하였던 모습을 많이 볼 수 있었다. 일부러 사람들을 참소자가 되어 서로 다투게 하기 위해서, 싸울 수밖에 없는 상반되는 이론들을 세우고 갈등이 고조되도록 한 것들을 볼 수 있었다.

반유대주의 사상을 퍼트릴 때에 대립이 되는 시온주의 사상도 만들어서 퍼지도록 하였다. 민주주의 사상이 퍼지고 있을 때에, 대립이 되는 공산주의 사상을 만들어서 퍼지도록 하였다. 진보주의, 자유주의 사상을 퍼트리면서, 대립이 되는 보수주의 복음주의 사상이 퍼지도록 하였다.

진정으로 우리를 돌아보면서, 얼마나 우리가 적그리스도의 전략대로, 완전하지 않은 사상을 부각하며 다른 생각들을 적대시하였는지 돌아보아야 한다. 대립되는 사상이 꼭 서로를 미워하고 싸워야 하는 이유가 아닌데, 나의 생각만이 선하고 상대방의 생각은 악하다는 생각으로 대적하였고, 그러는 가운데에 그런 상황을 조작하고 있는 적그리스도의 존재에 대해서는 인지조차 하지 못하고 있었다.

세계가 역사적으로 가장 양극화가 심한 상태라고 한다. 서로 싸우고 있으면서 자신이 싸우는 행위를 정의라는 말로 정당화하려고 한다. 그런데, 결과를 보면 어느 누구에도 이득이 없고, 적그리스도에게만 이득이 있다. 우리가 다투면 적그리스도만 입지가 커지는, 그들에게만 좋은 일이라는 사실을 모든 세상 사람들이 깨닫게 되어야 한다. 계속해서 다툼이 커지고 양극화가 심해져서 나라의 주권의 힘으로 해결하지 못할 때, 그보다 더 큰 힘, 세계 정권의 힘을 추구하게 되고, 그렇게 되는 순간, 적그리스도가 그렇게 바라던 세계 정부가 힘을 얻게 되는 것이다. 그래서, 우리가 다투면 적그리스도가 힘을 얻게 되는 것임을 우리는 절대로 잊어서는 안 된다.

지난 장들에게 계속해서 이야기했듯이, 우리의 전략은 빛으로 어두움을 이기고, 선으로 악을 이기고, 진리로 불의를 이기는 것이어야 하기에, 적그리스도의 전략을 부수는 하나님의 군사들의 전략은 다음과 같다.

1. 그들의 계략이 드러나서 계략대로 이루어지지 않도록 하는 것이다.
2. 그들의 원하는 바가 꺾이고 하나님께서 원하는 바가 이루어지는 것을 보도록 하는 것이다.
3. 자기가 한 일로 인해서 하나님의 나라가 더욱 확장되고 인간들이 더욱더 축복을 받게 되는 상황이 되는 것이다. 자신이 세상에서 어두움을 위해서 일을 한 만큼, 오히려 그것이 빛이 비추어지는 상황이 되도록 하는 것이다.

그리고 하나님의 군사 전략 #8은 다음과 같다.

1. 양극화의 사상을 만들어서 사람들로 서로 다투고 싸우게 하는 것이 적그리스도의 전략인 것이 드러나서 모든 사람들이 그들의 계략을 깨닫게 되어야 한다. 적그리스도를 대항하여 싸우는 것이 아니라, 우리끼리 싸우는 것은 적그리스도의 입지를 세워 주는 것임이 세상 모든 사람들의 생각 가운데 완전히 자리 잡히게 되어

서, 양극화된 서로 다른 사상들을 가지고 더 이상 싸우지 않게 되는 것이다.

2. 적그리스도의 세력은 사람들이 참소자가 되고 다투도록 하기 위해서 서로 다른 사상을 부각하고 이간질한다는 것을 깨닫고 그들이 바라는 대로 조종당하여 주지 않는 것이다. 그들이 그토록 우리가 참소자가 되기를 원하여도, 하나님의 군사들이 중보자가 되고 화평케 하는 자들이 되어서 유엔이 국가들 위에서 통제를 하는 힘을 갖게 되는 일이 없도록 하는 것이다. 나라들이 통제하는 힘을 잃고 사람들을 보호하지 못하게 되면 세계 정부를 만들고 힘을 실어 주자는 주장이 커지지만, 세계 정부가 나라들을 통제해야 하는 상황이 없어지고 모든 다툼과 불화가 하나님의 군사들의 중보와 화목케 함으로 해결되고 없어지면, 세계를 지배하고자 하는 주장이 힘을 잃게 된다.

3. 참소자가 되지 않고 중보자들이 되는 것은, 적그리스도 편에 서지 않고 하나님 편에 서게 되는 것이다. 사람들이 싸우고 다투고 참소하면서 적그리스도 편에 있었는데, 중보하고 세워 주면서 다 하나님 편에 서게 된다는 것은, 많은 사람들의 삶 가운데 영원한 생명을 얻는 구원의 역사, 부흥의 역사가 임하게 된다는 것이다. 부흥의 역사로 인해서 구원의 역사를 막으려고 하는 적그리스도의 전략은 온전히 무너지고 하나님의 군사의 전략이 서게 되어서, 많은 영혼구원의 역사를 체험하게 되는 것이다.

29

《시온 장로 의정서》

《시온 장로 의정서》에 대해서 찾아보면 위조문서라고 되어 있다. 그리고, 출처가 확실하지 않은 것으로 설명되어 있다. 그럼에도 불구하고 《시온 장로 의정서》는 현대의 가장 악명 높고 널리 배포된 반유대주의 출판물로 오늘날까지도 계속 유포되면서 끊임없이 반유대주의를 일으키고 있는 문서이다. 100년이 훨씬 넘는 시간이 지났는데도, 출처가 확실하지 않은 위조문서라고 하는데도, 계속해서 이 문서로 인해서 잘못된 미움과 혐오, 증오가 퍼지고 있고, 또한 지난 기간 동안 이 문서로 인해서 전 세계에 행해진 악행들은 다 헤아릴 수가 없을 정도이며, 세계 대전을 일으키게 된 빌미를 충분히 제공한 문서라는 것도 그 누구도 의심할 수가 없다.

그런데, 어떤 방법으로도 그 문서로 인한 부정적인 영향을 막을 수 없었던 것이, 그 글을 입증하듯이 실제로 세계적으로 일어나는 일들로 인해서였다. 러시아 혁명, 세계 전쟁들, 시온주의, 이스라엘의 설립, 이 모든 것을 통해서 의정서의 내용이 입증되는 것으로 보여지는 상황이 계속되면서, 이 문서에 대해서 출처가 확실한 문서가 아니라는 법원의 결정이 있었다고 해도 그러한 법원의 말보다 그 문서 안에 쓰인 글들을 더 신임하게 된 것이다.

이 문서를 통해서 세계에 미치게 된 어두움의 부정적 영향력이 너무나도 컸던 만큼, 우리는 받은 그것보다 배나 되게 해서 돌려주고, 이런 악한 일을 저지른 것에 대해서 탄식하고 울도록 만들어야 한다. 우리가 받은 것이 무엇인지 모르고 있었을 때에는 어떠한 대응도 할 수 없었지만, 우리가 받은것이 무엇인지 알게 된 이상, "그가 준 그대로 그에게 주고 그의 행위대로 갑절을 갚아 주라"고 하신 말씀에 순종하여서, 그만큼 고통과 애통함으로 갚아 주어야 한다.

그래서, 이 장을 통하여서는, 《시온 장로 의정서》를 살펴보면서, 이 의정서를 통해서 선포한 그들의 전략들을, 앞장들을 통해서 나눈 하나님의 군사 전략들을 사용하여서 무력화하도록 하고, 오히려 그들이 세운 그러한 전략들이 그들의 고통과 애통함이 되도록 하나님의 군사 전략을 실질적으로 적용하여 실행해 보는 내용이다.

《시온 장로 의정서》는 24장으로 되어 있고, 전체적인 주제는 세계를 지배하는 목적으로 단계별로 그 목적을 이루기 위한 전략들을 써 놓은 지침서이다. 1903년에 첫 출판이 되었지만 1800년대 말부터 퍼졌었던 문서이므로, 1800년대 당시, 아직 러시아 혁명이나 세계 대전이 있기 훨씬 전에 이렇게 자세한 지침서를 가지고 행동을 하였다는 사실 자체가 이 문서에 대해서 사람들이 관심을 불러일으키게 된 동기가 되었다.

24장으로 되어 있는, 전 세계를 지배하기 위한 적그리스도의 지침서이자, 자신들의 전략들을 유대인들의 전략인 것으로 모함하여서 표현해 놓은 이 문서의 각 장의 내용들을 살펴보면서 하나님의 군사들의 전략들을 적용해 보도록 하자.

PROTOCOL NO. 1 The Basic Doctrine 기본 교리

첫 장에서는, 권리는 힘에 있다는 선언을 하며, 목적은 수단을 정당화한다는 원칙하에 정치, 경제, 사회 모든 부분에 있어서 Power를 갖는 것에 대한 설명을 하는데, "자유"라는 이상적인 것을 추상적으로 사용하도록 하여서 결국 자유를 얻을 수 없도록 만든다고 하는 전체적인 내용을 설명한다.

Every man aims at power, everyone would like to become a dictator if only he could, and rare indeed are the men who would not be willing to sacrifice the welfare of all for the sake of securing their own welfare. (135)

모든 사람은 권력을 목표로 하고, 누구나 독재자가 될 수만 있다

면 독재자가 되고 싶어 하며, 자신의 복지를 위해 모든 사람의 복

지를 기꺼이 희생하지 않는 사람은 희박하다.

여기서 설명하는 것은, 결국 사람들을 자신들에게 속하게 하기 위해서 사용하는 것이 권력을 갖고자 하는 사람들의 마음이라는 것이다. 다른 사람들보다 높아지고자 하고 인정받고자 하는 외식의 마음을 통하여서 사람들을 자신의 편으로 속하게 하는 적그리스도의 전략 #3이다. 하나님의 군사들은 다른 사람들보다 높아져서 사람들을 군림하고자 하는 자들이 아니고, "그는 흥하고 나는 쇠하리라"라는 말씀대로 우리가 낮아지고 주님의 뜻이 서기를 바라는 자들이다. 마음의 소원이, 자신이 죽고 자신 안에 있는 그리스도가 사셔서 그리스도가 통치하시도록 하기를 원하는 자들이다. 그러한 자들은 세상 권력으로 유혹을 한다고 해도 적그리스도의 편에 서는 자들이 아니고 하나님 편에 서는 자들이다. 외식하는 마음, 높아지고자 하는 마음이 아닌, 나는 낮아지고 하나님만 높아지시기를 바라는 마음을 갖는 것이 바로 하나님의 군사 전략 #3이다.

In our day the power which has replaced that of the rulers who were liberal is the power of Gold. (136)

오늘날 자유주의적 통치자들의 권력을 대체해 놓은 권력은 금의

권력이다.

　세상 권력이 금의 권력으로 표현된 이 내용처럼, 이 세상에서 정치적 권력을 가지고 권세를 누리는 것과 경제적 능력은 직접적인 관계가 있다. 현제 어둠의 세력이 경제력을 통하여서 사람들을 지배하는 정치력까지도 가질 수 있는 모양이 되었기 때문에 현재의 적그리스도 세력의 모습을 나타낸다고 하지 않을 수 없다. 하지만, 학개 2장 8절에서 "은도 내 것이요 금도 내 것이니라 만군의 여호와의 말이니라"라고 말씀하셨다. 금의 권력을 통해서 통치자가 권력을 얻을 수 있는 세상을 만들었다고 하더라도 결국은 하나님의 주권 안에서 허락된 부분까지만 이라는 것이다. 하나님의 자녀들은 개인적인 소유는 없어도 하나님의 소유를 다 사용할 수 있는 자들이다. 그래서 금의 권력으로 세상을 만들어 놓았다고 하더라도 하나님께서 싸우시는 싸움은 항상 이길 수밖에 없다.

> Our right lies in force. The word "right" is an abstract thought and proved by nothing. (137)

> 우리의 권리는 힘에 있습니다. "권리"라는 말은 추상적인 생각이며 아무것도 증명하지 못합니다.

이 장을 통해서는 계속해서 권세, 권력, 권리에 대해서 이야기한다. 그런데, 성경에서 권세, 권력, 권리에 대해서 설명하는 단어는 ἐξουσία, "power to act, authority" "집행할 수 있는 힘, 권한, 권력"이다. 이 단어를 사용한 말씀들을 찾아보면 다음과 같다.

마태복음 28장 18절

예수께서 나아와 말씀하여 이르시되 하늘과 땅의 모든 **권세**를 내게 주셨으니

요한계시록 13장 5절

또 짐승이 과장되고 신성 모독을 말하는 입을 받고 또 마흔두 달 동안 일할 **권세**를 받으니라

이 말씀들을 통해서 정확하게 알 수 있는 것은, 이들이 계속해서 권력 권세에 대해서 이야기하고 있지만, 이 세상의 모든 권세는 하나님께서 예수님께 주셨다고 분명히 성경이 말씀한다. 그런데, 짐승이 이야기하는 권세는 하나님께서 허락한 시간 동안만 갖도록 하신 그런 권세이다. 그런데 첫 번째 책에서 이야기를 한 것처럼, 그들에게 일정한 기간의 권세를 허락하신 것도 하나님의 자녀들의 영원한 축복을 얻게 하기 위해서 그 수가 차기까지라고 하셨다. 그렇기 때문에, 이들은 권세에 대한 진정한 이해도 없이 온 세상 사람들을 미혹하여서 적그리스

도의 편에 서게 하기 위해서 잘못된 권세와 권력을 추구하도록 한다는 것이다.

> Our power in the present tottering condition of all forms of power will be more invisible than any other, because it will remain invisible until the moment when it has gained such strength that no cunning can any longer undermine it. (138)
>
> 모든 형태의 권력이 흔들리는 현재 상황에서 우리의 권력은 다른 어떤 것보다 더 눈에 띄지 않을 것입니다. 왜냐하면 그것은 아무리 지능적인 것이라도 그것을 무력화시킬 수 없을 정도로 강해지는 때까지 그것은 눈에 안 보이는 상태로 남아 있을 것이기 때문입니다.

여기에서 장담을 하는 내용은, 그들이 너무나도 강해져서 어느 누구도 이들이 쌓아 놓은 모든 것을 무력화시키지 못할 정도까지는, 그들이 비밀리에 일을 하게 될 것이라는 설명이다. 그런데, 그들을 비밀리에 일하도록 허락하시는 것도 하나님 이시고, 그들을 드러내고자 하실 때 드러내시는 것도 하나님이시라는 사실을 이들은 모른다. 이들이 비밀리에 일을 하면서 세상에 엄청난 악을 해 온 사실들이 드러나게 되면, 세상은 잘못된 메시지로 인해서 유대인들을 향해서 잘못된 분노를 품었던 것보다 훨씬 더 큰 분노와 분개로 이들을 무너뜨릴 수 있다는 것을 모른다.

PROTOCOL NO. 2 Economic Wars 경제 전쟁

이 장을 통해서는 경제를 통한 세계 지배에 대해서 설명을 한다. 나라들이 국경으로 나누어져 있지만, 경제적 교류의 발판을 통해서 나라들의 경계를 없애고, 경계가 없어진 세계적 시장에, 나라의 권세 위에 세계 권세가 서게 되어서, 결국 자신들이 전 세계를 지배하게 된다는 내용이다. 경제력으로 인한 세계적 권세를 통해서 언론을 장악하여 결국은 모든 것을 승리로 이끌 수 있을 것을 장담하는 내용이다.

It is indispensable for our purpose that wars, so far as possible, should not result in territorial gains: war will thus be brought on to the economic ground. (139)

가능한 한 전쟁이 영토적 이득을 가져오지 않도록 하는 것이 우리의 목적을 위해 필수 불가결합니다. 따라서 전쟁은 경제적 토대에 영향을 미치게 될 것입니다.

이들이 전쟁을 통해서 땅을 얻고자 하는 것이 아니다. 나라를 빼앗고 땅의 주권을 빼앗고자 하는 그런 목적이 아니다. 전 세계를 통치하는 통치권을 갖고자 하는 목적이다. 그렇게 하기 위해서 경제적으로 장악할 수 있는 계기를 전쟁을 통해서 만든다는 이야기이다. 전쟁을 하게 되면 승부를 떠나서 양측에 너무나도 많은 피해와 상처가 남는다. 어느 누구에게도 이득이 될 수 없다. 그런데, 그런 전쟁 상황을 통해서 경제적 지표가 바뀐다. 결국 다투고 싸우고 전쟁할 때에 그러한 상황을 유도한 적그리스도의 세력만 이득을 본다는 것이다. 그것을 통해서 어두움의 세력에게 이익이 되지 않도록, 하나님의 군사들은 어느 나라에 있든지 관계없이 화목케 하는 자들이 되어서 전쟁이 일어날 것을 막고, 싸움과 다툼에 대상이 하나님의 원수에게 향하도록 하는 일을 하여야 한다. 배후에 일을 하고 있는 악한 세력의 영향력을 항상 인지하여서 우리를 속이고자 하는 그들의 의도대로 움직여 주지 말아야 하며, 하나님의 군사는 하나님의 뜻과 그의 의도가 같기 때문에 항상 승리할 것이다.

> The goyim are not guided by practical use of unprejudiced historical observation, but by theoretical routine without any critical regard for consequent results. We need not, therefore, take any account of them -- let them amuse themselves until the hour strikes, or live on hopes of new forms of enterprising pastime, or on the memories of all they have enjoyed. (140)

고임(이들이 사용하는 이방인이라는 표현)은 편견 없는 역사적 관찰의 실제적인 사용이 아니라 결과적인 결과에 대한 비판적 고려가 없는 이론적 일상에 따라 인도됩니다. 그러므로 우리는 그들을 고려할 필요가 없습니다. 그들이 시간이 될 때까지 즐겁게 지내거나, 새로운 형태의 진취적인 오락에 대한 희망이나 그들이 즐겼던 모든 것에 대한 기억에 의존하게 두십시오.

여기에서 이들이 설명하는 내용은, 세상 사람들이 역사적인 사실들을 편견 없는 관찰을 통해서 현재의 삶에 적용하지 않고, 또한 역사에 경험한 것을 토대로 해서 같은 문제에 빠지지 않게 하는 모습이 아니기 때문에 자신들이 걱정할 필요가 없다고 한다. 다시 말해서, 역사적인 사실들을 되돌아보면서 문제를 찾고 그러한 편견 없는 관찰을 통한 깨달음을 우리의 삶에 적용하게 때에는 이들이 걱정해야 하는 상황이 된다는 것이다. 오랜 기간 동안 행해 온 이들의 악행의 역사를 살펴보고 분별하여서 우리의 삶에 미친 영향들을 지금이라도 분석하고 적용하게 된다면, 그것은 그들에게 엄청난 위협이 된다는 것이다. 우리가 그렇게 하지 못할 것이라고 너무나도 장담하는 이 말을 한 것이 후회가 될 그런 행동들이 하나님의 군사들을 통해서 행해지게 될 것이라고 확신한다.

PROTOCOL NO. 3 Methods of Conquest 정복 방법

이들의 세상 지배 정복 방법이, 사람들의 약점을 이용하여서 서로가 대적하게 하고 싸우게 하고 넘어지게 하는 방법으로, 사람들끼리 문제 가운데 싸우도록 하면서 결국 자신들이 이득을 누린다는 내용을 이 장에서 설명한다. 서로 다투고 싸우고 욕심 내고 넘어지게 만들 때에, 결국 권력이 자신들에게 오게 될 것이라는 설명이다.

> In order to incite seekers after power to a misuse of power we have set all forces in opposition one to another, breaking up their liberal tendencies towards independence. To this end we have stirred up every form of enterprise we have armed all parties, we have set up authority as a target for every ambition. Of States we have made gladiatorial arenas where a host of confused issues contend. A little more, and disorders and bankruptcy will be universal. (141)

권력을 추구하는 자들에게 권력을 남용하도록 부추기기 위해 우리는 독립을 향한 자유주의적 경향을 깨고 모든 세력을 서로 대적하게 만들었습니다. 이를 위해 우리는 모든 정당을 무장시킨 모든 형태의 기업을 선동했고 모든 야망의 표적으로 권위를 세웠습니다. 여러 나라에서 우리는 많은 혼란스러운 문제로 다투는 검투사 경기장을 만들었습니다. 조금만 더 가면 무질서와 파산이 만연할 것입니다.

이 내용을 살펴보면 나라끼리, 정당끼리, 다른 사상끼리 대립을 하고 싸우는 가운데 결국 이익을 누리게 되는 것이, 싸워서 이기는 자가 아니라, 적그리스도라는 사실을 너무나도 확실히 설명해 준다. 우리가 참소자가 되면 어두움에 빠지게 되는 것이고 중보자가 될 때 하나님 편에 서게 된다는 하나님의 군사 전략 #8이 그대로 적용되는 부분이다. 싸움의 대상을 확실히 하여야 한다. 우리의 싸움의 대상은 적그리스도이며, 다른 나라들, 다른 정당들, 다른 사상을 가진 이가 아니다. 그들은 우리의 싸움의 대상이 아니라 하나님의 편으로 오도록 인도해야 하는 대상이다.

Our power is in the chronic shortness of food and physical weakness of the worker because by all that this implies he is made the slave of our will, and he will not find in his own authorities either strength or energy to set against our will. Hunger creates the right of capital to rule the worker more surely than it was given to the aristocracy by the legal authority of kings. (142)

우리의 힘은 노동자의 끊임없는 식량 부족과 육체적 무기력에 있습니다. 왜냐하면 이것이 의미하는 모든 것은 그가 우리 의지의 노예가 되며 그는 자신의 권리로 우리의 의지에 반대하는 힘이나 에너지를 찾지 못할 것이기 때문입니다. 배고픔은 왕의 법적 권위에 의해 귀족에게 부여된 것보다 더 확실하게 자본으로 인해서 노동자를 지배할 권리를 창출합니다.

사회에 두드러지게 나타나는 경제적 결핍으로 인해 고통받는 자들로 인한 문제들이 하나님의 자녀들을 통해서 해결되지 않으면, 적그리스도가 배고픔을 사용하여서 사람들을 지배할 권리를 누리는 데 사용하게 된다. 이러한 문제가 커지고 부각이 되는 것은, 적그리스도에게는 유익한 일이다. 그들이 지배하기 더 좋은 상황이 이루어진 것이기 때문이다. 이 부분은 하나님의 자녀들이 해결하기 바라시는 부분이다. 내가 번 돈의 십분의 일을 헌금했으면, 그다음은 다 내 돈이기 때문에 더 이상 내 것을 나눌 필요는 없다고 생각을 하는 그런 마음은 하나님의 군사의 마음이 아니다. 모든 것이 하나님께서 온 것이기 때문에, 나의 모든 소유가 하나님 것임을 인정하지 못하는 자는 예수님의 제자가 아니라고 예수님께서 말씀하셨다. 이것에 대해서 세례 요한은 아주 선명한 가르침을 주었다.

누가복음 3장 7-11절

요한이 세례 받으러 나아오는 무리에게 이르되 독사의 자식들아 **누가 너희에게 일러 장차 올 진노를 피하라 하더냐.** 그러므로 회개에 합당한 열매를 맺고 속으로 아브라함이 우리 조상이라 말하지 말라 내가 너희에게 이르노니 하나님이 능히 이 돌들로도 아브라함의 자손이 되게 하시리라. 이미 도끼가 나무 뿌리에 놓였으니 좋은 열매 맺지 아니하는 나무마다 찍혀 불에 던져지리라. **무리가 물어 이르되 그러면 우리가 무엇을 하리이까. 대답하여 이르되 옷 두 벌 있는 자는 옷 없는 자에게 나눠 줄 것이요 먹을 것이 있는 자도 그렇게 할 것이니라 하고.**

하나님께 심판받게 되기를 원치 않고 영원한 생명을 얻기 원하는 마음은 누구에게나 다 있다. 그렇기 때문에 회개하고 하나님께 나아가기 원한다. 많은 기독교인들의 마음도 이와 같을 것이다. 그런데 우리의 회개가, 세례 요한이 설명하는, 회개에 합당한 열매를 맺은 회개인지를 우리는 살펴보아야 한다. 옷이 두벌이 있을 때 한 벌을 나누어 주고, 내가 먹을 것의 반을 다른 사람들에게 나누어 주는 그런 삶을 원하지는 않지만 하나님께 영원한 축복을 받고 싶은 마음, 그것이 지금 기독교인들의 마음이고, 그래서 지금 기독교가 하나님과 더 가까운 것이 아니라 적그리스도와 더 가깝다. 그러나 세례 요한이 설명하는 회개에 합당한 열매를 맺은 하나님의 군사들로 인해서 배고픔과 가난함을 사용하여서 적그리스도가 전 세계를 지배하려고 하는 계략은 무너질 수밖에 없고, 일용할 양식을 주시는 하나님의 능력과 하나님의 재물을 사용하는 하나님의 청지기들로 인해서 우리는 승리할 수밖에 없다.

At the present day we are, as an international force, invincible, because if attacked by some we are supported by other States. It is the bottomless rascality of the goyim peoples, who crawl on their bellies to force, but are merciless towards weakness, unsparing to faults and indulgent to crimes, unwilling to bear the contradictions of a free social system but patient unto martyrdom under the violence of a bold despotism -- it is those qualities which are aiding us to independence. (143)

현재 우리는 국제적인 힘을 가지고 있으며 누구도 파괴할 수 없는 힘입니다. 왜냐하면 일부의 공격을 받으면 다른 국가들의 지원을 받게 되기 때문입니다. 배로 기어서 힘을 다해 권력을 향해서 나아가되 나약함에 대해서는 무자비하고, 허물을 허용하지 않으며, 범죄에 관대하고, 자유 사회 체제의 모순을 참지 못하되 견디려 하지 않고, 강경한 전제정치의 폭력 아래서의 희생에는 인내하는 그런 자들의 도움이 우리를 독립으로 이끌 것입니다.

이 내용을 통해서 알 수 있는 것은, 우리의 행동으로 인해서 이들이 힘을 얻도록 하기도 하고 힘을 잃기도 한다는 사실이다. 그런데, 권력을 추구하지 않고, 다른 사람의 나약함에 자비하며, 다른 사람들의 허물을 감싸고, 범죄에는 강경하며, 참소자가 되지 않고 중보자가 되며, 전제 정치에 담대하게 맞서는 사람들로 인해서는 자신들의 목적하는 바를 이룰 수가 없게 되고 무너지게 된다는 말이다. 하나님의 군사들의 사역과 역할이 이토록 중요하다는 것이다. 하나님께서 역사하실 수 있는 믿음의 통로를 만들어 드리는 하나님의 군사들에 의해서 분명히 적그리스도의 전략들은 다 무너지고 그들이 한 일들에 대해서 배로 갚아 주게 되는 역사가 있을 것이 확실하다.

PROTOCOL NO. 4 Materialism Replace Religion 물질주의로 종교를 대체하다

이 장을 통해서 이들이 설명하는 것은, 사람들이 진정으로 추구하는 것이 하나님이라고 생각하지만, 하나님을 통해서 얻을 수 있는 축복을 추구하고 있는 것이라고 하면서, 사람들이 계속해서 하나님을 찾는 것이 아니라 하나님을 사용하여서 물질적인 축복을 추구하도록 하여서 사람들을 지배한다고 하는 내용이다.

Who and what is in a position to overthrow an invisible force?

And this is precisely what our force is. Gentile masonry blindly serves as a screen for us and our objects, but the plan of action of our force, even its very abiding place, remains for the whole people an unknown mystery. (144)

보이지 않는 힘을 전복시킬 수 있는 위치에 있는 사람은 누구이며 무엇입니까? 그리고 이것은 바로 우리의 힘입니다. 이방인의 프리메이슨들이 맹목적으로 우리와 우리의 이들을 가려 주는 역할을 하지만, 우리 군대의 행동 계획, 심지어 그런일을 하는 자리까지도 모두 모든 사람들에게 알려지지 않은 신비로 남아 있습니다.

이 내용을 통해서 우리가 알 수 있는 것은, 적그리스도는 나쁜 의도만이 아닌 좋은 의도를 가진자들까지도 자신들의 목적을 위해서 악용을 한다는 것이다. 그러한 좋은 예가 프리메이슨을 좋은 의도로 헌신하게 하여서 예수회의 악한 목적을 위해 사용한 경우이다. 가장 높은 자리에 있는 프리메이슨 멤버들만 일루미나티와 연결되도록 하였고, 아래 단계에서는 무슨 목적인지 모르고 상급자들이 좋은 의도를 부각하면서 시키는 일들에 순종하였다. 그런데 그들이 한 일은 적그리스도를 위한 일이 되었다. 기독교인들에게도 같은 전략을 사용하였다. 지금 WCC를 중심으로 한 진보주의적 기독교나, WEA를 중심으로 한 보수 기독교 단체들이나 다 좋은 의도를 부각해서 로마 교회와 협력하는 사역들을 하도록 유도하지만 결국 적그리스도를 세우는 일을 하고 있다. 그렇게 해서 크리스천 시온주의가 생겼고, 이스라엘 국가도 기독교 단체의 영향력으로 세워지게 되었다. 하나님의 군사 전략 #2에서 나눈 내용처럼, 우리는 어떤 모임이라도, 어떤 단체의 일이라도, 그 일들로 인한 진정한 의도를 하나님 중심적으로 분별하지 않고 따라가면 안 된다. 어두움을 분별을 하고, 빛 가운데에 거하는 하나님의 군사 전략 #2를 실행하는 자들이 되어야 한다.

PROTOCOL NO. 5 Despotism and Modern Progress 전제정치와 현대적 진보

이 장은 중앙 집권 정부를 세우기 위한 노력에 대해서 설명하며, 비판, 증오, 싸움을 통해서 사람들이 하나 되지 못하도록 하고, 또한 무관심과 무기력을 통해서 자주적 열정을 가지지 못하게 하여서 결국 자신들이 원하는 것을 이룬다는 내용이다.

We shall create an intensified centralization of government in order to grip in[our] hands all the forces of the community. We shall regulate mechanically all the actions of the political life of our subjects by new laws. These laws will withdraw one by one all the indulgences and liberties which have been

permitted by the goyim, and our kingdom will be distinguished
by a despotism of such magnificent proportions as to be at any
moment and in every place in a position to wipe out any goyim
who oppose us by deed or word. (145)

우리는 모든 지역 사회까지 이르는 세력을 손에 쥐기 위해 정부
의 강화된 중앙 집권 체제를 만들 것입니다. 우리는 새로운 법률
에 의해 우리 국민의 정치 생활의 모든 행동을 기계적으로 규제
할 것입니다. 이 법들은 고임(이방인)에 의해 허용된 모든 면죄
부와 자유를 하나씩 철회할 것이며, 우리 왕국은 어떤 순간과 장
소에서도 말이나 행동으로 우리를 대적하는 고임의 모든 것을 쓸
어 버릴 수 있는 엄청난 규모의 전체주의로 구별될 것입니다.

이 장에서는 결국 자신들이 추구하는 중앙 집권 체계를 통한 세계
지배에 대한 계획을 설명을 한다. 여기에서 이들의 특성을 알 수 있는
것은, 전 세계를 지배하는 권력을 완전히 이들이 소유하게 되기까지
는, 드러나지 않도록 일하면서 뒤에서 싸움을 일으키며 악한 일을 하
는 동시에 겉으로는 사람들의 마음을 얻고자 하는 정책들을 사용한다.
그러나 결국 자신들의 세계 지배가 이루어지면 그들의 모습이 완전
히 달라질 것이라고 한다. 그래서 우리는 더욱더 깨어 있어야 한다. 아
무리 평화를 외치고 자유를 외치고 사람들에게 세계가 완전히 평화롭

게 되는 세계 정부를 구상한다고 해도, 세계를 지배하는 힘이 주어지고 나면 자비가 없는 강경한 모습이 될 것임을 선포하였다. 그리고 그때에는 정권을 가지게 된 그들이 마음이 들지 않는다고 하더라도 해서 백성이 지도자 세력을 바꿀 능력이 없게 된다. 그래서 지금 하나님의 군사들이 일어나야 할 때이다. 세계를 어두움의 세력이 지배하지 못하도록 하는 것이 곧 그들이 그토록 오랫동안 노력해 온 것을 무너뜨리는, 받은 것을 배로 갚아 주는 하나님의 말씀에 순종하는 일이기 때문이다.

For a time perhaps we might be successfully dealt with by a coalition of the GOYIM of all the world: but from this danger we are secured by the discord existing among them whose roots are so deeply seated that they can never now be plucked up. (146)

한동안 우리는 전 세계의 고임과의 연합을 통하여서 성공적으로 처리해 나갈 것입니다. 이것이 위험이 될 수 있지만 이러한 위험으로부터 우리가 안전할 수 있는 것은 그들 사이에 존재하는 갈등의 뿌리가 너무 깊이 박혀 있어서 이제는 결코 뽑힐 수 없는 불화에 의해서 안전할 수 있습니다.

이들이 이방인이라고 칭하고 있고, 결국 다스릴 대상이라고 생각을 하는 우리와 협력하는 계획에 대해서 이야기한다. 실제로 이들은 대부분의 기독교 단체들과 활발히 협력하고 있다. 그런데, 그것이 위험할 수 있는 것에 대한 설명이다. 이들의 의도와 이들이 숨기고 있는 참목적들을 협력하는 측에서 알게 된다면 당연히 위험한 것이다. 그런데, 그들이 위험하지 않을 것이라고 확신하는 것은, 자신들끼리 서로 손가락질하면서 공격하고 싸울 것임을 확신했기 때문이다. 그런데 아직까지는 그 말이 틀리지 않았다. 적그리스도가 기독교 단체들과 협력을 하여서 전 세계에 영향을 끼치고 있는데, 기독교에서 적그리스도를 적으로 보고 있는 것이 아니라, 보수 측에서는 진보 측을 적으로 보고 있고, 진보 측은 보수 측을 적으로 보고 있기 때문에 정작 적그리스도가 우리의 싸움에 대상이라는 것은 깨닫지도 못하고 있다. 오히려 로마 교회와는 양쪽이 다 좋은 관계를 유지하며 하나 되는 노력을 하고 있다. 그래서 하나님의 군사들은 어두움을 빛으로 이기고, 악을 선으로 이기고, 불의를 진리로 이겨야 한다. 이들이 추구하는 목적과 의도가 드러나서 협력하던 모든 관계가 끊기게 되어야 한다. 우리가 싸워야 하는 참대상을 드러나게 하여서 진리가 승리하도록 하는 하나님의 군사 전략 #1이 이루어질 것을 확신한다.

Nowadays itis more important to disarm the peoples than to lead them into war; more important to use for our advantage the passions which have burst into flames than to quench their fire. (147)

오늘날에는 사람들을 전쟁으로 이끄는 것보다 무장 해제하는 것이 더 중요합니다. 불을 끄는 것보다 불에 타 버린 열정을 우리의 유익을 위해 사용하는 것이 더 중요합니다.

이 장을 통해서 이들이 여러 번 설명하는 내용은, 사람들을 무기력하고 무관심한 상태로 만들게 되면, 결국 어떠한 바른 일을 위한 시도도 하려 하지 않기 때문에, 사람들을 사회적인 일에는 무관심하고 자신의 오락과 희락을 위해서만 마음을 쏟게 하는 것이 적그리스도의 세력에게 더 유익하다고 하는 내용이다. 지금 현대인들의 모습은 그들이 의도한 모양대로 자신들의 만족 외에는 관심을 갖지 않는 모습이며, 그러한 모습을 당연하게 여기는 사회가 되어 버렸다. 그런데 열정은 사랑을 통해서 나온다. 하나님을 사랑할 때, 하나님께서 사랑하시는 영혼들이 내가 사랑하는 영혼들이 되고, 하나님께서 대적하는 자들이 나의 대적이 된다. 적그리스도를 대적하여서 그들에게 받은 것을 배로 갚아 주고자 하는 것이 우리의 마음의 소원이 되고 열정이 된다. 그래서 하나님의 군사들은 무관심과 무기력에 묶여 있는 자들이 아니라 열정으로 매 순간 최선을 다하는 자들이다.

There is nothing more dangerous than personal initiative;
if it has genius behind it, such initiative can do more than
can be done by million, of people among whom we have
sown discord. We must so direct the education of the goyim
communities that whenever they come upon a matter requiring
initiative they may drop their hands in despairing impotence. (148)

개인적인 주도권보다 더 위험한 것은 없습니다. 그 배후에 천재
성이 있다면, 그러한 주도적 정신은 우리가 불화의 씨를 뿌린 수
백만 명의 사람들이 할 수 있는 것보다 더 많은 일을 할 수 있습
니다. 우리는 고임 공동체의 교육을 지도하여 그들이 주도권이
필요한 문제에 직면할 때마다 절망적인 무력감에 빠지도록 해야
합니다.

이 내용을 통해서 우리가 확실히 알 수 있는 것은, 이들이 무기력과
무관심에 빠지지 않는 자주적 열정을 얼마나 기피하는지를 볼 수 있
다. 왜냐하면 이들은 확실히 자주적 열정의 능력을 알기 때문이다. 그
런데 하나님을 사랑하고, 내가 사는 것이 아니라 내 안에 예수님께서
사실때에 갖게 되는 열정은 나로 인한 자주적 열정이 아니라, 예수님
으로 인한 열정이기 때문에 그 여파는 더 클 수밖에 없다. 그래서 적그
리스도의 세력과 싸우는 이 싸움에서 하나님의 군사들이 이길 수밖에

없다.

PROTOCOL NO. 6 Take-Over Technique 인수 기법

　이 장에서 설명하는 내용은, 가능한 모든 방법으로 모든 사람들이 적그리스도의 세력을 사람들의 옹호자이자 후원자의 대표로 인정하게 함으로써 인간들을 보호하기 위해서는 그들이 꼭 필요하다고 하는 생각을 갖도록 하여서 그들의 슈퍼 정부의 통치를 자발적으로 사람들이 원하도록 만들 것이라는 내용이다.

　　In every possible way we must develop the significance of our Super-Government by representing it as the Protector and Benefactor of all those who voluntarily submit to us. (149)

　　가능한 모든 방법으로 우리는 사람들의 보호자이자 후원자로서 대표가 되는 중요성을 발전시켜서 슈퍼 정부인 우리에게 자발적으로 복종하도록 하여야 합니다.

　　In order that the true meaning of things may not strike the GOYIM before the proper time we shall mask it under an alleged ardent desire to serve the working classes and the great

principles of political economy about which our economic
theories are carrying on an energetic propaganda. (150)

적당한 시간까지는, 모든 일들의 진정한 의미에 대해서 고임들이
깨닫지 못하도록 하기 위해서, 노동 계급에서 열심히 일하는 데
열정을 갖도록 하는 것과 우리의 경제 이론이 정치경제학의 위대
한 원칙이라는 것을 열심히 선전하면서 우리를 가려야 합니다.

경제적인 목적을 위해서 하루하루 열심히 사는 데에 몰두하도록 만
들어서 이들이 진행하는 세계 정부 관련 모든 계획들을 사람들이 깨
닫지 못하도록 하여야 한다는 것이다. 우리가 매일 사는 삶에 몰두하
면서 역사적으로 오랫동안 계획되고 음모되어 왔던 일들을 모르고 살
았던 것이 사실이다. 그런데, 그들이 숨기고 싶을 때까지 숨길 수는 없
다. 왜냐하면 하나님의 때에 하나님께서 알게 하셨기 때문이다. 자신
들의 계략을 숨기기 위해서 그들이 계획하고 진행하는 일들에 대한 비
난과 책임을 다른 희생양을 세워서 고통당하게 하면서 사람들로 참계
략의 실체를 찾지 못하게 하였다. 그렇기 때문에, 그들이 전 세계를 지
배하게 되는 순간까지 자신들의 계략을 사람들이 깨닫지 못할 것이라
고 생각하였다. 그런데, 하나님께서 어두움을 드러내도록 하셨다. 불
의를 나타내도록 하셨다. 악이 알려지도록 하셨다. 그들에게 받은 것
을 배나 갚아 주라고 하셨다. 그들이 심판받을 때가 얼마 안 남았다는

것이다.

PROTOCOL NO. 7 World-Wide War 세계 대전

전 세계적으로 불화와 적대감을 들끓도록 하고, 전쟁으로 자신들을
반대하는 세력을 견제하고, 다른 나라들을 사용하여서 자신들이 공격
하고자 하는 나라들을 공격하는 것에 대한 내용을 이 장에서 설명한다.

Throughout all Europe, and by means of relations with Europe,
in other continents also, we must create ferments, discords
and hostility. Therein we gain a double advantage. In the first
place we keep in check all countries, for they well know that
we have the power whenever we like to create disorders or to
restore order. All these countries are accustomed to see in us an
indispensable force of coercion.

In the second place, by our intrigues we shall tangle up all
the threads which we have stretched into the cabinets of all
States by means of the political, by economic treaties, or loan
obligations. In order to succeed in this we must use great
cunning and penetration during negotiations and agreements,
but, as regards what is called the "official language," we shall

keep to the opposite tactics and assume the mask of honesty and compliancy. In this way the peoples and governments of the goyim, whom we have taught to look only at the outside whatever we present to their notice, will still continue to accept us as the benefactors and saviours of the human race. (151)

유럽 전역에서, 그리고 유럽과의 관계를 통해 다른 대륙에서도 우리는 불화와 적대감을 불러일으키지 않으면 안 됩니다. 거기에서 우리는 두 배의 이점을 얻습니다. 우선 우리가 무질서를 만들기도 하고 또한 질서를 회복하게 할 수 있는 힘이 우리에게 있다는 것을 그들이 알게 되기 때문에 모든 국가를 견제할 수 있게 됩니다. 이 모든 국가들은 우리에게서 피할 수 없는 강제적인 힘이 있다는 것을 보는 데 익숙해지게 됩니다.

두 번째로, 정치적, 경제적 조약 또는 대출 의무를 통해서 모든 국가의 내각에 얽혀져 있는 모든 문제들을 우리의 음모로 얽히게 할 수 있게 됩니다. 이를 성공시키기 위해서는 협상과 합의 과정에서 엄청난 교활함과 침투력을 발휘해야 하지만, 이른바 '공통적인 언어'에 관해서는 정반대의 전술을 고수하여서 정직하고 순진한 모습의 가면을 취하여 진행합니다. 이렇게 함으로 인해서, 고임들의 정부들과 사람들이 우리를 계속해서 인정하고 여전히 우리를 인류의 은인이자 구원자로 받아들일 것입니다.

우리가 기억해야 할 것은, 이 글이 쓰였던 때는 제1차와 2차 세계 대전이 있기 훨씬 전이었다. 그런데, 이 내용을 보면 그들이 계획하고 모략을 세운 대로 역사가 흘러갔다. 이들이 혁명과, 카톨릭 정당과, 반유대주의와, 시온주의들을 사용하여서 세계 전쟁들을 일으키는 데 많은 영향을 끼친 것을 역사를 통해서 확실히 볼 수 있다. 전에는, 전쟁을 일으키는 것이 무슨 이득이 된다고 전쟁을 통한 비참한 역사를 자꾸만 만들려고 하는지가 이해가 되지 않았다. 그런데, 여기서 너무나도 선명하게 설명해 준다. 나라끼리 서로 대적하게 하면 할수록, 자신들이 중재자로서 입지가 커지는 것이었다. 계획된 불화를 통해서 그 여파가 자신들에게는 이득이 되도록 하는 그림을 그려서, 전쟁, 싸움, 다툼이 있을 때에 이들의 세력은 정치적으로나 경제적으로 기반이 더 강해지는 것이다. 결국 어두움의 세력이 나라들끼리 서로 싸우도록 하는 상황을 부추기는 것이지만, 자신이 싸우는 것이 아니고 또한 이러한 일들이 계획된 것이기 때문에 그 전에 상황을 준비할 수 있는 자신들에게는 피해가 없으면서 오히려 그러한 전쟁들로 인해서 자신들의 입지는 커진다는 그런 표현이다. 또한 그렇게 악한 계략을 통해서 사람들을 그토록 고통하게 하였어도, 선하고 인자한 모습의 가면으로 오히려 구원자의 모습으로 사람들의 인정을 얻게 될 것에 대한 계획을 설명하고 있는데, 실제로 그러한 결과를 이루어 냈다. 이들은 너무나도 오랜 기간 동안 전 세계에 아픔과 고통을 일으키면서도 자신들의 입지는 세워 왔기 때문에, 지금 세계에 영적 지도자의 자리를 예수회가 차지하고 있다. 세계 전쟁이 있기도 훨씬 전에 세계 전쟁들을 일으킬 것이며, 그러한 가운데에서도 사람들에게 인정을 계속 받도록 할 것이라는 그들의 전략을 그대로 이루어 왔던 것이다. 그렇지만 그들의 불의는 드러내기만 하면 무너지게 될 것이다. 빛으로 꺼내기만 하면 그들의 악은 선으로 인해서 심판받게 될 것이다.

에스겔 22장 2절

인자야 네가 심판하려느냐 이 피흘린 성읍을 심판하려느냐 그리하려거든 자기의 모든 가증한 일을 그들이 알게 하라

유대인들이 세계를 지배할 것이라는 이들이 만든 거짓 메시지가, 아직 그 메시지의 성취가 확실히 드러나지 않았을 상황에서도 전 세계는 그토록 분노하였다. 그런데, 이제는 100년이 넘도록 음모를 통해서 전 세계를 속였던 사실들이 역사를 통해서 드러났고, 또한 그들이 잘못된 분노를 일부러 만들어 냈었던 사실까지 증명되었다. 전 세계를 역사적으로 계속해서 기만하여 오고 전쟁과 경제적 고통을 조작하고 만들어 온 사실을 세상이 알게 될 때에는, 이전과 수준이 다른 모습의 엄청난 분노를 가져올 것이다. 세상 사람들을 마음대로 망가뜨릴 수 있는 존재인 것처럼 생각하며 해 온 그들의 사악한 행위들이 다 드러나게 될 것이며, 심판받게 될 것이며, 그 행위에 대한 죄값을 치르게 될 것이다.

PROTOCOL NO. 8 Provisional Government 임시 정부

온전히 자신들이 세계 정권을 장악하게 되기 전에 정부의 직위들을 맡기는 것에 대한 설명이다. 이들의 정부에 직위를 맡는 자들은, 사회 구조의 모든 비밀을 알게 될 것이며 인간 본성의 모든 이면과 모든 민감한 화음을 알게 될 것이라고 하면서, 사람들의 경향, 결점, 악덕과 자질 등을 알게 하여서 그것으로 조정하는 데 사용하는 내용이다.

For a time, until there will no longer be any risk in entrusting responsible posts in our States to our brother Jews, we shall put them in the hands of persons whose past and reputation are such that between them and the people lies an abyss, persons who, in case of disobedience to our instructions, must face criminal charges or disappear -- this in order to make them defend our interests to their last gasp. (152)

한동안 우리의 정부에서 책임 있는 직위를 우리 형제 유대인들에게 위임하는 것이 더 이상 위험이 없을 때까지, 과거 그들의 명성이 그들과 백성 사이에 깊은 틈이 있는 자들에게 맡겨야 하는데, 그것은 우리의 지시에 불순종하는 경우 형사 고발을 당하거나 사라지도록 하여야 하기 때문입니다. 이것은 그들이 마지막 숨이

다할 때까지도 우리의 이익을 방어하도록 하기 위해 그렇게 하는 것입니다.

이 장에서는, 자신들이 온전한 통치권을 갖기 전에 사람들을 세워서 나라들에 영향력을 끼치는 동안의 전략을 설명 한다. 이들이 전 세계를 지배할 수 있도록 하는 기반은 세계의 국가들의 지도자들을 자신들의 영향력으로 그 자리에 앉히도록 하여서 자신들이 원하는 바를 이루는 방법으로 사용하는 것인데, 그렇게 할 때에 자신들의 이익이 보호되고 방어받게 되기 위해서 약점이 있는 사람을 리더로 세운다는 것이다. 언제든지 그 약점을 드러내게 되면 모든 것이 무너지게 되는 그런 사람을 리더로 세우는 것이 그들의 전략이며, 그렇게 하여서 자신들의 이익을 방어한다고 설명한다. 그래서 우리는 눈을 떠야 한다. 지도자 자리에 있는 사람들 배후에서 자신의 목적을 이루는 자들의 존재에 대해서 눈을 떠야 한다. 적그리스도의 세력이 정치적으로나 경제적으로, 또한 사회적으로 전 세계를 통치하는 목적과 영향력이 있음에도 불구하고 아직까지는 눈에 보이지 않는 모양으로 비밀리에 그러한 영향력을 펼치고 있다는 사실에 눈을 떠야 한다. 우리가 눈을 뜨게 되면, 어두움에 세력에 조정되는 그런 지도자들을 세우는 것이 아니라, 다니엘과 같이 하나님의 지혜와 마음을 가진 지도자들을 세울 수 있게 될 것이다. 하나님의 군사들이 영향력을 끼칠 수 있는 모든 분야에서 빛과 소금의 역할을 감당하게 되면서 어두운 세력의 오랜 기간의 노력이 다 무너지게 되는 역사가 분명히 있을 것이다.

PROTOCOL NO. 9 Re-education 재교육

자신들이 세계 정권을 가지게 되었을 때에, 사람들을 자신들의 틀에 맞는 모습으로 교육하여야 한다는 내용을 설명한다. 세계 정부는 독재의 모양을 취하게 될 것이며, 자신들의 세계적 최고 정부를 공개적으로 인정하고 복종할 때까지 세상에 평화가 있도록 놔두지 않겠다고 하는 내용이다.

Application of masonic principles in the matter of reeducating the peoples. (153)

사람들을 재교육하는 문제에 프리메이슨 원리를 적용합니다.

이들은 사람들을 자신들이 지배하기 쉬운 무리들로 훈련하고자 한다. 여기에서 프리메이슨 원리라고 하는 것은, 우리가 적그리스도의 전략 #2에서 나눈 것처럼, 순수한 마음으로 열심히 상급자들이 시키는 일들을 하지만, 정작 그런 일을 시키는 리더들의 의도와 목적을 전혀 모르고 열심을 다하는 것이다. 의도와 목적을 몰라도 시키는 대로 열심을 다하는 모양의 백성들을 지배하는 것을 가장 선호한다는 것이다.

그래서 우리는 목적과 의도를 모르는 맹목적인 순종을 하면 안 된다. 그런데, 지금 기독교인들의 모습은 지도자들이 로마 교회와 손을 잡고 하나님 편에 서는 것이 아니라 적그리스도 편에 서고 있는데도, 힘겹게 교회 건물을 짓는 데 헌금하고, 희생하고 헌신하면서 교회를 섬기고 있다. 내 마음이 순수하고 착한 마음이면 하나님께서 받아 주시겠지라고 생각하는 안일한 마음을 통해서, 적그리스도가 바라는 모양의 백성이 되고 있다. 하나님의 군사는 그러한 백성들을 깨우는 자들이 되어야 한다. 이들이 바라는 모양으로 맹목적 순종을 하는 백성들이 되는 것이 아니라, 어두움을 드러내고, 불의를 드러내고, 악행을 드러내서 하나님의 대적에게 되갚아 주는, 말씀에 순종하는 자들이 되어야 한다.

It is from us that the all-engulfing terror proceeds. We have in our service persons of all opinions, of all doctrines, restorating monarchists, demagogues, socialists, communists, and utopian dreamers of every kind. We have harnessed them all to the task: each one of them on his own account is boring away at the last remnants of authority, is striving to overthrow all established form of order. By these acts all States are in torture; they exhort to tranquility, are ready to sacrifice everything for peace: but we will not give them peace until they openly acknowledge our international Super-Government, and with submissiveness. (154)

모든 것을 집어삼키는 공포가 진행되는 것은 우리에게서 비롯됩니다. 모든 의견들, 모든 교리들, 군주제를 복원하는 것, 선동가, 사회주의자, 공산주의자 및 모든 종류의 이상적인 세상을 꿈꾸는 사람들을 우리가 다루고 있습니다. 그들 각자는 자신들의 이유로 권위의 마지막 잔재를 지루하게 여기고 모든 확립된 형태의 질서를 전복시키려고 노력하고 있어도 우리는 이들을 모두 작업을 위해서 사용했습니다. 이러한 일들로 인해서 모든 국가들은 고통하고 있습니다. 그들은 평온하기를 청하고 있고, 평화를 위해 모든 것을 희생할 준비가 되어 있습니다. 그러나 그들이 우리의 세계 수퍼 정부를 공식적으로 인정하고 복종할 때까지 우리는 그들에게 평화를 주지 않을 것입니다.

이상적인 세상을 꿈꾼다고 하더라도, 참소자의 모습으로 자신과 사상이 다른 무리들을 다 적으로 생각하고 싸우며 이상적인 세상을 추구할 때에는, 결국 적그리스도에 유익한 일을 해 주는 것이 된다는 설명이다. 어떠한 모양이든지, 다른 사상을 통해서 서로가 손가락질하며 싸우고 다투고 전쟁하게 될 때에 적그리스도의 세력은 정치적 경제적 사회적으로 이득을 보게 되는 구조를 만들어 냈다. 우리가 우리 안에서 중재하지 못하면, 적그리스도로 그 상황을 중재하도록 만들게 되는 것이다. 우리는 화합하는 자들이 되어야 한다. 생각이 다른 것으로 대립하는 것이 아니라, 서로 다른 생각을 인정하며, 참공동의 적이 누구인지를 서로 일깨워 주어야 한다. 이 세상의 모든 사람들의 공동의 적은, 적그리스도의 세력, 어두움의 세력, 로마 교회를 통해서 세상 모든 사람들을 멸망하게 만들려는 예수회를 중심으로 하는 세력이다. 하나님의 군사 전략 #8을 통해서 화목케 하는 자들이 될 때, 우리의 공동의 적의 전략들을 무너뜨리고 승리하게 될 것이다.

PROTOCOL NO. 10 Preparing for Power 권력을 위한 준비

이 장에서는 어두움의 세력이 권력을 얻기 위해서 세상에 평화와 고요가 없도록 불화를 조작하는 내용을 설명한다. 그렇게 하기 위해서 국가들의 대통령들을 세우는 것에 영향력을 행사하는데, 대통령이 된 후에도 계속해서 이들을 조정하기 위해서 미리 단점과 문제가 있는 자들로 대통령을 세운다고 설명한다. 또한, 세상에 평화를 빼앗기 위해서는 모든 방법을 다 동원할 것임을 이야기한다.

In order that our scheme may produce this result we shall arrange elections in favor of such presidents as have in their past some dark, undiscovered stain, some "Panama" or other

--then they will be trustworthy agents for the accomplishment of our plans out of fear of revelations and from the natural desire of everyone who has attained power, namely, the retention of the privileges, advantages and honor connected with the office of president. The chamber of deputies will provide cover for, will protect, will elect presidents, but we shall take from it the right to propose new, or make changes in existing laws, for this right will be given by us to the responsible president, a puppet in our hands. (155)

우리의 계획이 그러한 결과를 낳기 위해서 우리는 어두운 과거, 숨겨져 있는 오점, "파나마"가 있고 그 외의 다른 문제들이 있는 대통령들에게 유리한 선거를 마련할 것입니다. 그들은 우리 계획의 성취를 위한 신뢰할 수 있는 대리인이 될 것은, 그들의 문제가 드러나게 될 것에 대한 두려움과 권력을 얻은 모든 사람의 자연스러운 욕망, 즉 대통령직과 관련된 특권, 이점 및 명예를 유지하고자 하는 마음 때문입니다. 하원의원실은 대통령을 지지하고, 보호하고, 선출할 것이지만, 새로운 법안을 제안하거나 기존 법률을 변경할 수 있는 권한은 우리가 가져갈 것입니다. 왜냐하면 이 권리는 우리 손에 있는 꼭두각시 책임자인 대통령에게 우리가 줄 것이기 때문입니다.

우리가 역사를 통해서 확인할 수 있었던 이들의 행동적 특징은, 지도자들을 포섭함으로 인해서 그 지도자가 속해 있는 집단 전체에 대한 영향력을 갖게 되는 것이었다. 그리고 이 내용은, 그러한 지도자들을 포섭하는 자세한 방법에 대한 설명이다. 명예를 원하는 자에게 명예를 누릴 수 있도록 상황을 조정하지만, 지도자의 자리에 앉게 되고 나서도 계속해서 자신들이 지도자들을 조정할 수 있도록 하기 위해서, 드러나게 되면 큰 문제가 될 만한 결점들이 있는 자들을 대통령으로 세우는 것을 필수로 한다. 쌓아 놓은 모든 것이 다 무너지는 것을 피하기 위해서는 조정하는 대로 따르고 순종할 수밖에 없는 그런 자들을 사용한다는 것이다. 그래서 하나님의 군사들이 모든 분야에서 빛과 소금의 역할을 감당하는 것이 중요하다. 어떤 정치 형태가 중요한 것이 아니라, 어떠한 사람이 정치를 하느냐가 중요하다. 종교와 정치는 꼭 분리되어야 하지만 신앙과 정치는 분리할 수 없는 것이다. 다니엘과 같은 하나님의 지혜와 믿음을 가진 자들이 리더의 자리에서 참 하나님의 영향력을 끼칠 수 있다면, 어두운 세력이 이토록 마음대로 나라들을 조정하고 자신들의 목적을 이루는 데 사용하는 일이 없어질 것이다. 부흥 정치가 이루어질 수 있는 것은, 참 하나님의 군사들이 영향력을 끼칠 수 있는 부분에서 하나님의 뜻을 나타내는 것이다. 개인적인 목적을 가지지 않은, 자신은 십자가에 죽고 그리스도가 그 안에 사는 하나님의 군사들은 하나님의 심정으로 사람들을 섬기며 어두움의 세력의 영향력에 대적하여 아무리 희망이 보이지 않는 상황 가운데에도 모든 것이 회복되는 역사를 일으키게 될 것이다.

The recognition of our despot may also come before the destruction of the constitution; the moment for this recognition will come when the peoples, utterly wearied by the irregularities and incompetence – a matter which we shall arrange for -- of their rulers, will clamor: "Away with them and give us one king over all the earth who will unite us and annihilate the causes of discords -- frontiers, nationalities, religions, State debts --who will give us peace and quiet, which we cannot find under our rulers and representatives."(156)

우리의 독재 권력을 수락하는 것이 헌법들이 파괴되기 전에 올 수도 있습니다. 그렇게 사람들이 수락하게 되는 상황이 오게 되는 때는, 사람들이 부정과 무능력함에 완전히 지쳐 있을 때이며, 그들의 통치자들에게 이렇게 외칠 것입니다. "그들을 없애 버리고 우리에게 이 세상 전체를 연합하고 국경, 국적, 종교, 나라의 부채와 같은 불화의 문제의 원인을 없애 버릴 한 왕을 주십시오. 그가 우리에게 평화와 고요함을 줄 것입니다. 그런 자를 우리의 통치자와 대표자들에게 서는 찾을 수가 없습니다."

But you yourselves perfectly well know that to produce the possibility of the expression of such wishes by all the nations it is indispensable to trouble in all countries the people's relations with their governments so as to utterly exhaust humanity with dissension, hatred, struggle, envy and even by the use of torture, by starvation, BY THE INOCULATION OF DISEASES, by want, so that the GOYIM see no other issue than to take refuge in our complete sovereignty in money and in all else. But if we give the nations of the world a breathing space the moment we long for is hardly likely ever to arrive. (157)

그러나 모든 민족들이 그러한 소원을 표출할 수 있도록 하기 위해서 모든 나라의 국민들과 정부와의 관계를 혼란스럽게 하여서, 불화, 증오, 투쟁, 시기, 질투, 또한 고문을 사용을 하고 굶주리도록 하며, **병균을 주입해서,** 그들이 원하게 됨으로 인해서, 그래서 고임이 돈과 그 외 모든 부분에 있어서도 우리의 완전한 주권에서 피난처를 찾는 것 말고는 어떠한 다른 방법이 보이지 않도록 하여야 합니다. 그러나 우리가 세계의 나라들에게 숨쉴 수 있는 공간을 준다면 우리가 갈망하는 순간은 거의 오지 않을 것입니다.

이 내용을 통해서 우리가 알게 되는 내용은, 사람들에게 불화, 증오,

다툼, 미움 등이 생길 때에 적그리스도에게 얼마나 유리하게 되는가이다. 세상에 많은 문제가 생기면 생길수록 이들에게는 이득이 되는 것이다. 그런데 세상의 불화와 전쟁으로 이득을 보며 기뻐하는 세력, 진실로 우리가 대적해야 하는 세력 과는 오히려 손을 잡고 있고, 우리가 대적하게 되면 우리 서로에게 손해가 되는 사람들끼리 대적하고 있다. 이 부분은 진정으로 하나님의 군사들에 의해서 모든 사람들이 눈을 떠야 하는 부분이다. 우리끼리 다투고 싸우면 결국 적그리스도에게 힘을 실어 주게 되는 것임을 모두가 깨달아야 한다. 그러한 사실을 모든 사람들에게 알려야 한다. 또한 이들의 악행의 수준이 상상도 못할 정도의 잔인함이었던 것을 기억해야 한다.

이 글은 19세기 말부터 퍼졌던 글인데, 대문자로 쓴 내용을 보면, "병균을 주입해서"라도 세상에 문제들이 점점 사람들이 감당하지 못할 정도로 커지도록 하라는 내용을 볼 수 있다. 그러한 생각까지 할 수 있는 세력임을 먼저 깨달아야 한다. 세상에 분야마다 파고들어서 어두움의 영향력을 퍼트리고 있는 그들의 전략을 부수는 우리의 전략은, 세계의 모든 분야에서 하나님의 군사들이 빛과 소금이 되는 것이다. 지도자들이 벌리는 일의 의도를 모르고 맹목적으로 순종하는 자들이 되어서도 안 되고, 자신만의 이상적인 사상 때문에 다른 이상을 가진 사람들과 계속해서 다투고 싸우는 자들이 되어서도 안 된다. 적그리스도의 전략을 알고 그러한 전략을 하나님의 군사의 전략으로 무너뜨리되, 선으로 악을 이기고, 빛으로 어두움을 이기고, 진리로 불의를 이기는 자들이 되어야 한다. 이제는 정말 세상에 모든 하나님의 군사들이 일어나서 세상의 모든 분야마다 빛을 발해야 할 때이다.

PROTOCOL NO. 11 The Totalitarian State 전체주의 국가

이 장에서는 권력과 무력으로 전체주의국가를 세울 때에 어떻게 사람들을 대항하지 않고 따라오게 하는지에 대해서 설명한다.

> Then in fear and trembling they will close their eyes to everything and be content to await what will be the end of it all. The goyim are a flock of sheep, and we are their wolves. And you know what happens when the wolves get hold of the flock? ⋯ There is another reason also why they will close their eyes: for we shall keep promising them to give back all the liberties we have taken away as soon as we have quelled the enemies of peace and tamed all parties. (158)

그러면 그들은 두려움과 떨림으로 모든 것에 눈을 감고 모든 것의 끝이 무엇인지 기다리는 것으로 만족할 것입니다. 고임은 양 떼이고 우리는 그들의 늑대입니다. 늑대가 양 떼를 붙잡으면 어떻게 되는지 아십니까? … 그들이 눈을 감는 또 다른 이유가 있습니다. 왜냐하면 우리가 빼앗은 모든 자유를 평화의 적을 진압하고 모든 당사자를 길들여서 우리가 얻게 되는 즉시 돌려주겠다고 계속 약속할 것이기 때문입니다.

이 내용은, 자신들이 숨어서 일을 하다가 결국 전 세계를 지배할 수 있는 때가 와서 그들의 포악함이 나타나는 모습으로 지배할 때 사람들이 반응할 모습에 대해서 설명하는 내용이다. 결국 이들의 목적은 사람들이 그냥 눈을 감고 따라오도록 하는 것인데, 사람들이 그렇게 할 것이라고 생각을 하는 이유가 첫째는 두려움에 의해서이고, 두 번째는 평화를 얻고 나면 다시 돌려주겠다고 거짓말하는 적그리스도의 약속을 믿기 때문이라고 한다. 결국 자신들이 목적하는 세계 지배를 이루게 되는 순간까지도 거짓을 통해서 사람들을 조정할 것이라는 말이다. 이들이 바라는 대로 순종하고 따라 주는 그런 백성들이 되어서는 절대로 안 된다. 그것은 하나님께서 받은 것을 배로 갚아 주라고 하시는 명령에 순종하지 않는 삶이다. 그들은 어두움이기 때문에 빛으로 그들의 악행을 드러내면 무너지게 된다. 그들의 행위는 불의이기 때문에 정의에 대적할 힘이 없다. 그래서 아직까지도 가리고 숨고 거짓말을 하고 있다. 그렇기 때문에 모든 일을 비밀리에 하면서 뒤에서 악을 유도하고 있었던 것이다. 우리가 그들이 가려지지 않도록 하여야 하며, 숨을 수 없도록 하여야 하고, 거짓말이 밝혀지도록 해야 한다. 말씀대로 분명히 선이 악을 이기게 될 것이다.

PROTOCOL NO. 12 Control of the Press 언론 통제

이 장은 어떻게 언론을 통제하여서 사람들에게 알리기 원하는 내용만 알리면서 세계를 지배할 수 있는지에 대한 내용이다.

Not a single announcement will reach the public without our control. Even now this is already attained by us inasmuch as all news items are received by a few agencies, in whose offices they are focused from all parts of the world. These agencies will then be already entirely ours and will give publicity only to what we dictate to them. (159)

단 하나의 발표도 우리의 통제 없이 대중에게 전달되지 않습니다. 모든 뉴스 항목이 세계 각지에서 집중되는 사무실이 있는 소수의 대행사에 의해 수신되기 때문에 지금도 이것은 이미 우리에 의해 이루어지는 것입니다. 그렇기에 이 기관들은 이미 완전히 우리 소유가 되고 우리가 지시한 내용만 홍보하게 될 것입니다.

We shall have a sure triumph over our opponents since they

will not have at their disposition organs of the press in which they can give full and final expression to their views owing to the aforesaid methods of dealing with the press. We shall not even need to refute them except very superficially. (160)

앞에서 말한 언론대처 방식으로 인해서, 우리에게 반대하는 자들이 자신의 견해를 완전하고 최종적으로 표현할 수 있는 언론기관이 없기 때문에 우리는 반드시 승리하게 될 것입니다. 우리는 아주 피상적인 경우를 제외하고는 그것들을 논박할 필요조차 없을 것입니다.

위에서 말한 내용들을 통해서 이들이 얼마나 언론을 통제하고 자신들이 원하는 내용만을 사람들이 알고 믿게 하기를 원하는지 알 수 있다. 이들이 언론을 통제해야 하는 이유는 감추고 숨겨야 할 것이 많기 때문이다. 비밀리에 하는 어두운 일들이 많아서 드러나면 큰일이 나기 때문이다. 그래서 빛이 어두움보다 강하고 진실이 불의보다 강하다. 감추지 않아도, 숨기려고 조작하지 않아도 진실이 알려지게 되면 모든 불의를 무너뜨리기 때문이다. 이들이 아무리 자신들이 원하지 않는 내용을 사람들이 알지 못하게 하려고 해도, 빛은 어두움 가운데에서 숨겨질 수가 없다. 요즘 시대는 인터넷을 통해서 모든 것이 드러나고 보여지는 때가 되었다. 분명히 인터넷을 통제하면서 많은 제재를 통해

언론을 조정하겠지만, 그들은 자신들을 숨기는 데에 온 힘을 다하면서 우리들을 대적해야 하기 때문에 인터넷을 사용하여서 진실이 알려지는 것이, 인터넷을 사용하여서 진리를 막는 것보다 훨씬 더 강력할 수밖에 없다. 언론을 조작하고 조정하면서 아무리 자신들이 원하는 모양의 그림을 그린다고 하여도, 모든 것을 드러낼 수 있는 상황으로 만들어 주신 이 때에, 빛의 힘이 어두움의 힘보다 훨씬 더 강한 것을 세상 사람들이 다 보고 알게 될 것이다.

PROTOCOL NO. 13 Distractions 산만

이 장에서는 사람들이 진실을 알지 못하게 하기 위해서 스포츠, 게임, 취미, 열정 등을 사용하여서 사람들의 마음을 산만하게 유도하는 것을 계획하는 것에 대한 내용이다. 또한 그러한 그들의 노력으로 인해서 절대로 사람들이 자신들의 음모한 계획들을 추측하지 못할 것이라고 장담하는 내용이 나온다.

We are constantly making public declaration that we are guided in all our undertakings by the hope, joined to the conviction, that we are serving the common weal. (161)

우리가 계속해서 공개적인 선언을 한 것은, 우리의 하는 모든 일들이 공동의 이익을 위해서 봉사하는 것이며, 확신과 희망에 따라 모든 일들을 하고 있다고 하는 것입니다.

In order that the masses themselves may not guess what they are about we further distract them with amusements, games, pastimes, passions, people's palaces … Soon we shall begin through the press to propose competitions in art, in sport of all kinds: these interests will finally distract their minds from questions in which we should find ourselves compelled to oppose them. Growing more and more disaccustomed to reflect and form any opinions of their own, people will begin to talk in the same tone as we, because we alone shall be offering them new directions for thought of course through such persons as will not be suspected of solidarity with us. (162)

대중 스스로가 자신들이 무슨 상태인지를 추측하지 못하도록 우리는 오락, 게임, 취미, 열정, 화려한 휴식으로 대중의 주의를 산만하게 합니다. 곧 우리는 언론을 통해 모든 종류의 스포츠와 예술 분야에서 경쟁을 제안하기 시작할 것입니다. 이러한 이해 관계는 마침내 우리가 그들을 대적해야 하는 문제 가운데 그들의 마음을 분산시킬 것입니다. 사람들이 자신의 의견을 반영하고 형성하는 데 점점 더 익숙해지면서 사람들은 우리와 같은 어조로 이야기하기 시작할 것입니다. 왜냐하면 우리만이 그들에게 새로운 사고 방향을 제시할 것이며, 그러기 위해서 우리와 연관되어 있지 않다고 생각하는 사람들을 사용하여서 그렇게 할 것입니다.

우리의 오락, 게임, 취미, 열정, 휴식까지도 조정하면서 계속해서 자신들의 생각과 사상을 주입하는 이들의 노력을 볼 수 있다. 이토록 잠시도 우리의 생각이 진실에 집중되지 못하게 하기 위해서 노력하는 것은, 우리가 진실을 알게 되면 그들에게 치명적인 결과를 가져오게 되기 때문이라는 것이다. 우리의 생각이 참진리 가운데에서 하나님의 인도하심을 받게 되었을 때의 그 강력한 힘을 이들이 알고 두려워하기 때문이다. 결국 우리의 생각과 관심과 마음을 다른 데에 빼앗기지 않을 때에는 어두움의 세력들이 우리를 대적하지 못하고 오히려 두려워하게 된다는 것이다. 그래서 우리는 항상 승리할 수 있다. 적그리스도의 세력은 모든 구상을 다 하여서 우리의 생각과 마음을 흩으려고 노력하지만, 그러한 노력에도 불구하고 하나님을 믿고 사랑할 때에는 하나님의 사랑으로 인한 우리 열정이 우리의 생각과 마음을 움직이게 된다. 아무리 우리의 생각을 산만하게 만들려고 이들이 노력한다고 하여도, 우리의 마음과 생각은 가장 사랑하는 것, 가장 소중하게 생각하는 것에 의해서 움직이게 되어 있다.

Who will ever suspect then that all these peoples were stage-managed by us according to political plan which no one has so much as guessed at in the course of many centuries?(163)

그렇다면 이 모든 민족들이 수세기 동안 아무도 추측하지 못한 정치적 계획에 따라 우리가 단계적으로 관리했다는 것을 누가 의심할 수 있겠습니까?

　이들은 자신들의 정치적 계략을 아무도 의심하지 못할 것이라는 생각을 가지고 있다. 수 세기 동안 그들의 정치적 계략을 계획대로 진행해 왔고, 희생양을 세워서 음모론들조차도 잘못된 표적을 향해서 고발하게 만들었고, 양의 모습인 선한 모습을 거짓으로 만들며 사람들을 속여 왔기 때문에 아무도 추측하지 못할 것이라고 자신하고 있다. 그런데, 선 줄로 알 때 넘어지게 하시는 것이 하나님이시다. 하나님께서 넘어지게 하시면 한순간에 넘어진다. 하나님께서 드러나게 하시면 한순간에 드러난다.

PROTOCOL NO. 14 Assault on Religion 종교에 대한공격

　모든 종교들의 결점들을 공격하여서 자신들이 세계 통치를 하게 될 때에는 어떠한 종교도 허락하지 않을 것에 대한 이야기이다. 자신들의 종교만이 남을 것으로 이야기하지만, 이들이 유대인들이 아니어서 종교를 드러낼 수 있는 상황이 아니기 때문에, 어느 누구도 알 수 없는 내용이라고 하며 설명을 피하는 내용이다.

The whole force of our principles and methods will lie in the fact that we shall present them and expound them as a splendid contrast to the dead and decomposed old order of things in social life. ⋯ Our philosophers will discuss all the shortcomings of the various beliefs of the GOYIM, but no one will ever bring under discussion our faith from its true point of view since this will be fully learned by none save ours, who will never dare to betray its secrets. (164)

우리의 원칙과 방법을 통해 얻을 수 있는 전체적인 힘은 우리가 설명할 때에 사회 생활에서 죽어 가고 썩어 가는 낡은 질서와 아주 멋지게 대조하면서 설명한다는 것입니다. ⋯ 우리 철학자들은 고임들의 다양한 결점에 대해서 논의하게 된 것입니다. 그렇지만 우리의 믿음에 대해서는 어느 누구도 절대로 논의하지 않을 것입니다. 왜냐하면 이것은 그 누구도 감히 그 비밀을 배신하지 않을 우리를 제외하고는 아무도 완전히 배울 수 없기 때문입니다.

이 장을 통해서는 이들의 종교를 향한 관점에 대해서 설명한다. 그런데, 여기에 대해서는 자세한 설명을 하지 못하고, 비밀을 배신하지 않을 자신들 외에는 이 종교의 메시지를 배울 수가 없다고만 설명한다. 그래서 더욱이 그들이 유대인들이 아님이 드러난다. 유대교는 빛이신 하나님께서 어두움 가운데에 자신을 나타내어 보이셔서 모든 사람들로 영원한 생명을 얻도록 하시기를 소원하시는 그러한 믿음의 메시지를 가지고 있다. 그래서, 비밀을 알리면 배신하는 것이 되는 그런 어두움과는 하나 될 수 없는 메시지이다. 이들은 계속해서 비밀리에 일을 하면서 비밀스러운 것이 더 대단한 것처럼 포장하며 표현하지만, 그것은 불의이기 때문에 진리 가운데 서지 못하는 것이고, 어두움이기 때문에 빛으로 자신들을 드러내지 못하는 것이다.

요한복음 3장 21절

"진리를 따르는 자는 빛으로 오나니 이는 그 행위가 하나님 안에서 행한 것임을 나타내려 함이라 하시니라."

PROTOCOL NO. 15 Ruthless Suppression 무자비한 진압

자신들의 왕국이 서는 것을 반대하는 모든 사람들과 세력들을 무자비하게 죽이고 진압하는 것에 대한 설명이다. 이것은 세계 정부가 서게 되기까지 사람들이 자의로 원해서 세계 정부를 원하는 모양을 취해

나가다가, 마지막 부분에 세계 정권을 실제로 쟁취하여야 하는 때에는 무자비한 진압을 통해서 목적을 이룬다고 설명하는 내용이다.

We shall make it our task to see that against us such things as plots shall no longer exist. With this purpose we shall slay without mercy all who take arms (in hand) to oppose our coming into our kingdom. ⋯ Meantime, however, until we come into our kingdom, we shall act in the contrary way. (165)

우리는 음모 같은 것이 더 이상 존재하지 않도록 하는 것을 우리의 임무로 삼을 것입니다. 이 목적에 의해서 우리는 우리의 왕국이 서는 것을 반대하기 위해 무기를 드는 모든 사람들을 자비 없이 죽일 것입니다. 그러나 우리가 우리 왕국에 들어오게 될 때까지는 우리는 그 반대로 행동할 것입니다.

We are obliged without hesitation to sacrifice individuals, who commit a breach of established order, for in the exemplary punishment of evil lies a great educational problem. (166)

우리는 확립된 질서를 어기는 개인을 주저 없이 희생할 의무가 있습니다. 왜냐하면 모범적으로 악에 대한 형벌을 가할 때 그것이 엄청난 교육이 되기 때문입니다.

　우리가 역사를 살펴보고 깨달아야 하는 것은, 예수회가 종교 재판을 통해서 사람들을 처형할 때의 그 잔인함은 그 누구도 상상할 수 없을 정도의 잔인함이었다는 것이다. 그렇기 때문에, 교황의 무오성이 바티칸 공의회에서 인정되게 되어서, 로마 교회의 세속 권력 또한 더 커지게 되는 상황이 되었을 때에, 이탈리아의 사람들은 그 상황을 도저히 받아들이지 못했다. 로마 교회의 통치가 그토록 잔인하지 않았더라면, 자신들의 지도자가 더 큰 권리를 갖게 되는 것을 그토록 거부하고 두려워하지는 않았을 것이다. 그러한 위험 가운데에서, 이탈리아가 독립을 하고 교황령이 통치권을 잃게 되면서 그토록 위험했던 상황을 피하도록 해 주셨다. 그렇지만 로마 교회와 예수회는 오랜 시간을 이 의정서의 내용대로 계획하고 준비하여서 지금은 그들의 영향력이 전 세계에 미치는 상황이 되었다. 그리고, 그들의 목적이 실제적으로 이루어졌을 때에 그들이 행할 그들의 참모습은 역사를 통해서만 보더라도 어떠할 것임을 확실히 알 수 있다. 변화가 없이 지금 이대로 세상이 흘러간다면 결국 그들의 계략대로 된다는 뜻이다. 우리는 절대로 그러한 어두움의 역사를 재현할 수 없다. 그래서 전 세계 모든 사람들의 공동의 적이 누구인지를 파악하고 다 같이 그러한 역사의 악행이 이어지지 못하도록 하여야 한다. 그것이 하나님의 군사들이 지금 이때에 해야 할 일이다.

PROTOCOL NO. 16 Brainwashing 세뇌

이 장을 통해서 이들은 교육 방법을 설명하는데, 역사를 돌아보고 통찰하는 그런 교육을 하지 못하도록 하고, 또한 눈에 보이는 것이 아닐 때에 창의적인 생각을 하지 못하도록 교육하여서 사람들을 맹목적으로 순종하며 따르는 사람들로 만드는 것이 이들의 목표이다.

Classicism, as also any form of study of ancient history, in which there are more bad than good examples, we shall replace with the study of the programme of the future. We shall erase from the memory of men all facts of previous centuries which are undesirable to us and leave only those which depict all the errors of the governments of the goyim. (167)

고전주의와 마찬가지로 좋은 예보다 나쁜 예가 더 많은 고대사 연구의 모든 형태는 미래 계획에 대한 연구로 대체할 것입니다. 우리는 사람들의 기억 가운데 지난 세기들 동안 있었던 모든 사실들 중에서 우리에게 이롭지 않은 내용의 사실을 모두 지울 것입니다. 그리고, 고임 정부의 모든 오류를 묘사하는 사실만을 남길 것입니다.

역사를 편견 없는 관점으로 살펴보고, 역사를 통해서 같은 실수를 거듭하지 않으면서 발전해 나가야 하는데, 앞장에서 이야기하였듯이, 이들은 역사를 통해서 우리가 자신들의 존재를 알게 되고, 진실들을 파악하여서 변화하고 발전하게 될 것을 가장 두려워한다. 그렇기 때문에 이들은 고전주의, 고대사 연구 같은 역사에 대한 교육 자체를 필요 없는 것으로 만들려고 한다. 그것은 지금 우리의 교육 체재 가운데에도 적용되어 있는 부분이다. 일자리를 위한 지식이 아닌 다른 지식은 가치가 없는 모습이 되어 가고 있다. 그래서 역사적으로 이렇게 계속 속고 있었어도, 역사 자료를 통해서 너무나도 확실히 밝혀지는 부분임에도 확인하지 못하고 깨닫지 못하여서 계속 당하고, 속고, 고통당하는 모습이 우리의 모습이었다. 그러나, 하나님의 군사들의 전략은 이들의 전략을 무너뜨리는 전략이다. 역사를 편견 없는 관점으로 살피고 같은 실패가 계속되지 않도록 세상에 영향력을 끼칠 수 있는 그런 하나님의 군사들이 곳곳에서 빛을 발하게 될 것으로 확신한다.

The system of bridling thought is already at work in the so-called system of teaching by object lessons, the purpose of which is to turn the goyim into unthinking submissive brutes waiting for things to be presented before their eyes in order to form an idea of them. In France, one of four best agents, Bourgeois, has already made public a new programme of teaching by object lessons. (168)

맹목적인 사고 체계는 벌써 실물 수업 교육 체계라는 이름으로 확산되고 있는데, 그것의 목적은 고임들이 생각 없이 복종하는 짐승이 되어서 눈앞에 사물이 제시될 때까지 기다리고 난 후에 관념을 형성하도록 하기 위함입니다. … 프랑스에서는 4명의 최고의 에이전트 중 하나인 브르주아가 실물 수업 교육 체계를 통한 새로운 교육 프로그램을 공개했습니다.

현시대는 시각적인 자극이 없이 발전적인 생각을 통해서 건설적인 성장을 추구하는 것이 힘들게 되었다. 컴퓨터와 휴대폰을 통해서 시각적으로 보이고 의도되는 대로만 이해하고 생각하는 모습으로 훈련되어 버렸다. 시각적인 자극이 없이는 학습되지 않는 상황이 많다. 시각적 자극이 오기까지 자체적인 생각과 자주적인 열정을 갖지 못하도록 하기 위해서 오랫동안 노력하였다는 것이 이들의 주장이며, 이들의 주장대로 그러한 모습이 되어 있는 우리의 상태를 본다. 그럼에도 불구하고 우리가 승리할 것을 자신할 수 있는 것은, 믿음은 시각적 실물을 통해 관념을 갖게 되는 것과 완전히 반대되는 개념이기 때문이다. 믿음은 보이지 않는 것에 대한 확신이다. 눈에 보이지 않아도 눈에 보이는 것보다 더 확신하고 신뢰하는 것이다. 그렇기 때문에 믿음의 사람들은 시각적 자극에 의해서 맹목적으로 따라가는 모습과는 완전히 반대의 삶을 살게 된다. 진리인 하나님의 말씀을 통해서 보이지 않아도 확실한 신념과 생각을 가지고 목숨을 다해서 전진하는 주도적 열정을 갖게 된다. 이들이 가장 두려워하는 것이다. 그래서 믿음으로 사는 하나님의 군사들은 승리할 수밖에 없다.

PROTOCOL NO. 17 Abuse of Authority 권한 남용

사람들이 권한 남용을 하지 않고, 또한 지배층에 순종하고 따르도록 하기 위해서 모든 사람들로 서로 감시하고 고발하는 체계를 세우는 것에 대해서 설명한다. 또한 고발된 사람들에 대해서 엄격하게 처벌하는 것에 대한 내용이다.

> In our programme one-third of our subjects will keep the rest under observation from a sense of duty, on the principle of volunteer service to the State. It will then be no disgrace to be a spy and informer, but a merit: unfounded denunciations, however, will be cruelly punished that there may be no development of abuses of this right. (169)

우리 프로그램에서 1/3의 사람들은 국가에 대한 자원 봉사의 원칙에 따라 의무감에서 나머지 사람들을 관찰하도록 할 것입니다. 그렇게 되면 스파이이자 정보 제공자가 되는 것이 불명예가 아니라 이득이 될 것입니다. 그러나 근거 없는 비난은 잔인하게 처벌되어 이 권리의 남용이 발생하지 않을 것입니다.

Any person not denouncing anything seen or heard concerning questions of polity will also be charged with and made responsible for concealment, if it be proved that he is guilty of this crime ⋯ so in our kingdom over all the world it will be obligatory for all our subjects to observe the duty of service to the State in this direction. (170)

정치 문제와 관련하여 보거나 들은 것을 고발하지 않는 사람도 이 범죄를 저질렀다는 것이 판명되면 은폐 혐의를 받고 책임을 져야 합니다. ⋯ 그래서 전 세계에 걸친 우리 왕국에서 우리의 모든 시민은 이 방향으로 국가에 대한 봉사의 의무를 준수해야 합니다.

Such an organization will extirpate abuses of authority, of force, of bribery, everything in fact which we by our counsel, by our theories of the superhuman rights of man, have introduced into the customs of the goyim. (171)

그러한 조직은 권위의 남용, 무력, 뇌물을 근절할 것이며, 우리의 조언과 인간의 초인권에 대한 이론을 통해 고임들의 관습으로 도 입된 모든 것들을 근절할 것입니다.

이 내용을 통해서 적그리스도의 세력은 얼마나 우리가 참소자들이 되도록 압력을 가하는지를 볼 수 있다. 이들은 서로가 서로를 감시하고 고발하도록 하여서, 자신들의 명령에 불복종할 수 있는 상황이 없도록 하는 구조를 만들었다. 그리고 이것이 종교 재판을 진행하면서 예수회가 했던 일이다. 면죄부를 주면서 사람들로 이웃들의 신앙을 고발하도록 하였다. 그러한 고발 행위는 면죄부를 얻게 되어서 은혜를 받게 되는 것이라고 하였던 그들의 주장과는 반대로 오히려 참소자가 되게 하셔서 사람들을 적리스도의 편, 어두움의 편에 서게 만드는 그러한 행위였다. 우리는 참소자가 아니라 중보자가 될 때에 하나님께 속하게 되고 빛에 속하게 되는 것을 확실히 안다. 우리는 하나님의 군사로서, 중보자들로서 어떠한 영적 전쟁 가운데에서도 하나님의 힘으로 승리할 것을 확실히 믿는다.

PROTOCOL NO. 18 Arrest of Opponent 반대자의 체포

이 장에서는 자신들의 반대자들에 대해서는 무자비하게 처벌을 한다는 내용으로 설명한다.

PROTOCOL NO. 19 Rulers and People 통치자와 사람들

이 장은 선동을 조장하는 자들이나 정치 범죄자들에 대해서 엄격하게 처벌하는 것에 대한 내용이다.

PROTOCOL NO. 20 Financial Programme 금융 프로그램

이 장에서는 정부의 금융 프로그램을 설명하면서, 경제 위기를 만들고 대출 등을 통해서 나라들을 장악하는 내용에 대해서 설명한다.

> Economic crises have been produced by us from the goyim by no other means than the withdrawal of money from circulation. Huge capitals have stagnated, withdrawing money from States, which were constantly obliged to apply to those same stagnant capitals for loans. These loans burdened the finances of the State with the payment of interest and made them the bond slaves of these capitals. (172)

고임의 경제 위기는 우리에 의해서 만들어졌는데, 그것은 다른 어떤 방법도 아닌 순환되고 있는 돈을 인출해 버림으로 인해서 만들어집니다. 거대한 자본은 정체가 되어 있고, 국가의 자금은

인출이 되다 보니, 국가는 계속해서 동일하게 정체되어 있는 자
본에 대해 대출을 신청해야 합니다. 이 대출은 이자를 지불해야
하는 국가 재정에 부담을 주었고 이 자본의 노예가 되었습니다.

이 내용은 많은 나라들이 경제적 위기를 겪게 된 일들에 대한 설명
이다. 이 글이 19세기 후반부터 퍼졌던 글이지만, 여기에서 설명되고
있는 것과 같은 국가적 경제 위기 상황은 현시대에 쉽게 보게 되는 상
황이다. 세계적으로 영향을 끼칠 수 있는 정치적 경제적 Power를 가
지고 자본을 자신들의 계략대로 넣기도 하고 빼기도 하는 상황을 만
들 수 있다는 것은 짐작 가능하다. 한 나라보다도 훨씬 거대한 세계적
인 경제력을 가지고 돈을 투자하기도 하지만, 또한 한순간의 모든 돈
을 인출하는 상황을 만들 때 국가가 파산하게 될 정도의 큰 위험이 닥
치게 되는데, 그러한 경제적 위기를 자신들이 만든다고 설명하고 있
다. 여기에서 설명하는 경제적 위기가 많은 나라들에서 있었다는 사실
을 간과해서는 안 된다. 모든 시장 경제를 움직이고 조정할 수 있는 힘
이 우리의 배후에 있다는 사실을 깨닫게 되면, 이러한 경제적 조작이
있을 것이라는 생각을 하는 것이 당연해진다. 그런데, 나라를 초월해
서 세계에 영향을 끼치는 힘이 있다는 사실에 무지할 때에, 아주 쉽게
경제적 위기도 만들 수 있는 이러한 위험에 대해서 무방비하게 된다.
우리가 역사적인 사실들을 통해서 어두움의 세력이 세계 지배 체재를
만들기 위해서 힘써 왔으며, 이들이, 정치와 경제의 모든 분야에서 세

계적인 연결점과 영향력을 가지고 있다는 사실도 확인했다. 그렇다면, 이들이 원할 때에, 한 나라에서 순환되고 있는 돈을 갑자기 인출함으로 아주 쉽게 경제적 위기를 만들 수 있다는 사실을 인식하고 깨어야 한다. 그래서, 부흥 경제 전략이 필요하다. 우리가 어두움의 세력을 드러내면, 경제적인 계략을 통해서 나라를 넘어뜨리고 사람들을 넘어뜨리는 위험한 돈의 출처도 다 드러나게 될 것이다. 그러한 자들의 모든 실체가 드러나야 그들이 힘을 잃게 된다. 그들이 힘을 잃게 되면 나라들을 경제적으로 파멸시키려는 그들의 계획도 이룰 수 없게 된다.

We shall point out the necessity of reforms in consequence of the disorderly darkness into which the goyim by their irregularities have plunged the finances. But, as the budget of the following year is drawn up in accordance with the sum of the total addition, the annual departure from the normal reaches as much as 50 percent in a year, and so the annual budget is trebled in ten years. Thanks to such methods, allowed by the carelessness of the goy States, their treasuries are empty. The period of loans supervenes, and that has swallowed up remainders and brought all the goy States to bankruptcy. You understand perfectly that economic arrangements of this kind, which have been suggested to the goyim by us, cannot be carried on by us. (173)

우리는 고임의 개혁의 필요성을 지적하면서 그것은 그들의 부정
에 의해 재정을 몰아넣은 무질서한 어둠의 결과라고 할 것입니
다. ··· 그러나 이듬해의 예산은 가산액의 합에 따라 책정되기 때
문에 연간 정상 이탈이 1년에 50%에 달하므로 연간예산은 10년
만에 3배가 됩니다. 고임 국가의 부주의가 허용하는 이러한 방법
덕분에 재무부는 비어 있게 됩니다. 대출 기간이 지나고는 나머
지를 삼켜 버림으로 모든 국가를 파산 상태로 만듭니다. 당신은
우리가 고임에게 제안한 이런 종류의 경제적 조정이 수행할 수
없는 것이라는 것을 완벽하게 이해하고 있습니다.

But it is a proof of the genius of our chosen mind that we have
contrived to present the matter of loans to them in such a light
that they have even seen in them an advantage for themselves. (174)

그러나 우리가 그들에게 대출 문제를 제시한 것에 대해서 그들이
그들 자신에게 유리하게 제시해 준 것으로 보기까지 하였다는 것
은 우리의 선택된 정신의 천재성에 대한 증거입니다.

이 내용은 경제 위기를 겪게 된 나라들에게 도움을 제시하는 것처

럼 하면서 결국은 아무리 시간이 지나도 계속해서 경제적 어려움에 휘말리도록 만드는 이들의 계획에 대한 설명이다. 이 설명을 볼 때에, 유엔의 한 부서인, International Monetary Fund(이하 IMF)를 통해서 경제 위기를 겪고 있는 나라들에게 IMF가 했던 행동들과 연관을 짓지 않을 수가 없다. 갑자기 순환되고 있었던 돈에 많은 양이 인출되면서 생각지도 않았던 국가 부도 위기에 몰리게 되고, 그러한 상황 가운데에 IMF가 구세주의 모양처럼 나타난다. 그런데, 그들은 시장 경제를 열고 더 많은 외국 자본을 받아들이고, 훨씬 더 많은 빚으로 운영되는 나라의 체계로 바꾸는 것을 대출해 주는 전제 조건으로 세운다. 결국 그들의 요구대로 따라 주어서 국가 부도의 위기를 넘긴 나라들은, 이제는 더 많은 빚과 많은 외국 자본들로 인해서, 이들이 원하면 더 쉽게 경제적 위기에 빠질 수 있는 나라들이 되어 버렸다. 경제적 공황으로 인해서 나라가 국민들을 안전하게 보호할 수 없는 상황이 많아지면서 많은 나라들에 난민들이 생겨났고, 나라에서 해결하지 못하는 문제를 세계 정부를 통해서 해결하고자 하는 목소리가 높아지고 있다. 그러는 가운데에 유엔의 입지는 점점 더 커져 가고 있고, 이들이 이 의정서에서 계속해서 선포한 대로, 보호자와 수호자로서의 세계 정부의 필요성에 대한 관심이 커지고 있다.

　이러한 상황을 보면서 우리는 깨달아야 한다. 그러한 상황이 만들어지고 있는 것을 가장 기뻐할 자가 누구인지를 꼭 기억해야 한다. 그리고 우리가 그들이 기뻐하도록 놔두면 안 된다. 공동의 적이 누구인지 모든 나라들이 파악하게 되어서, 어두움의 세력이 나라들을 무너뜨리려고 할 때에, 나라들이 힘을 합쳐서 이들의 악행을 드러내고, 그들의 노력이 무력화되도록 하여야 한다. 이들은 드러나면 넘어질 수밖에 없는 자들이기에 비밀리에 숨어 있다는 사실을 기억해야 한다. 빛 가운데로 드러내기만 하면 그들의 불의가 드러남으로 인해서 모든 것이 무너질 것이다.

You know to what they have been brought by this carelessness, to what a pitch of financial disorder they have arrived, notwithstanding the astonishing industry of their peoples. (175)

당신은 그들이 이 부주의로 인해 무엇을 얻었는지, 그들의 민족의 놀라운 근면에도 불구하고 그들이 얼마나 재정적 혼란에 이르렀는지 알고 있습니다.

이 내용은, 자신들이 도와준다는 명목으로 제시한 사항들을 믿고 따른 부주의로 인해서 아무리 사람들이 근면 정신을 가지고 열심히 일하더라도 재정적으로 힘들 수밖에 없는 체계가 만들어질 것에 대한 이야기다. 근본적인 문제를 해결하지 않고 열심히 일한다고 해서 해결될 수 있는 일이 아니라는 뜻이다. 이들은 드러낼 수 있는 존재가 아니기 때문에, 그들의 경제력 또한 드러낼 수 없도록 자신들의 네트워크 안에 묻혀 있다. 그렇기 때문에 그들의 음모가 나타나게 되어서 사람들이 그들의 네트워크에서 떨어져 나가게 되면 결국 한순간에 그들이 세계에 미치는 영향력이 없어질 수밖에 없다. 진실이 드러나기만 해도 속이는 역사는 종결된다.

PROTOCOL NO. 21 Loans and Credit 대출 및 신용

이 장은 세계 정부가 세워지고 난 후에 세계 정부 내의 재정 관련 시스템을 설명하는 내용이다.

> We shall replace the money markets by grandiose government credit institutions, the object of which will be to fix the price of industrial values in accordance with government views. (176)

> 우리는 금융시장을 거대한 정부 신용 기관으로 대체할 것이며, 그 목적은 정부의 견해에 따라 산업 가치의 가격을 고정하기 위함입니다.

세계 정부에서 정부 신용 기관이 금융시장을 대체한다는 것은, 자신들이 인정하는 신용과 경제적 가치가 동일해진다는 것이다. 그들이 인정하는 만큼만이 결국 가치가 되는 것이다. 이들의 경제적 지배 모양만을 보더라도 얼마나 전체주의적인지, 자신들의 뜻에 따르지 않고는 살 수 없는 체제인지를 확실히 알 수 있다. 또한 사람들의 재산의 가치가 그들에 의해서 결정된다는 것은, 결국 그들이 재산에 참소유자들이 된다는 것이다. 우리는 빨리 눈을 떠야 한다. 나의 모든 소유를 하나님께 내려놓는 것이 아까워서 하나님의 편에 서지 못하고 있는 많은 사람들이 있다. 그러나, 하나님 편에 서지 않는 것은 적그리스도 편에 서게 되는 것이다. 그리고, 적그리스도의 편에 서게 되면 결국 모든 세상 재물까지도 그들에게 빼앗기는 자들이 될 것이다. 하나님께 나의 모든 소유를 내려 놓음으로, 오히려 하나님의 모든 소유가 우리의 소유가 되는 그런 축복을 선택하여야 한다.

PROTOCOL NO. 22 Power of Gold 금의 힘

이 장에서는 재력을 갖게 되었다는 사실로 하나님께서 자신들에게 이 세상의 통치권을 예정하셨다는 것을 증명하는 것이라고 설명한다. 돈을 많이 벌게 되면 하나님의 축복을 받은 것이라고 생각을 하는 기복신앙의 바탕이 된 내용이다.

In our hands is the greatest power of our day -- gold: in two days we can procure from our storehouses any quantity we may please. Surely there is no need to seek further proof

that our rule is predestined by God? Surely, we shall not fail
with such wealth to prove that all that evil which for so many
centuries we have had to commit has served at the end of ends
the cause of true well-being -- the bringing of everything into
order?(177)

우리 시대의 가장 큰 힘인 금이 우리 손에 있습니다. 이틀 만에
창고에서 원하는 수량만큼 조달할 수 있습니다. 우리의 통치가
하나님에 의해 예정되어 있다는 더 이상의 증거를 찾을 필요가
있겠습니까? 확실히 우리는 수 세기 동안 우리가 저질러야 했던
그 모든 악이 궁극적으로 진정한 웰빙의 대의, 즉 모든 것을 질서
있게 만드는 데 기여했음을 증명하기 위해서, 그러한 부를 가지
고 절대로 실패하지 않을 것입니다.

예수회가 주장하는 것, Machiavelli가 선포한 것, 일루미나티가 주장
하는 것, 또한 이《시온 장로 의정서》에서 주장을 하는 것이, 결과는 수
단을 정당화한다는 것이다. 그러한 그들의 신념을 설명하는 것이 이
장의 내용이다. 자신들도 인정할 정도로, 그들이 많은 악을 저질렀는
데, 그것을 그들도 알지만, 그들은 대의, 전 세계를 지배하게 되는 큰일
을 위해서 했던 수단이기 때문에, 그들의 수단이 아무리 나빴어도 그
것은 정당화된다는 것이다. 그리고, 그러한 정당화하는 마음을 하나님

께서도 받으실 것이라고 생각한다. 전 세계를 지배하고자 하는 목적을 이루기 위해서 오랜 시간 그렇게 악행을 행했지만, 그래도 그들이 축복을 받아서 세계의 많은 부를 갖게 되는 상황이 된 것은, 그들의 수단을 하나님께서 인정하셔서 부를 허락하셨다고 생각하는 것이다. 잘못된 생각으로 하나님의 뜻을 오해할 수 있는 것을 깨닫게 되는 부분이다. 적그리스도의 일을 하고 있으면서 그것이 대의라고 생각하고 하나님께서도 인정하실 것이라고 생각한다. 복의 잘못된 의미를 갖는 것조차도 세상적 욕심에 의한 것임을 부정할 수 없다. 하나님의 군사들은 진정한 복이 영원한 생명을 얻는 것임을 안다. 그리고 많은 사람들과 그러한 참복을 나누는 삶을 선택한다.

PROTOCOL NO. 23 Instilling Obedience 순종 주입

이 장에서는 이들이 전체주의적 나라를 이루고 나서 사람들이 자신들의 지배에 맹목적으로 따라올 수 있도록 순종을 훈련한다는 내용을 설명한다.

> Subjects, I repeat once more, give blind obedience only to the strong hand which is absolutely independent of them, for in it they feel the sword for defense and support against social scourges. (178)

다시 한번 말하지만, 맹목적인 복종은 자신과 절대적으로 독립된 강한 손에게만 하게 되어 있습니다. 왜냐하면 그곳에서 그들은 사회적 재앙에 대한 방어와 지원의 검을 쥐고 있는 것을 느끼기 때문입니다.

이 장을 통해서 깨닫는 내용은, 두려움의 정치를 통해서 사람들을 온전히 제어하고 규제하는 통치가 이 세상 모든 사람들을 무질서와 혼란에 빠뜨리지 않고 통치할 수 있는 방법이라고 설명하는 내용이다. 하나님만을 두려워하는 것이 아니라 자신들을 더 두려워하도록 하는, 외식하는 자들로 만드는 적그리스도의 전략 #3이다. 하나님의 군사는 우리 배후에서 힘이 되시는 하나님을 믿고 세상을 두려워하지 않는 자들이다.

PROTOCOL NO. 24 Qualities of the Ruler 통치자의 자질

마지막장은 이들이 유대인을 희생양으로 세워 놓고, 그러한 거짓에 사람들이 신임을 가지게 하기 위해서 자신들이 세운 유대인 통치자의 자질에 대해서 설명하지만, 이 부분은 자신들의 전략이 아닌, 세상을 속이기 위해서 일부러 꾸며 넣은 부분이기 때문에 자신들이 앞에서 선포한 내용과도 일관적이지 않은 모습을 볼 수 있다.

이 장에서는, 《시온 장로 의정서》를 자세히 살펴보면서, 이 의정서를 통해서 선포한 적그리스도의 전략들을, 앞장들을 통해서 나눈 하나님의 군사 전략들을 실질적으로 적용해 보면서, 적그리스도의 전략을 무너뜨리는 내용에 대해서 나누었다. 어떠한 미혹과 속임수로 우리를 넘어뜨리려고 해도, 아무리 더 어둡고 깜깜한 상황 가운데에서도, 하나님의 군사들이 분명히 승리할 것이라고 확신한다.

30

파수꾼의 소명

세 권의 책의 자료들을 모으면서, 어두운 세력의 음모들이 오랜 기간 동안 드러나지 않았었지만, 이제는 모든 것이 드러나는 때가 되었다고 생각하지 않을 수 없었다. 왜냐하면, 세 권의 책들에 사용된 자료들은 대부분 당시의 상황들을 잘 설명해 주는 그 당시 출판된 책들의 원본들이었는데, 그러한 자료들이 얼마전까지만 하더라도 쉽게 구하여서 읽을 수 있는 자료들이 아니었기 때문이다. 인용된 책들 중에, 도서관의 모든 책들을 디지털화하는 프로젝트를 통해서 오픈된 자료들이 많이 있었는데, 대부분 아주 최근에 디지털화된 자료들이다. 단 몇 년 전에 같은 탐구를 하였다고 해도 지금 이 책들을 통해 이해하는 만큼 이해할 수 없었다는 것이다. 또한 예수회에서 교황의 자리를 갖게 된 2013년 이후부터, 수백 년 동안 비밀리에 일하였던 프리메이슨을 비롯한 비밀 단체들이 드러내며 사역하기 시작하였는데, 그럼으로 인해서 전에는 그들이 일반인들에게 오픈하지 않았던 자신들의 오래전 간행물들조차 다 읽은 수 있게 되었다. 그래서, 몇 년 전에는 볼 수 없었던 많은 자료들을 통해서 역사적인 비밀단체들의 사역을 당시의 자료들을 가지고 객관적인 관점으로 살펴볼 수 있었다. 이러한 시대적 변화가 일어나는 때에 우리가 살고 있다는 사실은, 지금 우리가 정말 깨어 있어야 한다는 것을 의미하기도 한다.

우리는 밝혀진 자료들을 통해서 현재 우리의 상황을 진단할 수 있었다. 기독교가 로마 교회와 연합하는 모습으로, 하나님의 편에 서 있는 것이 아니라, 적그리스도 편에 서 있으며, 하나님을 온 마음을 다해서 사랑하지 않으면 지킬 수 없는, 십계명의 1-3계명을 범하고 있는 상태인 것을 확인할 수 있었다. 지금 기독교의 모습이, 에스겔 8장의 모습과 너무나도 같은 모습인 것을 우리는 부인할 수 없을 것이다. 에스겔 8장은, 3장 "멸망에 이르게 하는 가증한 것"에서 자세히 설명을 한 내용인데, 십계명의 1-3계명을 범하는 죄, 곧 가증한 죄를 지은 이스라엘에 대해서 하나님께서 한탄하시는 모습을 설명하는 내용이었고, 이어지는 에스겔 9장에서 결국 이스라엘이 가증한 죄를 지은 것으로 인해서 멸망당하는 설명이 나온다. 지금 기독교의 모습이 "멸망에 이르게 할 가증한 것"이 선 모습이기 때문에, 우리는 정말 깨어야 하고, 눈을 떠야 하며, 우리 문제를 보아야 한다.

에스겔 8장과 9장은 가증한 죄로 인해서 멸망당하는 이스라엘에 대해서 하나님께서 직접 에스겔에게 말씀해 주신 내용이었는데, 이 말씀 전과 후에 에스겔에게 당부하신 말씀이 있었다. 그것은 파수꾼의 역할에 관한 말씀이었다. 파수꾼은 먼저 보게 된 자이다. 먼저 알게 된 자이다. 큰 재앙이 몰려 닥칠 상황을 먼저 보고 알게 되어서, 다른 사람들이 거기에서 피하여서 재앙을 당하지 않도록 외치고 알리는 일을 하는 자이다.

탄식하며 울어야 할 현재의 기독교의 모습을 보게 하시고 알게 하셨기 때문에, 이 사실들을 알게 된 하나님의 군사들은 파수꾼의 역할을 맡은 것임이 분명하다. 몰랐으면 몰라도, 멸망당하지 않을 수 없는 우리의 모습을 알게 되었고 보게 되었는데, 그래도 알리지 않고 외치지 않아서 사람들이 듣지 못하고 알지 못해서 멸망을 받게 되는 상황이 생기면, 그것은 파수꾼의 책임이라는 것이다.

우리는 파수꾼이다. 하나님의 군사들은 파수꾼들이다. 파수꾼 된 하나님의 군사들은, 적그리스도의 전략을 무너뜨리고 하나님의 군사들의 전략을 통해서 세상 가운데에 참구원의 역사, 참부흥의 역사가 임하도록 하는 부흥의 횃불을 든 자들이다. 그리고, 예수님의 인도하심으로 하나 된 우리는, 분명 하나님의 나라에서 서로가 서로를 다 알아볼 것이다.

Notes

1   Nicolini, *History of the Jesuit*, p. 80

     Montor, *The Lives and Times of the Roman Pontiffs*, p. 356

2   Ignaz, *Letters from Rome on the Council*, p. 16, 35

     Moore, *A Books of Tracts*, p. 72

3   Moeller, *History of Christian Church*, p. 255-270, 315-381

4   Walsh, *The Jesuits in Great Britain*, p. 342

5   Sodality of Our Lady, *The Prima Primaria Sodality*

     Walsh, *The Jesuits in Great Britain*, p. 22

6   Sodality of Our Lady, *About us*

     Walsh, *The Jesuits in Great Britain*

7   Sodality of Our Lady, *Indulgences and Privilege*

     Walsh, *The Jesuits in Great Britain*

8   Catholic Answers Encyclopedia, *Indulgences*

9   Montor, *The Lives and Times of the Roman Pontiffs*, p. 353

     Clement XIV, *Brief of Clement XIV*, p. 28

10   Montor, *The Lives and Times of the Roman Pontiffs*, p. 354

     Clement XIV, *Brief of Clement XIV*, p. 30

11   Montor, *The Lives and Times of the Roman Pontiffs*, p. 354

     Clement XIV, *Brief of Clement XIV*, p. 31

12   Montor, *The Lives and Times of the Roman Pontiffs*, p. 354

     Clement XIV, *Brief of Clement XIV*, p. 31

13   Montor, *The Lives and Times of the Roman Pontiffs*, p. 354

Clement XIV, *Brief of Clement XIV*, p. 31

14 Montor, *The Lives and Times of the Roman Pontiffs*, p. 355

Clement XIV, *Brief of Clement XIV*, p. 32

15 Montor, *The Lives and Times of the Roman Pontiffs*, p. 355

Clement XIV, *Brief of Clement XIV*, p. 31

16 Montor, *The Lives and Times of the Roman Pontiffs*, p. 355

Clement XIV, *Brief of Clement XIV*, p. 32

17 Montor, *The Lives and Times of the Roman Pontiffs*, p. 356

Clement XIV, *Brief of Clement XIV*, p. 34

18 Montor, *The Lives and Times of the Roman Pontiffs*, p. 356

Clement XIV, *Brief of Clement XIV*, p. 34

19 Montor, *The Lives and Times of the Roman Pontiffs*, p. 357

Clement XIV, *Brief of Clement XIV*, p. 35

20 Montor, *The Lives and Times of the Roman Pontiffs*, p. 357

Clement XIV, *Brief of Clement XIV*, p. 35

21 Montor, *The Lives and Times of the Roman Pontiffs*, p. 357

Clement XIV, *Brief of Clement XIV*, p. 36

22 Montor, *The Lives and Times of the Roman Pontiffs*, p. 357

Clement XIV, *Brief of Clement XIV*, p. 36

23 Montor, *The Lives and Times of the Roman Pontiffs*, p. 358

Clement XIV, *Brief of Clement XIV*, p. 38

24 Montor, *The Lives and Times of the Roman Pontiffs*, p. 358

Clement XIV, *Brief of Clement XIV*, p. 38

25 Montor, *The Lives and Times of the Roman Pontiffs*, p. 358

Clement XIV, *Brief of Clement XIV*, p. 38

26 Montor, *The Lives and Times of the Roman Pontiffs*, p. 362

Clement XIV, *Brief of Clement XIV*, p. 44

27 Depuy, *Encyclopaedia Britannica*, p. 842

28 Robison, *Proofs of a Conspiracy against all the Religions and Government*, p. 8-9

29 Robison, *Proofs of a Conspiracy against all the Religions and Government*, p. 21

30 Heckethorn, *The Secret Societies of All Ages and Countries*, p. 58

31 Oliver, *The Historical Landmarks and Other Evidence of Freemasonry*, p. 45

32 Levington, *Key to Masonry and Kindred Secret Combination*, p. 260

33 Levington, *Key to Masonry and Kindred Secret Combination*, p. 287

34 Moore, *The Freemason's Monthly Magazine Volume 23*, p. 107

35 Moore, *The Freemason's Monthly Magazine Volume 22*, p. 151

36 Presbyterian Church in the U.S.A., *Publication*, p. 324

37 Freemasons, *The Freemason and Masonic Illustrated*, p. 162

38 Freemasons, *The Freemason and Masonic Illustrated*, p. 7

39 Freemasons, *The Freemason and Masonic Illustrated*, p. 162

40 Brennan, *The American Freemason*, p. 131

41 Levington, *Key to Masonry and Kindred Secret Combination*, p. 280-281

42 Levington, *Key to Masonry and Kindred Secret Combination*, p. 300

43 Levington, *Key to Masonry and Kindred Secret Combination*, p. 396

44 Goedeke, K., *Adolph Freiherr Knigge*
    Nachtrag von weitern, *Adam Weisshaupt*

45 The White Dwarf, *A London Weekly Publication*, p. 349

46 Blackwood, *Blackwood's Magazine*, p. 766-767

47 Robison, *Proofs of a Conspiracy against all the Religions and Government*, p. 168

48 Robison, *Proofs of a Conspiracy against all the Religions and Govern-*

ment, p. 54

49 Moore, *The Freemason's Monthly Magazine Volume 23*, p. 241

50 The White Dwarf, *A London Weekly Publication*, p. 298

51 Levington, *Key to Masonry and Kindred Secret Combination*, p. 274-275

52 The White Dwarf, *A London Weekly Publication*, p. 298

53 The White Dwarf, *A London Weekly Publication*, p. 316

54 Blackwood, *Blackwood's Magazine*, p. 766-767

55 Robison, *Proofs of a Conspiracy against all the Religions and Government*, p. 182-183

56 German Writers, *Modern Germany in Relation to the Great War*, p. 395

57 Cusack, *The Black Pope; A History of the Jesuits*, p. 80
Charlotais & Newdegate, *A Glimpse of the Great Secret Society*, p. 48
Potts, *Dangers of Jesuit Instruction*, p. 14

58 Nicolini, *History of the Jesuits: Their Origin, Progress, Doctrine and Design*, p. 471

59 Chandler, *The Temporal Power of the Pope*, p. 5

60 Nielsen & Mason, (1906). *The History of the Papacy in the XIXth Century*, p. 342

61 Charlotais & Newdegate, *A Glimpse of the Great Secret Society*, p. 15

62 Charlotais & Newdegate, *A Glimpse of the Great Secret Society*, p. 27

63 Charlotais & Newdegate, *A Glimpse of the Great Secret Society*, p. 28

64 Levington, *Key to Masonry and Kindred Secret Combination*, p. 71-72

65 Charlotais & Newdegate, *A Glimpse of the Great Secret Society*, p. 48

66 The Church of England, *The Vatican Council*, p. 11

67 Ignaz, *Letters from Rome on the Council*, p. 48

68 Ignaz, *Letters from Rome on the Council*, p. 19

69 Thompson, *The Footprints of the Jesuit*, p. 479

70 Thompson, *The Footprints of the Jesuit*, p. 479

71 Hughey, *Political Romanism or The Secular Policy of the Papal Church*

72 Hughey, *Political Romanism or The Secular Policy of the Papal Church*

73 Thompson, *The Footprints of the Jesuit*, p. 285

74 Thompson, *The Footprints of the Jesuit*, p. 322

75 Thompson, *The Footprints of the Jesuit*, p. 331

76 Catholic, *Is Germany Anti-Catholic?* p. 1

77 The American Philosophical Society, *Catholic Priests in Lower Austria*, p. 337

78 M.H. Gill & Son, *Catholic Political Association*, p. 334

79 New York National Court, *The Guardian of Liberty*, p. 3

80 Lehmann, *Vatican Policy in the Second World War*

81 Periodical Literature of the World, *Zola on Antisemitism*, p. 232

82 Webster, *The Cause of World Unrest*, p. 64

83 Webster, *The Cause of World Unrest*, p. 62

84 Webster, *The Cause of World Unrest*, p. preface

85 Webster, *The Cause of World Unrest*, p. x

86 Landman, Rittenberg, & Cohen, *The Universal Jewish Encyclopedia*, p. 402

87 Webster, *World Revolution*, p. 308

88 Webster, *World Revolution*, p. 297

89 Webster, *World Revolution*, p. 306-307

90 Webster, *The Cause of World Unrest*

91 German Writers, *Modern Germany in Relation to the Great War*

92 March, *History of the World War: An Authentic Narrative of the World's Greatest War*

93 Rappoport, *Pioneers of the Russian Revolution*, p. 265-276

94 Yapp, *The Making of the Modern Near East 1792-1923*, p. 290

95   Rappoport, *Pioneers of the Russian Revolution*, p. 254

96   The Jewish Encyclopedia. *Rothschild*. P. 490-503.

97   Lehmann, *Vatican Policy in the Second World War*

98   Lehmann, *Vatican Policy in the Second World War*, p. 12

99   Goddard, *The Forum*, p. 2007

100   Goddard, *The Forum*, p. 2071.

101   Goddard, *The Forum*, p. 2072

102   Lehmann, *Vatican Policy in the Second World War*, p. 17

103   Lehmann, *Vatican Policy in the Second World War*, p. 16

104   Lehmann, *Vatican Policy in the Second World War*, p. 27

105   Lehmann, *Vatican Policy in the Second World War*, p. 27

106   Lehmann, *Vatican Policy in the Second World War*, p. 7

107   Lehmann, *Vatican Policy in the Second World War*, p. 15

108   Lehmann, *Vatican Policy in the Second World War*, p. 36

109   Lehmann, *Vatican Policy in the Second World War*, p. 6

110   Lehmann, *Vatican Policy in the Second World War*, p. 17

111   Lehmann, *Vatican Policy in the Second World War*, p. 18

112   Lehmann, *Vatican Policy in the Second World War*, p. 18

113   Lehmann, *Vatican Policy in the Second World War*, p. 28

114   Lehmann, *Vatican Policy in the Second World War*, p. 29-30

115   Lehmann, *Vatican Policy in the Second World War*, p. 37

116   The Committee of the Foreign Nations. (1945). *The Charter of the United Nations*, p. 642

117   The Committee of the Foreign Nations. (1945). *The Charter of the United Nations*, p. 699

118   The Committee of the Foreign Nations. (1945). *The Charter of the United Nations*, p. 451

119   The Committee of the Foreign Nations. (1945). *The Charter of the*

United Nations, p. 690

120 The Committee of the Foreign Nations. (1945). *The Charter of the United Nations*, p. 655-714

121 The Committee of the Foreign Nations. (1945). *The Charter of the United Nations*, p. 708

122 Vatican, *Dogmatic Constitution on the Church*

123 Grew, *Memorandum for the President*

124 Hoyde, *A letter from the American Christian Palestine Committee to members of Congress.*

125 United States Committee on Foreign Affairs, Jewish National Home in Palestine; *Hearings Before the United States House Committee on Foreign Affairs, Seventy-Eighth Congress*

126 FCC in America, *Federal Council Bulletin*

127 FCC in America, *Federal Council Bulletin*

128 FCC in America, *Federal Council Bulletin*

129 FCC in America, *Federal Council Bulletin*

130 Rappoport, *Pioneers of the Russian Revolution*, p. 24-25

131 German Writers, *Modern Germany in Relation to the Great War*, p. 20-21

132 WCC, (2022) *World Council of Churches and World Evangelical Alliance*. Retrieved May 11, 2022

World Evangelical Alliance, (2022) *World Evangelical Alliance*. Retrieved 11 May 2022, from: https://weamc.global/resources/movements/

National Association of Evangelicals, (2022) *Transforming Social and Political Engagement*. Retrieved 21 May 2022, from: https://www.nae.org/transforming-social-and-political-engagement/

National Association of Evangelicals, (2022) *Uniting for Global Impact*. Retrieved 11 May 2022, from: https://www.nae.org/uniting-for-global-impact/

133 World Evangelical Alliance, (2022) *About WEA at the UN*. Retrieved 11
     May 2022, from: https://un.worldea.org/about/.
     WCC, (2022) *Ecumenical Office to the United Nations (EOUN)*.
     Retrieved 11 May 2022, from: https://www.oikoumene.org/pro-
     gramme-activity/euno. Vatican, Dogmatic Constitution on the Church

134 Vatican, *Dogmatic Constitution on the Church*

135 Marsden, *Protocols of the Learned Elders of Zion*, Protocol. 1

136 Marsden, *Protocols of the Learned Elders of Zion*, Protocol. 1

137 Marsden, *Protocols of the Learned Elders of Zion*, Protocol. 1

138 Marsden, *Protocols of the Learned Elders of Zion*, Protocol. 1

139 Marsden, *Protocols of the Learned Elders of Zion*, Protocol. 2

140 Marsden, *Protocols of the Learned Elders of Zion*, Protocol. 2

141 Marsden, *Protocols of the Learned Elders of Zion*, Protocol. 3

142 Marsden, *Protocols of the Learned Elders of Zion*, Protocol. 3

143 Marsden, *Protocols of the Learned Elders of Zion*, Protocol. 3

144 Marsden, *Protocols of the Learned Elders of Zion*, Protocol. 4

145 Marsden, *Protocols of the Learned Elders of Zion*, Protocol. 5

146 Marsden, *Protocols of the Learned Elders of Zion*, Protocol. 5

147 Marsden, *Protocols of the Learned Elders of Zion*, Protocol. 5

148 Marsden, *Protocols of the Learned Elders of Zion*, Protocol. 5

149 Marsden, *Protocols of the Learned Elders of Zion*, Protocol. 6

150 Marsden, *Protocols of the Learned Elders of Zion*, Protocol. 6

151 Marsden, *Protocols of the Learned Elders of Zion*, Protocol. 7

152 Marsden, *Protocols of the Learned Elders of Zion*, Protocol. 8

153 Marsden, *Protocols of the Learned Elders of Zion*, Protocol. 9

154 Marsden, *Protocols of the Learned Elders of Zion*, Protocol. 9

155 Marsden, *Protocols of the Learned Elders of Zion*, Protocol. 10

156 Marsden, *Protocols of the Learned Elders of Zion*, Protocol. 10

157 Marsden, *Protocols of the Learned Elders of Zion*, Protocol. 10

158 Marsden, *Protocols of the Learned Elders of Zion*, Protocol. 11

159 Marsden, *Protocols of the Learned Elders of Zion*, Protocol. 12

160 Marsden, *Protocols of the Learned Elders of Zion*, Protocol. 12

161 Marsden, *Protocols of the Learned Elders of Zion*, Protocol. 13

162 Marsden, *Protocols of the Learned Elders of Zion*, Protocol. 13

163 Marsden, *Protocols of the Learned Elders of Zion*, Protocol. 13

164 Marsden, *Protocols of the Learned Elders of Zion*, Protocol. 14

165 Marsden, *Protocols of the Learned Elders of Zion*, Protocol. 15

166 Marsden, *Protocols of the Learned Elders of Zion*, Protocol. 15

167 Marsden, *Protocols of the Learned Elders of Zion*, Protocol. 16

168 Marsden, *Protocols of the Learned Elders of Zion*, Protocol. 16

169 Marsden, *Protocols of the Learned Elders of Zion*, Protocol. 17

170 Marsden, *Protocols of the Learned Elders of Zion*, Protocol. 17

171 Marsden, *Protocols of the Learned Elders of Zion*, Protocol. 17

172 Marsden, *Protocols of the Learned Elders of Zion*, Protocol. 20

173 Marsden, *Protocols of the Learned Elders of Zion*, Protocol. 20

174 Marsden, *Protocols of the Learned Elders of Zion*, Protocol. 20

175 Marsden, *Protocols of the Learned Elders of Zion*, Protocol. 20

176 Marsden, *Protocols of the Learned Elders of Zion*, Protocol. 21

177 Marsden, *Protocols of the Learned Elders of Zion*, Protocol. 21

178 Marsden, *Protocols of the Learned Elders of Zion*, Protocol. 22

▌ REFERENCES

Anonymous, (1787). *Nachtrag von weitern Original-Schriften welche die Illuminaten-Sekte überhaupt sonderbar aber Stifter der selben, Adam Weisshaupt, betreffend.* Munchen: Ubtheilungen.

Blackwood, W. (1921). *Blackwood's Magazine Volume 210.* New York: The Leonard Scott Publication.

Catholic Answers, (2022) Catholic Answers Encyclopedia. Retrieved 16 Mar 2022, from: https://www.catholic.com/encyclopedia/indulgences.

Chalotais, L. d. C. & Newdegate, N. C. (1872). *A Glimpse of the Great Secret Society.* London: William Macintosh.

Chandler, R. J. (1855). *The Temporal Power of the Pope; A Full and Authentic Report of the Brilliant Speech of the Hon. Joseph R. Chandler, of Pennsylvania.* Philadelphia: H. & C. M'Grath.

Clement XIV, (1864). *Brief of Clement XIV. Suppressing the Jesuits, translated with Introductory Remarks.* London: Thomas Richardson and Son.

Cusack, M. (1896). *The Black Pope; A History of the Jesuits.* London: A.M. Robinson and Son, Lombard Court.

DePuy, W. H. (1895). *The Encyclopaedia Britannica; A Dictionary of Arts, Sciences, and General Literature Volume 5.* The Werner Company.

Brennan, J.F., (1859). *The American Freemason.* New York: The American Freemason.

FCC in America. (1918). *Federal Council Bulletin: A Journal of Religious Co-operation and Inter-church Activities Volumes 1-3.* Federal Council of Churches.

Freemasons, (1879). *The Freemason and Masonic Illustrated. A Weekly Record of Progress in Freemasonry Volume 12.* London: George Kenning.

German Writers, (1916). *Modern Germany in Relation to the Great War. (W. Whitelock, Trans.).* New York: Mitchell Kennerley.

Goddard, H. (1923). *The Forum.* New Yrok: The Forum Publishing Co..

Goedeke, K. (1844). *Adolph Freiherr Knigge.* Hannover: Im Berlage ber Hahn'schen.

Grew, G. (1945). *Memorandum for the President.* Washington: Department of State.

Heckethorn, W. C. (1897). *The Secret Societies of All Ages and Countries Volume 2.* London: George Redway.

Hoyde, B. (July 1948). *A letter from the American Christian Palestine Committee to members of Congress.* New York: American Christian Palestine Committee.

Hughey, G. W. (1872). *Political Romanism or The Secular Policy of the Papal Church.* HItchcock and Walden.

Information Officer Embassy of Yugoslavia (1918). *Federal Council Bulletin; A Journal of Religious Co-operation and Inter-church Activities · Volumes 1-3.* Federal Council of Churches.

Johann Joseph Ignaz von Döllinger. (1870). *Letters from Rome on the Council.* London: Rivingtons.

Köster, H., & Kriege, J. (1778). *Die neuesten Religionsbegebenheiten mit unpartheyischen Anmerkungen.* Eilfter Jahrgang. Fünftes Stück.

Landman, I., Rittenberg, L. & Cohen, S. (1939). *The Universal Jewish Encyclopedia; An Authoritative and Popular Presentation of Jews and Judaism Since the Earliest Times · Volume 5.* New York: Universal Jewish Encyclopedia, Incorporated.

Lehmann, H. L. (1945). *Vatican Policy in the Second World War.* New York: Agora Publishing Co..

Levington, J. &, L. J. (1871). *Key to Masonry, and Kindred Secret Combinations.* Dayton Ohio: United Brethren.

March, F. A. (1919). *History of the World War: An Authentic Narrative of the World's Greatest War Volume 1.* Leslie-Judge Company.

Marsden, N. & (translator), E. V. (1936). *Protocols of the Learned Elders of Zion.* London: Britons.

M.H. Gill & Son. (1883). Catholic Political Association. *The Dublin Review Volume 9.*

Moeller, W. (1900). *History of the Christian Church; Reformation and Counter-Reformation Volume 3.* Swan Sonnenschein & Co..

Montor, d. A. (1865). *"The" Lives and Times of the Roman Pontiffs From St. Peter to Pius X.* New York: D. & J. Sadlier & Company.

Moore, K. C. (1844). *A Book of Tracts: Containing the Origin and Progress, Cruelties, Frauds, Superstitions, Miracles, Ceremonies, Idolatrous Customs, &c. of the Church of Rome: with a Succinct Account of the Rise and Progress of the Jesuits.* New York: C.K. Moore.

Moore, W. C. (1863). *The Freemason's Monthly Magazine Charles Whitlock Moore Volume 22.* Boston: Hugh H. Tuttle.

Moore, W. C. (1864). *The Freemason's Monthly Magazine Volume 23.* Tuttle & Dennett.

Moore, W. C. (1871). *Freemason's Monthly Volume 3.* Boston: Arthur W. Locke & Co.

Morse, B. F. S. (1854). *Imminent Dangers to the Free Institutions of the United States; Through Foreign Immigration and the Present State of the Naturalization Laws.* New York: John F. Trow.

National Association of Evangelicals. (2022) *Transforming Social and Polit-*

ical Engagement. Retrieved 21 May 2022, from: https://www.nae.org/transforming-social-and-political-engagement/.

National Association of Evangelicals. (2022) *Uniting for Global Impact*. Retrieved 11 May 2022, from: https://www.nae.org/uniting-for-global-impact/.

New York National Court. (1922). *The Guardian of Liberty Volume 8-9*. Guardians of Liberty.

Nicolini, B. G. (1854). *History of the Jesuits: Their Origin, Progress, Doctrine and Designs*. London: Harrison and Sons.

Nielsen, F. K., & Mason, A. J. (1906). *The History of the Papacy in the XIXth Century: Volume 1*. E.P. Dutton & Company.

Oliver, G. (1855). *The Historical Landmarks and Other Evidences of Freemasonry, Explained In a Series of Practical Lectures, with Copious Notes Volume 1*. New York: J.W. Leonard & Company.

Periodical Literature of the World, (1898). Zola on Antisemitism. *The Literary Digest*, 16(1).

Potts, W. (1846). *Dangers of Jesuit Instruction*. St. Louis: Keith & Woods.

Presbyterian Church in the U.S.A. Board of Publication, (1842). *Publication*. (Issue 113rd ed.). Philadelphia: Presbyterian Church in the U.S.A.

Rappoport, A. S. (1918). *Pioneers of the Russian Revolution*. S. Paul & Company.

Robison, J. (1798). *Proofs of a Conspiracy against all the Religions and Government*. London: T. Cadell, jun. and W. Davies, and W. Creech.

Sodality of Our Lady, (2022) *Indulgences and Privileges of the Sodality*. Retrieved 16 Mar 2022, from: https://www.sodality.ie/index.php?option=com_content&view=article&id=22:indulgences-and-privileges-of-the-sodality&catid=1:history-a-structures&Itemid=14.

Sodality of Our Lady, (2022) *The Prima Primaria Sodality*. Retrieved 16

Feb 2022, from: https://www.sodality.ie/index.php?option=com_content&view=article&id=70:article-two&catid=39:frontpage-category.

Teeling, W. (1937). *The Pope in Politics; The Life and Work of Pope Pius XI*. London: L. Dickson limited.

The American Philosophical Society. (1974). Catholic Priests in Lower Austria: Anti-Liberalism, Occupational Anxiety, and Radical Political Action in Late Nineteenth-Century Vienna. *Proceedings of the American Philosophical Society*, 118(4), 347-351.

The Church of England. (1871). *The Vatican Council. The Christian Observer*, 5-34.

The Committee of the Foreign Nations. (1945). *The Charter of the United Nations; Hearings before the Committee of Foreign Relations United States Senate; Seventy Ninth Congress*. United States Senate.

The Jewish Encyclopedia. (1901). Rothschild. *Jewish Encyclopedia*, 490(10), 490-503.

The White Dwarf. (1817). *A London Weekly Publication: Volumes 1-22*. London: The Dwarft.

Thompson, W. R. (1894). *The Footprints of the Jesuits*. Cincinnati: Cranston & Curts.

United States Committee on Foreign Affairs, (1944). *Jewish National Home in Palestine; Hearings Before the United States House Committee on Foreign Affairs, Seventy-Eighth Congress, Second Session*. Washington: U.S. Government Printing Office.

Vatican, *Dogmatic Constitution on the Church*. (1964) <https://www.vatican.va/archive/hist_councils/ii_vatican_council/documents/vat-ii_const_19641121_lumen-gentium_en.html> [Accessed 14 May 2022].

Walsh, W. (1908). *The Jesuits in Great Britain; An Historical Inquiry into*

REFERENCES 407

their Political Influence. New York: E. P. Duttons & Co..

WCC, (2022) *Ecumenical Office to the United Nations (EOUN)*. Retrieved 11 May 2022, from: https://www.oikoumene.org/programme-activity/euno.

WCC, (2022) *World Council of Churches and World Evangelical Alliance*. Retrieved May 11, 2022, from: https://www.oikoumene.org/organization/world-evangelical-alliance.

Webster, H. N. (1920). *The Cause of World Unrest*. New York: G.P. Putnam.

Webster, H. N. (1921). *World Revolution: The Plot Against Civilization*. Boston: Small, Maynard & Company.

World Evangelical Alliance, (2022) *World Evangelical Alliance*. Retrieved 11 May 2022, from: https://weamc.global/resources/movements/.

World Evangelical Alliance, (2022) *About WEA at the UN*. Retrieved 11 May 2022, from: https://un.worldea.org/about/.

Yapp, E. M. (1987). *The Making of the Modern Near East 1792-1923*. Harlow, England: Longman.